榕树型企业
设计和复制组织基因

张西振　著

电子工业出版社·

Publishing House of Electronics Industry

北京·BEIJING

图书在版编目（CIP）数据

榕树型企业：设计和复制组织基因 / 张西振著. —北京：电子工业出版社，2021.10
ISBN 978-7-121-41771-9

Ⅰ.①榕…　Ⅱ.①张…　Ⅲ.①企业管理　Ⅳ.①F272

中国版本图书馆 CIP 数据核字（2021）第 159963 号

责任编辑：刘小琳
印　　刷：北京天宇星印刷厂
装　　订：北京天宇星印刷厂
出版发行：电子工业出版社
　　　　　北京市海淀区万寿路 173 信箱　　邮编：100036
开　　本：710×1000　1/16　印张：19.5　　字数：240 千字
版　　次：2021 年 10 月第 1 版
印　　次：2024 年 1 月第 4 次印刷
定　　价：88.00 元

凡所购买电子工业出版社图书有缺损问题，请向购买书店调换。若书店售缺，请与本社发行部联系，联系及邮购电话：（010）88254888，88258888。

质量投诉请发邮件至 zlts@phei.com.cn，盗版侵权举报请发邮件至 dbqq@phei.com.cn。

本书咨询联系方式：（010）88254760，mxh@phei.com.cn。

代 序

构造数字企业，这是最好的"脚手架"

王甲佳

读这本书，最容易让我的角色错乱。在即将出版的前几个月里，我可能是阅读次数最多的人了，印前稿的几轮修改都是深度参与的。之所以说角色错乱，是因为在承担订正一些词句的任务时，还是会被内容吸引，驱动着向下阅读，等回过神来，重新订正的时候，又会如此。这是一本非常有魔力的书，让我欲罢不能。另外一个错乱，我也是一个"被观察者"，时过境迁十多年，我依然会在阅读本书的时候想起过往的许多情境，甚至想着添油加醋地在某处再加上一小节。最终还都能忍住。

作者西振先生实际上是我上个世纪的网友，因缘际会在温州一起工作了差不多 5 年时间。当然，那也是我们和许多同事一起战斗的 5 年，非常值得回忆的 5 年。很不希望这篇序言写成一篇回忆录，但还是需要从回忆开始。

温州从 1970 年代到现在约 50 年的工业经济演进历史，几乎就是欧美 300

多年近现代工业史的压缩版，也是我国改革开放以来工业进化进程的活橱窗。西振先生以"中国德鲁克"的身份记述和思考温州第一次工业革命到第四次工业革命，乃至第一次工业革命之前的"原工业化"时期，更是在当时工业化与信息化开始融合的实践背景下的深度探究，是肇始于中国本土管理实践而诞生的"和谐生产方式"的一种精神伴随。

榕树是温州的市树，本书诞生于此，似乎是一件顺理成章的事情。当年温州土地上的那种经济活力，叹为观止。也恰恰是当时从原工业化到第三次工业革命"四代同堂"的工业经济形态之下，产生出的经济形态多样性，让作者拥有了非常"便宜"的观察窗口，得以获得不一样的视角，并最终在企业的组织形态进化方面形成了独到的见解。这篇序言试图再为大家交代一下这个颇有宏伟叙事风格的"背景墙"，如果您能从这面墙上读出浮雕感，那么对于榕树型企业的组织基因的形成与复制方法的掌握就会相对容易一些。

大罗山上的橡皮筋

在温州，大罗山是一个神奇的存在。现在看大罗山，那就是温州的中庭花园，是那时候最适合"远足"的好去处，我们往往早上带着干粮上山，傍晚下山，在茶山或者南白象小镇上小酌，三五人同行，甚是惬意。当然，能够经常在星期天组团去转悠的也仅限于抛妻别子来这里工作的人。

记得有一年的某个星期天，在世界杯期间，我们一行人探索到一处之前没去过的山坡，突然发现那儿的平地上有人来过的痕迹，走近一看，十几平方米的地方，铺满了橡皮筋和扎钞纸。后来了解到，这种情况应该是前一天晚上刚刚有人在这里赌过球。相比赌球来说，数钱是一个体力活，以至于后来人们不得不用量尺来数钱，计量单位不是多少元，而是几个毫米厚的钞票。这样看来，中国第一批量产的点钞机产地是温州也不足为奇了，这就和中国第一张电子发票来自京东一样。遇到问题的人，拥有解决问题的优先权，倘若你把握不住，那就可以体验一下"失之交臂"的意境了。

橡皮筋和扎钞纸的多少不说明问题，频率高低才是问题。听本地同事讲，1980年代，他们村的一个地下钱庄在半山腰，钞票在家里放不下，都要放在院子里，每天用扁担挑着钞票上山下山，那时候是按天计算利息的。

后来，我们在对一家工厂做并购前的尽调时了解到：他们和下游客户的结算是一年一次，一般是农历腊月廿四之后对账结算。下游客户基本都是亲戚，平常可以拆借，但是不做结算。我当时问："这样没有风险吗？"人家呵呵一笑："不可能有风险的。而且平时算账太耽误时间了！"每年春节，温州的酒店人满为患，有人说那是"温州董事会"时间，全球各地的温州人回到家乡，一是做结算，二是为来年做安排。一家人，一个家族的人，基于亲缘和地缘的经济组织在谋划着非常具体的项目。

这些关于钱的事情，有点儿"史前"味道，智慧的你当然不会认为我在帮温州人炫富。但是穿透时空看过去，我们会发现，温州经济的一贯活力用"沸腾"二字来形容，一点儿也不为过。当然写序言的这个当下，温州雄风不再，这是另外需要探讨的事情。

不确定性中有确定性吗？

大约从1980年开始，广东、江苏和浙江的工业进程都在加快，但是地的特质完全不一样，广东的起点是"三来一补"的加工企业，江苏的起点是为上海等地的国有企业配套的乡镇企业，而以温州为代表的浙江，则是"纯净"的市场经济，两头在外，加工在本地。从不确定性的强度来说，浙江最甚。

美国威斯康星大学门德尔斯于 1972 年在《经济史杂志》发表的论文中提出一个新术语——"原工业化"（Proto-Industrialization），原工业化是工业化的一个阶段，它以市场为导向，以农村家庭工业的迅速发展为特征，与商品农业共存。其实在这篇论文发表后不久，温州进入了真正的原工业化阶段，并用短短二三十年时间进入了工业化阶段。这个被钟朋荣称为"小狗经济"的地方，以狂野的风格，搭乘国内、国际市场蓬勃发展之势，迅速成为一个经济现象。

本书的"背景墙"就是这个。

在温州经济发展最狂野的那个阶段的末期，当时的工业企业普遍面临着非常严重的交付问题，鱼和熊掌无法兼得，"多品种、小批量、急交期"是常态情况，市场竞争非常激烈，订单总数不少，但是企业平均订单量都很小。质量、成本和交货期难以统一。许多企业看上去很红火，但盈利极少，甚至亏损。在市场的夹缝中如何找到新的生机，是很多老板殚精竭虑的问题。

西振先生就像从未来穿越而来的，洞若观火，他从巨大的不确定性中看到了确定性，这个确定性就是生产资源的组织方式还有极大的优化空间。

为了解决企业的问题，"登山队"在西振先生的带领下，跋山涉水，跟随企业的客服人员到很偏远的客户那里做调研，我们受到客户极速的物料流转的启发，创建了"时立方"这样一个奇葩但是很有用的仓库计量单位；早上五点半，我们登上公司送货的卡车，与司机及送货员一起做面向客户生产现场的交付的体验，创建了 10 多条公交物流线路与动态增减站点的机制；午夜 2 点，我们去生产车间探寻夜班产出最高的关键机理。我们从村头的家庭作坊和街尾那间只有一台机床的小门面萃取到了工业价值链的最小单位——能力单元；我们从瑶溪山庄附近的山溪里，用石块、泥巴和杂草推演能力单元时间链对最终交付时间的影响因子……

不确定性需求对确定性能力直接的、间接的干预使得企业的交付秩序也跟着不确定了。通过什么样的机制可以让它们"返璞归真"？

好在探索让我们找到了解决问题的信心。这本书的记述与分析更像实践的一个剖面，帮我们闻到了鱼和熊掌兼得的哲学味道，反而观之，就是将企业"拆解"为颗粒度不一的多个能力单元，在充分社会化的环境下，以时间链来"穿珠成串"，让单个能力单元的工作获得更经济的起点规模，让不同客户的需求可以循迹并"一气呵成"。实际上这就是榕树生长机制的仿生。有朋友问，如何具体描述"榕树型企业"？可能还是用打比方的方式最为贴切。

本书的七步法，仔细品读，当如我一样如痴如醉、欲罢不能。那样难以调和的产销矛盾，在这里居然如此简单地得到了化解。

"设计并复制组织基因"的方法是重构数字企业的"脚手架"

时下，不说数字化转型简直说不过去。在 2017 年，我和朋友就在电子工业出版社出版过一本《互联网+时代的数字化转型》。虽然说企业的数字化转型是企业转型的一个形态，同时还有产品转型、市场转型等，但是数字化转型越来越成为一个绕不开的必修课目。企业都需要回答"我的数字企业"究竟应该长什么样子？

其实我们很难用一句话说清楚。

但是这本书带给我们的视角恰恰可以成为我们认知数字企业的思维"脚手架"，不管是转型还是重构，就像建筑物翻新改建或者新建一样，都少不了脚手架，企业数字化转型也离不开。不过这个脚手架，要更加地"多功能"。

首先，它是"背景墙"。我们可以在这里按图索骥，随时对企业进行"内观"。

其次，它是"工具箱"。不管是商业模式的进化、能力单元的拆解，还是客户需求的界面设计——"泛产品"构造还是供应链中的时间链的设计；不管是订单交付的协同机制，还是整体模式与细节模式的协同机制，我们都可以找到称手的思维工具。如果一下子找不到，反复看本书的一些章节，很快就可以看到。

最后，它是"路线图"。关于数字化、智能化，如果我们"褪其华衮"看内在的话，会发现，企业作为一个品牌化的能力单元，面向市场的交付是否有可持续的竞争力依然是企业存在的唯一理由。这也决定着企业究竟能不能进行基因复制和文化渲染，像榕树那样在无限的空中，伸出自己的气根。

如果要继续，还会有许多。不过我想，我们每位读者都可以"千人千面"地获得自己的认知，或者通过本书丰富我们的认知体系。

作为西振先生的好友，我这里还是要代表他感谢当年"登山队"的各位同学，如果没有当时大家倾心的讨论与实践，根本就不会存在这本书的"基因"；也要感谢十多年来各路的网友，据不完全统计，本书散见于报刊、网络的观点、文章，已经有超过千万的阅读与评论。在本书的附录里专门做了相关文献的索引。每每参加一些活动，都有人和我讨论本书的一些观点；还需要感谢"番外篇"的多位作者，他们是本书的见证者，他们的真知灼见可以帮助我们从读者视角看到这本书在时代叙事之下的实践之路。

我还要感谢珠海乐图软件的创始人张军先生，他在看了样书之后，和我探讨了许多企业在应用架构层面如何自主创建可控、可持续的业务操作系统，另外还有数字企业的形态逻辑问题、数据治理问题等。

最后要特别感谢的是上海对外经贸大学副教授李莉女士，以及电子工业出版社学术出版分社策划编辑缪晓红女士，是她们两位的坚持与辛劳，让这本书的可读性大大增强，也是因为她们的坚持，历经一年多时间，这本书，终于与我们相见。

从另外一个意义上说，由学术出版分社来出版这本本土企业思想家的学术著作，非常配称。

为了方便与各位读者进一步探讨，发挥本书的更大价值，欢迎通过场景学社进行研讨，邮箱：seca@joyego.com，微信公众号：secawang。

到这儿，我终于将这篇代序写成了后记的感觉。

场景学社创办人　王甲佳

2021 年 1 月 25 日于珠海南屏十二村

自 序

那天傍晚，我和王甲佳、侯象洋等同事在帆游山下的温瑞塘河边进行着"例行"的晚饭后散步。帆游山是一个有些陡峭的小山包，山顶有个名为"五福庙"的小庙，庙门外有两幅对联，外联是"帆游山一温一瑞，毛竹岭半河半江"，内联是"帆山抱水水抱山，游人传地地传人"，颇有些禅意。

这帆游山曾经是温州与瑞安的边界，而这温瑞塘河至今仍是温州与瑞安之间重要的水上运输线，这里还是三洋湿地的边缘，尚有湿地水网的余韵。

蓦然回首，河对岸平添了一个游艇码头——昨天还没见到呢。好奇心驱使我们跨过小桥，去看那个突然冒出来的游艇码头，还有那漂亮的游艇。

原来这个码头是由一个一个的空心塑料箱联结而成的，可以快速搭建，可以随意改变形状（之后的几天，这个码头不断地"长大"，停靠的游艇也越来越多）。这不正是和谐生产方式的基本原理——"分离与调用"的充分体现吗？借用这个游艇码头，我可以很好地说清楚我们为什么要开发网络联结生产系统。跟这个游艇码头存在的原因相同，企业用户需求的不确定性和个性化不断增强，迫使我们必须快速地搭建出能够履行个性化订单的生产体系，就如这里临时需要一个游艇码头，不久又可能换到其他地方一样，需要把原来用混凝土建永久性码头的方式变成用空心塑料箱临时联结搭建。这个游艇码头给了我解说"和谐生产方式"和"网络联结生产系统"原理的一个方便法门，可以让我把一个复杂问题通俗地讲给同事们听。

临时游艇码头
（本书照片除注明来源外均为本书作者拍摄）

现在我把作为本书主旨的和谐生产方式的基本原理简述一下，也作为阅读本书的导引：

用户需求的不确定性和个性化，与作为工业社会基础的大规模标准化生产产生了不可调和的矛盾。解决这一矛盾的方法是，把过去一体化的如混凝土码头一样的固定的大规模生产体系进行拆分，形成一个一个的"空心塑料箱"（在本书中称为"能力单元"），然后根据不确定的、个性化的"游艇停靠需求"（客户需求）把这些"空心塑料箱"临时联结在一起，就形成了一个满足"游艇停靠需求"的临时码头（相当于临时工厂）。

某些应"游艇停靠需求"搭建起来的临时码头存在的时间可能很短，但同样的需求还会在不确定的时间、不确定的地点重复出现，把能够满足这种"游艇停靠需求"的"空心塑料箱"相互联结的关系模式记录下来，形成一个逻辑上的、概念上的码头（"泛产品"），当下次同样的"游艇停靠需求"出现时（客户下单），就可以按照记录下来的关系模式快速地把"空心塑料箱"联结在一起（依靠信息技术很容易实现）。这样一来，响应速度与搭建成本都降低了，低成本、高质量、个性化和及时性这些看似相互矛盾的、不可能实现的目标就可以实现了。

这就是这本书要讲的东西，也是和谐生产方式实验的全部发现。就这么简单，如此而已。当然，想了解更多细节还是要阅读本书后面的内容。

也许有人会说："混凝土码头还是要建的。"但有一个前提条件，就是要在需求稳定的情况下建永久性的混凝土码头。关于如何建"混凝土码头"的书已经汗牛充栋了，但不包括这一本。

有一段时间，我闭门整理多年来积累的资料，编辑了 9 个专题的《和谐生产方式研究》电子期刊，更多的时候是在阅读资料、沉淀思想、提炼主题，以及寻找更好的表达方式，努力为这一实验撰写出更好的解说词。我在河北省平山县温塘镇御温塘度假村闭关期间，终于完成了这本书的写作。这本书，算是和谐生产方式实验的第一本解说手册。

在写完这本书，尚感意犹未尽的时候，我体会到了和谐生产方式实验的划时代意义。全面解说这一"了犹未了"的实验，不是一本书能够完成的，这本书仅仅勾画了一个草图，顶多是一个"原理样机"，也许用 10 本这样篇幅的书才能够解说清楚这场实验的主要内涵。写完这本书之后，我还发现用一把锤子就可以敲很多钉子。我想，我的余生可能就用来继续做这个解说员了，能够做好这件事，也算不虚度此生。

在书稿即将交付出版社时，不由得想起自己比较喜欢的一个由能力单元自发形成的网络关系案例——达巴瓦拉。在我的微信公众号"引车卖浆者说"（早期为"生意眼"）中登载了宋强的一篇文章《达巴瓦拉：孟买持续 123 年的送餐服务》，宋老师也讨论了企业基业长青的组织建设问题。

在移动互联网已经推动和 5G 将要带来的产业转型和组织变革中，希望本书公开出版后，能为正面临不可回避的数字化转型任务的各种组织带来一些启示。

张西振

2020 年 12 月 16 日于山东莒南

榕树之花

榕树的花瓣从不示人，只有居住在花苞之内的那些榕小蜂才知道这种花的芳香。

我算是曾经居住在花苞内的"榕小蜂"之一，因此在这里跟大伙儿先说一说榕树型企业的诸多好处，第一，是为全书做个"广告"，提高你阅读全书的兴趣；第二，也算一段"引桥"，方便你进入书的主体部分——榕树型企业建构七步法。

这个导言共有6节，分别是：

财富的新来源

企业家创造价值的新抓手

企业组织的新形态

企业运行的新动力

满足个性化需求的新方案

企业发展的新战略

这6个方面试图展示榕树型企业的美妙之处，算是榕树型企业的6个花瓣。但这个导言并没有给榕树型企业下一个明确的定义，一来，因为榕树型企业形态众多，难以准确定义；二来，理论与实践都还没有成熟到可以明确定义的程度。在写完"七步法"之后，结语将专门谈谈榕树型企业的基本结构。

财富的新来源

一家企业究竟派什么用场？答案通常是"赢利"。那利又从何而来呢？利用企业在专业化分工中的优势，服务客户，为客户创造价值。价值是怎么被创造出来的呢？分享合作产生的价值。

自古以来，财富都聚集在控制"关隘"的人手中。原始社会，人们靠渔猎维持生计，控制了水丰草美的渔猎场所就控制了财富之源。因此，部落之间的战争几乎都是为争夺渔猎场所而发生的；后来，人可以作为劳动力从事种植养殖业，那么，控制的劳动力越多则拥有的财富越多，这时候奴隶主的日子过得最滋润；再后来，人口渐渐多了起来，土地显得稀缺了，控制了土地就控制了财富；大机器工业的高效率、低成本让小本生意做不下去了，社会财富的分配就由资本说了算。

在资本风光了不少年头之后，社会环境又开始发生变化了，这种变化的突出标识就是资本成了要素市场上的一种商品。要说这个变化也只是资本追逐更多利润的一种方式而已，可是任何东西一旦成为商品了，可以在市场上买卖了，其稀缺性就极大降低了，其作为咽喉要道的地位便不容易保持。在当下的企业中，一种被称为"知本"（知识资本）的东西渐渐露出想和资本争夺或共享控制权的端倪，但知本成为下一个控制参量也不太可能，因为知识也是市场化的东西（主要通过人力资源市场交易），况且知识还以越来越快的速度被解构并加以管理。如此看来，企业中的资本、知本或许还有"劳本"（劳动力资本），都渐渐没有"本"的特性了。在这个时代变迁的节骨眼上，弄清楚新的咽喉要道在哪里，也就等于找到了新的财富来源。

的确有人已经找到了——那就是蕴藏在网络关系中的巨大价值。这里所说的"网络"一词，既包括互联网，又包括各种通过协作成为他人达到目标的必经之道、产生价值的资源组织及过程。

蜘蛛结网，也算"拦路打劫"的一种方式

我们先来剖析一家创业时和互联网没什么瓜葛的企业——广东省新兴县一个靠养鸡起家的公司——广东温氏集团。

多年前，我曾和王甲佳等同事一起参观过广东温氏集团（以下简称"温氏"）。这个以养鸡为主的农业企业就是依靠建立网络关系解决了农业企业的天然难题——农业企业扩张受制于土地限制的问题，突破了资源瓶颈，使温氏的发展不再受限，成就了"十年百亿"的高速稳步扩张，营业额从 1997 年的不足10 亿元到 2007 年的 117 亿元，2016 年近 600 亿元，2019 年突破 700 亿元。

温氏联结的网络节点是遍布乡村的养鸡专业户，充当养鸡专业户与消费市场之间的中介。温氏建立起分散的养鸡专业户所不能建立的市场品牌，并承担养鸡户所不能承担的市场风险，从而形成了网络吸引力，温氏网络的雪球越滚越大。

温氏模式起源于 1986 年的养鸡市场低潮。当时养鸡散户的鸡卖不出去，温氏为散户代购鸡苗、饲料，包售成鸡，再按每只鸡收取代售佣金 5 分钱的方式开始与养鸡散户合作。温氏用统一的品牌开拓国际国内市场，在禽流感给家禽养殖业带来灾难性打击时，温氏肉鸡反而成为香港冰鲜鸡市场上消费者信得过的品牌，这是养殖散户无法做到的事情。温氏对养殖散户的吸引力进一步增强，很多养鸡散户接受了温氏的标准化管理。

温氏为养殖散户制定了严格的养殖作业标准，实现了养殖作业的标准化。在温氏技术服务部的专业技术人员每三天一次的上门指导下，养殖散户按照统一的通风保温、饲养密度、饲养周期、药物配比、喂法等养殖作业标准，经过60～80 天的喂养就可以把成鸡交给温氏，收回投资，获取利润。这样一来，千家万户都成了温氏的生产车间，且没有劳动合同纠纷。

温氏作为联结市场与养殖散户的网络平台，其核心职能是让广阔的市场与广大的养殖散户通过一个平台来实现联结，建成这个平台相当于修建了一个可以"拦路打劫"的"关隘"。但是，网络联结关系除了对网络和节点的吸引力，没有其他让"背负财货者"必须走这条道的措施，其"收费站"就不能收费过高，否则就降低了网络的吸引力，甚至导致网络崩溃。为了挖掘这个网络的更多财富，温氏借鉴茶馆"端茶倒水收小费"的模式，在主要通道上提供大量免费服务，吸引众多节点加入，再通过对次生需求提供周到的支持服务来获取利润。

温氏首先从种鸡和鸡苗繁殖的环节入手，在提供支持性服务的同时，掌握了控制千万养鸡户的关键（这种模式在丝绸养蚕业一直存在）。自 1992 年温氏与华南农业大学合作以来，这种"高校+公司+农户"的农业科技产业化模式，创造了"产学研"结合的科技创新机制，孵化了大量科技成果，培养了大批科技人才，实现了经济效益和社会效益的增长。最初，由华南农业大学的养殖专家育出的商品代鸡苗具有多方面优势，但不能育出相同性状的第二代鸡苗，养殖户只能每轮都向温氏购买鸡苗。另外，温氏在饲料加工供应、鸡病防治等各个养殖环节提供全程配套服务，减少了散户的麻烦，降低了养殖成本，同时也成为温氏的重要收入来源。

温氏建立起的这个养殖产业网络系统形成了其他企业很难打破的经营体系，被媒体称为"温氏魔法"，最终把温氏这个原始资本只有区区 8000 元的养鸡企业送进了百亿俱乐部。

"网络关系价值"目前已经被人们认识到了。美国人卡斯特写了一本书，名叫《网络社会的崛起》（1996），书中探讨了信息时代新的社会结构，将此种社会结构概念化为网络社会。作者认为，信息化将动摇所有组织的既有形态，显示出组织网络化之重要性和劳动个人化的趋势。书中的一句话很有意思：历史正在翻页。有的企业已经翻页，有的正在翻页。

翻开历史新一页之后，我们能更清楚地看到"公司逐渐组织于网络之中，不论内部或对外关系。因此资本四处流动，而其所导致的生产—管理—分配活动，则散布于多变几何形态里相互连接的网络之中"。其实，企业一直是组织在网络中的，只是我们的观念要从关注企业和利益相关者转向关心企业所处的网络。对于如何在这个网络中"拦路打劫"，我顺着卡斯特的思路总结出了一个新的财富公式：

网络关系价值=吸引力×开关权

这个公式的含义是：

（1）财富存在于网络关系之中。

（2）网络中的财富决定于网络节点的多寡与富庶程度，而节点的多寡取决于网络吸引力，节点的富庶程度决定于选择吸引什么节点。

（3）"连接网络的开关机制是权力拥有者的特权工具""掌握开关机制者成为权力的掌握者"。

可以用一个不太恰当但直观而又常见的事物来打比方，网络关系价值好比高速公路网的价值，公路修得越好对驾车者的吸引力越大，并且高速公路网越广泛吸引力越大，但是如果不封闭、没关卡，吸引再多的汽车在公路上跑也不会有人主动付钱。因此，这个"网络关系价值"就等于"吸引力"（公路）乘以"开关权"（收费站），只要其中一个因数是 0，结果就是 0。另外，网络上的次生服务类似于高速公路服务区。

企业家创造价值的新抓手

"请告诉我，你的企业是什么样子？什么形状？什么颜色？什么味道？"
"这不太好说。""那么，企业是什么呢？"

回答"企业是什么"这个问题之前，先讲一个故事。

"什么是车？"那先法师指着国王来访时乘坐的车问道。国王说："这不就是车吗？"那先又问："辕是车吗？"国王回答："不是！""那么，请把辕拿掉！""轴是车吗？""不是！""请把轴也拿掉！""轮子是车吗？""不是！""请把轮子拿掉！"……"现在还有车吗？车存在于辕、轴、轮子……之外吗？"

回答企业是什么，跟回答什么是车很像。

有人会想，都说"以人为本"嘛，企业中最重要的是人，企业是一个由人组成的组织。那么，请再细分一下，哪些人"属于"你的企业？工人吗？他们是劳动力供应商，只要你工资发不出来，怕是都另谋出路去了。经理人？他们是知识或智力供应商，也是你花钱雇来的，没钱的话，就没人会跟着你。那么，老板呢？老板总该"属于"企业吧？又错了！从法律意义上（也仅仅从法律意义上）说"企业属于老板"还可以，说"老板属于企业"肯定不对。你见过出售企业的时候连同老板一起卖掉的情况吗？老板其实也是企业的供应商之一——资本的供应商。

那么厂房、场地、机器是不是企业呢？好像更不是，厂房、场地、设备可以购买，也可以租赁，显然不等于企业。而原材料这些更是加工的对象，不是企业本身。

　　看来，企业也是一架国王的车子，不是车辕、车轴、车轮等部件，而是部件之间的关系。那么，企业家在其中经营的也正是这种关系。从这个视角来看，企业家的确属于"劳动人民"，他们也是价值的创造者——是通过建立各元素之间的关系来创造价值的。

　　说起"关系"，总让人感觉有点虚无缥缈，没有谈论如家乡小河边那些鹅卵石一般的实体那么踏实，但这个"关系"的确也是实实在在的东西。我很喜欢用"无中生有"图来说明关系及关系是如何创造价值的。下面这张图是我从鲁宾斯坦等人的《大脑型组织》一书中仿过来的。单看这张图不会有太强烈的感觉，讲课的时候我会用 PPT 逐个添加图中元素（阅读文字的时候可以想象一下）：先放出一个空白屏幕，问大家现在屏幕上有什么？啥都没有！再放出一个元素，问：现在呢？有了一个 3/4 圆，很像老式电子游戏中那个张开口吃东西的"鱼"。再放出第二个元素。两个 3/4 圆而已。接着放，三个嘛，没啥！等到放出来第四个元素的时候，就不仅是四个 3/4 圆了，多出一个"东西"！多出什么呢？中间出现了一个空白的"正方形"！

"无中生有"

这个"正方形"，就是各元素之间关系的产物，它不属于任何一个元素，又不能离开这些元素。并且，仅是这些元素的杂乱堆积也不能产生这个"正方形"，必须在特定关系结构下才可以。这在复杂性科学中有一个术语，叫作"涌现"。

"埏埴以为器，当其无，有器之用……故有之以为利，无之以为用"。关系所创造的价值，就是老子说的"无"和"用"，也就是功能。而功能决定于结构，结构也就是元素之间的关系。桃木梳子的功能主要是由其结构决定的，不是由桃木板决定的；相反，只要结构相同，其他木板、牛角、塑料、钢材都可以做成梳子，都具有类似的功能。

也不是有了元素谁都能建立起关系来的。手表的基础构件早在古希腊时代人们就熟悉了，但把这些构件巧妙地结合在一起并设计出手表来的历史到现在才有 200 来年。可见建立各元素之间的关系是一件多么重要的工作啊。

企业家的核心价值就在于建立关系。

关系价值也解释了企业利润的来源问题。购买机器、购买原材料、购买劳动力，是要按市场价格付钱的，也许你谈判能力强，但也不可能长期用不合理的价格做交易，你的利润就来自你利用这些元素建立起来的某种关系模式形成了对原材料（广义的）的转化能力，从而获得各元素原来所不具备的价值。"万法皆空，因缘所生"，那些花钱买来的元素都不是你的，卖出去你就什么都没有了，你创造价值是因为特定的"缘"把这些元素联结为某种结构，产生了"关系存在"，"涌现"出了原来所没有的东西。这就是你能够通过价值变现、产生盈利的根本原因。

本质特性有明确定义：科学性、人民性、实践性、发展开放性。把人们通常看作实体的东西重新彰显为关系，他认为资本不是物的实体存在，而是被颠倒的物象所掩盖的人与人之间的社会关系。

在工业社会中，资本就是企业家用来建立关系的总抓手。通过"资本雇佣劳动"这个中介，企业家把分散的个体劳动转化为社会劳动。

"网络关系价值=吸引力×开关权"这一财富公式给生活在网络社会中的新一代企业家一个新的抓手，如果说它暂时还不会取代资本这个抓手的话，至少也是一个越来越顺手的、好用的抓手。当企业家发现除资本外，他可以利用网络来联结更多的元素，从而建立起可以涌现财富的关系结构的时候，他施展才能的天地立马就宽广起来了。他会发现：

（1）联结元素的手段变宽了，可以摆脱"企业家手里的钱永远都不够"的魔咒了。

（2）联结的对象变多了，从个人到机构，连资本都可以成为被联结的元素了。

（3）联结的速度变快了，没有了资本积累速度的制约，很多人"一不小心"就把事业做大了。

运用好这个新财富公式，创业也好、扩张也罢，成本都会更低，速度都会更快，效率都会更高，机会也必然更多——这时候的"瓶颈"资源，可能就是企业家的创意了。

举一个餐饮行业的例子。温州有一个专卖当地小吃的餐饮连锁机构——天一角食街。走进这家"饭店"，能看到一个一个的格子间里不同的人在制作不同的小吃，品种繁多的小吃摆在柜台上由客人直接挑选。服务员记录客人的选择，客人每点一份小吃，服务员就撕下一联放在柜台上。制作员按单供给，送菜服务员则按单将小吃送到桌位。当客人点完来到桌位时，大部分小吃已经摆到桌子上了。

其实，这家小吃连锁店并没有制作任何小吃，它只是租赁了一个大场所，置办好桌子餐具，配备了服务人员，形成了一个接单、就餐服务和结算系统。

而制作各种小吃的实际上是使用这个系统的小老板们,他们是经过考核招募来的优秀的小吃业户,带着自己的手艺,自己购置所需要的材料,在这个共享平台上经营,并接受统一的质量管理体系的约束。

温州天一角食街

这家小吃连锁店经营了一个关系模式,它通过汇聚温州最好的小吃业户,形成了品种齐全的小吃一条街,让希望品尝温州小吃的人可以一网打尽;它通过提供就餐环境和统一的就餐服务让小吃店也成为可以体面请客的地方,从而超越了小吃一条街的功能;它通过统一的质量管理体系,让良莠不齐的小吃店有了质量保证,让顾客可以放心地就餐。他们通过一个共享平台创造了在小吃店这个层面上不能创造的价值,赢得了品牌效应,从而可以依靠出租平台系统来赚钱——我们可以看作平台在为小吃业户服务,也可以看成平台通过调用小吃业户提供的服务来为顾客提供品尝小吃的整体解决方案服务。

麦当劳和肯德基曾经是快餐行业的典范。而今,国内更多的餐饮公司从培训、技术、品牌、管理、原材料等方面提供支持，输出标准化的运营体系。如桂林米粉、山东煎饼果子、沙县小吃、重庆鸡公煲等。

在俄罗斯的一座教堂里，连续不断地传出同一首圣歌的吟唱声，却没有专门的唱诗班，每个进入寺庙的人都跟着哼唱，替代了每个走出寺庙的人。企业就是那首歌。关系实在论哲学家告诉我们："关系是实在的。"

企业组织的新形态

驻波

这幅照片是我在楠溪江一个奇峰秀美的山里拍摄的。清澈见底的溪水从上游冲下来，撞在几块石头上，激起浪花，形成驻波。组成驻波的水分子每分每秒都在变化着，但只要石头还在那里，溪水还在不间断地冲下来，驻波就会持续存在。

这个驻波可以成为企业组织的隐喻。企业家把各种元素联结成具有一定功能的结构，并希望这个结构持续存在，那么就不应让这个组织依赖特定的元素，而应该像驻波一样可以不断变化其组成元素而仍能持续存在一样，形成

"铁打的营盘，流水的兵"。而且，高明的企业家应该是一个组织设计师，当他设计好一个组织之后，最大的享受是能够站在一侧看着自己的得意之作在自行运转、持续生存，而不需要把自己捆绑于其中。一个把自己的胳膊当机器部件使用的机械工程师不算好的工程师，累倒在自己设计的企业中的企业家也不是优秀企业家。

寓言《蚂蚁赋格》中食蚁兽与它的朋友有一段对话："我吃的是蚂蚁，而不是蚁群——这样做对于我和蚁群双方都有好处。""怎么可能？你吃掉蚁群中的蚂蚁却又造福于这个蚁群？""我给你剃掉头发难道不是造福于你？"蚁群被当作一个整体来看时，就具有了自己的生命，而不依赖每个具体的蚂蚁。实际上，人体的细胞也有更新周期，人体也不依赖特定的细胞而生存。

在让企业组织不依赖它的特定成员这一点上，学徒工出身的泰勒做出了最伟大的贡献。他通过对动作研究解构了工人的手艺，建立了标准化的作业体系，能够快速培训新工人掌握这些简单的标准化的操作技术，并在分工协作中以更高的效率完成过去依靠个人手艺才能完成的工作。这直接促进了福特流水线的发明，也奠定了工业化的坚实基础。

在工业化一路高歌猛进的过程中，它自己又在改变着自己的环境，也可以说是在自己前进的路上"挖坑"。这个"坑"就是工业化的飞速发展导致了环境不确定性的持续增强。美国前财长鲁宾说过一句话："关于市场，唯一确定的就是不确定。"这句话成为"名言"，鲁宾说出了大多数人的切身感受。

商品的极大丰富提高了顾客的话语权；科学技术的加速发展又带来了新知识、新概念、新方法、新技术的快速发现和发明；技术的进步又把全球经济联结为一张大网。在这个节奏越来越快、前景越来越难以预料的高度不确定环境下，曾经作为楷模的那些设计严谨、组织严密、高度一体化的恐龙型企业组织渐渐难以适应了。

不同的生态环境适合不同的物种生存。稳定的市场环境成就了福特、通用式的恐龙，不确定环境下又适合什么组织形态的企业生存呢？

诺贝尔奖得主西蒙的两个钟表匠的寓言故事可用来回答这个问题：两个钟表匠 A、B 一起制作钟表，钟表有 1000 个零件，要把这 1000 个零件组合成一个钟表。A 将零件一个一个拼装起来，B 将每 10 个零件组合成一个组件，再拼装组件。如果没有干扰，是 A 比 B 快。这说明稳定环境下一体化大型企业组织具有优势。后来有了一部电话（有外界环境变化因素介入了），电话不确定什么时候会响，电话响了钟表匠就得去接电话，一接电话手中的活就得坍塌。对 A 来说，坍塌的是整个钟表，对 B 来说，坍塌的只是一个组件。这种情况下，B 就比 A 快。而且，电话响得越频繁，B 的优势就越明显。

早在 2008 年，普华永道发布的年度全球 CEO 调查报告显示，在不确定性持续增长的情况下，CEO 们开始认识到中央控制型企业的风险越来越大，甚至会成为"气候"变化下首先被饿死的"恐龙"。有半数以上的被访 CEO 认为，分摊风险和回报的网络形态的企业将取代中央控制型企业，成为未来机构的既定原则。这种不确定性被比喻为黑天鹅、灰犀牛，现今直接被称为乌卡时代。乌卡时代就是 VUCA，指的是易变（Volatile）、不确定（Uncertain）、复杂（Complex）、模糊（Ambiguous）这 4 个英文单词的首字母。"易变性"是指事情变化非常快，"不确定性"是指不知道下一步的方向在哪儿，"复杂性"意味着一件事会影响到另外一些事情，"模糊性"表示关系不明确。以前那些"非常态"的事情，现今已经成为"常态"了。

《第三次浪潮》的作者托夫勒在他的另一本书《财富的革命》中也说："新财富体系要求完全重新组合，在整个经济进程中，将越来越临时的技能组合用于越来越临时的用途。对于财富创造者来说，没有什么比这更深层、更根本的了。"

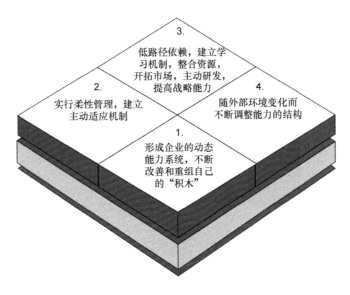

企业能力系统与环境的互动

　　这种在不确定环境下应运而生的企业组织的新形态，我们称它为网络联结组织。这种组织形态抛弃了在稳定环境下为追求更高效率而设计的固化的、单一功能的统一结构，把组织元素在不同层次上组成可以独立提供服务的"能力单元"，在分离能力单元的基础上，依据动态的市场需求调用能力单元，灵活重组，创造不同的功能，形成动态能力，从而从容地应对不确定环境。

　　这时候我们还会发现，同泰勒当年所做的工作相似，只是对象有所不同。现在我们需要清晰地标识能力单元的能力，这些能力最好是标准化的，以便于按照事先建立起来的关系模式顺利调用。同时，网络联结组织也不能依赖特定的能力单元，好的网络联结组织其能力单元应该是可替换的，而且企业的围墙也可以不要了，因为可以调用的能力单元是否属于同一个资本主体不那么重要了，完全可以在企业围墙之外寻找可以联结的能力单元，因此外包将越来越普遍。这也是依据新财富公式建立的网络联结型企业可以迅速扩张的原因。

网络联结组织形态其实就是在联结组织要素形成功能结构的时候多分了几个层次，然后利用各层次的能力单元进行动态联结，形成灵活变化的功能结构。还拿那个驻波来说，就是原子组成了水分子后，再由水分子组成驻波。只要这个驻波的相关条件不变，这个结构就持续存在。

在不确定环境下，最好的组织形态是变形金刚。

企业运行的新动力

俗话说"火车跑得快，全靠车头带"，普通火车只有机车有动力，所有车厢都是被机车拖着走的。因此，火车的车速、每列火车可挂接的车厢数量等都受到很大的限制（太多了机车带不动，太少了机车动力浪费），特别是行驶在斜坡上时，车厢越多，机车负担越重。

汽车则有自己的动力，具有相应的灵活性，但不能组成如火车一样的整体，不具备火车一样的强大运力，能源消耗与污染也远远大于火车。

动车组（特别是严格意义上的单元化复合列车）却能够把以上两者的优势结合起来。动车组把动力装置分散安装在每节车厢上，使其既具有牵引力，又可以载客。运用这样一种动力分散技术，能够实现较大的牵引力，而且动力制动轮多，制动效率高，调速性能好，即使一节动力车的牵引动力发生故障，对全列车牵引功能影响也不大。动车组在实现高速与灵活调速的基础上，还能实现灵活编组，小密度发车，因为动车组可以很容易地组合成长短不同的列车，也可以整合成一列，在中途车站分成几截，开往不同的目的地。

动车组之所以能够把自带动力的车厢结合起来，实现"步调一致"，是因为动车组有一个网络控制系统，使自带动力车厢互相联结，构成控制与通信网络，相互协作，实现对整个列车的控制。

其实企业也有火车型和汽车型两种。中央控制型一体化公司就是火车型的，它依靠严格的命令与控制链条来确保组织的统一性，能够"集中力量办大事"，可以形成很大的市场影响力，吸引大批顾客或大型客户，但这些大型公司的部门、分支机构缺少自己的动力，只能通过奖惩机制来"拖着走"，容易出现大企业病。而作坊型小企业的做工者与业主是同一个人或同一个家庭，相当于自带动力的汽车，不需要成套的绩效考核体系就有足够的动力，也不用支付监督管理成本。家庭作坊式企业在动力和灵活性方面均占优势的前提下，却在与大企业的竞争中被逐步淘汰，这是因为它们的效率、效益、效果（产品质量保证）都不能与大企业相比，也很难建立起相应的品牌形象，无法进入大市场。

有没有可能建立一种如动车组一样的企业，既有作坊式企业动力机制与灵活性，也有大企业的统一管理所带来的效率、标准化和产品质量保证，树立起统一的品牌形象，从而赢得大市场、大客户的青睐呢？

为了回答好这个问题，我们先绕个弯子，去看看企业运行的机理。

企业可以被看作一组"转化"能力——把原材料转化为产品的能力。这样一组"转化"能力需要出租给用户，依靠租金弥补转化活动所需资源的成本并盈利。

你可能会说，我出售产品，怎么会是"出租"能力呢？其实，产品是用户的物料，而物料即能力：

（1）产品或者说物料，是特定能力单元生产（转化）能力的凝结。

（2）物料可以被看作特化的、固化的、方便传递的能力。

（3）物料是能力的直接显现。

企业要"出租"自己的能力，就必须把能力标识清楚，告诉用户能够做什么、做到什么水准、价格是多少。

用户之所以会"租赁"企业的能力，仅仅因为这个能力可以作为资源被再次整合到它的转化能力之中（消费者购买的任何商品都是生活中的物料）。任何企业都不过是在产业社会这个转化再转化、整合再整合的网状链条上的一个转化环节。

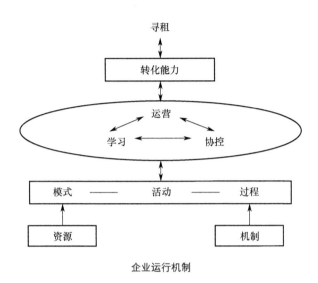

企业运行机制

上图显示了单一转化能力的内在结构和机理。

能力不是"静态"存在的，它只能存在于转化活动中。因此，企业全部转化能力都体现在运营当中，一旦企业不再运营，能力也将不复存在。而运营过程中一定会遇到这样那样的问题，必须不断地解决问题。问题一旦解决，其解决方案就会转化为模式（惯例），增强或者改变企业的转化能力，这就是组织的学习。而组织的运营和学习都需要通过目标、计划、考核进行协调和控制。因此，组织的转化能力是运营、学习、协控相统一的表现形式。

进一步分析，运营、学习、协控都可以归结为活动。可以说，企业中除了活动一无所有，活动是承载转化能力的唯一载体。静态地看活动，每项活动都是特定资源按照一定模式形成的结构，模式在背后支配活动，对这一活动能够完成什么样的转化起决定性作用。动态地看活动，则任何活动都体现为过程，通过过程来实现转化功能。模式和过程，是活动这枚硬币的两个面。

　　活动的模式决定了完成这项活动需要什么资源，如材料、设备、能源、人员……模式就是资源组合的结构式样。而资源被组合并被活动过程所转化，还需要一定的动力机制。譬如劳动报酬、盈利、价值交换等。动力机制是由角色、利益所限定的力场结构，是资源结构的驱动程序。

　　上面分析的是单一转化能力。一个企业的转化能力可以是单一的，这就是火车型的企业。但是也可以把一组转化活动的承载者变成多个能力单元，然后再利用这些能力单元构造出能够完成更大转化任务的上一级能力单元，这个更大的能力单元以小的能力单元为资源，并且与组成它的下级能力单元同构，这个大的能力单元同样表现为企业运行的内在结构和机理。

　　现在，我们如果把火车型一体化的总体能力分离为能够完成不同任务的较小能力单元，同时通过一个平台来统一计划和调用这些能力单元的"服务"去履行客户的订单，就可以把"火车"转化为"动车组"（同样的方法也可以把"汽车"改造为"动车组"）。

　　将一体化的总体能力分离为较小能力单元并赋予适度的经营主体地位，其内在动力爆发出来是相当惊人的，对此我本人有过切身体验。我曾经在山东协助一位国企改革者对一家流通企业进行能力单元分离，各能力单元被赋予一定程度的自主权，并建立起相应的利益驱动机制之后，员工积极性空前高涨，企业营收和利润在两年内翻了几番。这个实验充分验证了自带动力的能力单元是有着巨大潜力的。这相当于把火车拆分成了汽车，激发各能力单元的积极性，这些能力单元的自主性越来越强，纷纷发展成为独立运行的公司。如果在此基础上进行动车组一样的网络控制系统建设，使各能力单元相互联结，形成更大的整体，将会有更新的发展。这个案例给了我们重要的启示：

　　（1）让能力单元自带动力，可以激发出极大的潜能，也相应降低了监督管理成本。

（2）能力单元的分离要有意促成各能力单元的相互依赖性，让能力单元既具备一定的自主经营能力，也能和其他能力单元一起构成新的能力。

（3）动车组式的企业相对于传统企业的优势不仅体现在能力单元的积极性得到充分调动上，更在于有一个统一的网络联结平台把各能力单元联系在一起，实现整体运营，从而形成各能力单元单独运营所不具备的功能与效益，形成能力单元对平台的依赖性。

动车组型企业能够存在，还必须有它明显优于汽车型企业的地方。事实上，企业小型化对管理成本的降低作用是有极限的，企业规模小到一定程度，其管理成本不但不再下降，反而会上升。企业规模过小，管理资源（如人力资源）配备就会成为难题，要么管理成本居高不下，要么管理工作"业余化"（管理不善带来的损失也将加大）。动车组型的企业则可以实现基础管理共享、业务流程共享、经营管理知识共享……从而在提升各能力单元管理水平的同时降低管理费用。

满足个性化需求的新方案

有一个关于挠痒痒的寓言故事,说的是一个人身上奇痒,让儿子给挠,挠了三回,没有挠到痒处,又让夫人给挠,挠了五回,还是没有挠到痒处,他气恼之下,干脆自己来挠,于是"一挠而痒绝"。"人挠"与"自挠",效果何以如此不同呢?道理非常简单:"痒者,人之所自知也,自知其痒,宁弗中乎?"

在自然经济下,可以说大家都在给自己挠痒痒,自己需要什么就生产什么,需要多少就生产多少,往往能够"一挠而痒绝"。在商品经济下,就是给别人挠痒痒,生产者与消费者分离了,"挠不着痒处"的事情就很容易发生。于是,商品生产者的一个重要任务,就是找到消费者的痒处。

对于这个问题,不同的时期有不同的回答。

第一种解决办法是"爱吃不吃,只有馒头稀饭"。这是福特汽车采取的单一产品的方法,顾客可以要任何颜色的福特汽车,但它只有黑色的。意思是,我不管你什么地方痒,我只管挠背,其他地方痒不要来找我。在物资缺乏、消费者的基本需求没有得到满足的时代,这种方法是管用的,甚至是最好的方法。

第二种方法是询问顾客哪里痒。这是在消费者的基本需求获得了满足、个性化需求开始凸显之后,企业被迫采取的做法。整个市场营销学发展史就是一研究如何有效地了解顾客哪里痒的历史。这种方法也不经常奏效。一是有时候顾客也很难说清楚哪里痒;二是痒的地方经常变动,这就更增加了挠准痒处的难度;三是找到顾客的痒处成本很高。

第三种办法是让顾客自己来挠，哪儿痒只有自己最清楚。这就是自助预订平台所做的事情。预订机制是解决个性化需求的复杂性、随机性与企业供给能力所要求的基本秩序之间矛盾的最有效的方法，航空、火车、汽车的售票制度就是最常见的预订机制。通过售票，分散的、随机的个性化需求被归并为不同的航班、车次，实现了供需之间、产销之间的和谐，让个性化需求得以满足。

关注顾客的个性化需求，是在产品过剩，消费成为瓶颈之后，企业不得不做的一件事。但是顾客的个性化需求并不是那么容易满足的，必须将整个管理体系改造为以顾客为中心。但是顾客也不是对自己的需求掌握得那么精准的，而且对满足需求的生产过程也缺乏知识，这样一来，需求与供应的对接就会产生问题，需要供应者对顾客提供不同深度的支持。

满足个性化需求，要把商业逻辑从以生产为起点变为以消费为起点。商业逻辑的颠倒带来的最大问题就是个性化需求与大批量生产之间的矛盾。而大批量生产难以应对个性化需求的最大问题是当顾客提出需求时，商品早已生产出来了，已经不可改变了。为了解决这个问题，全世界的企业几乎都在寻找解决方案，从即时生产到大量定制生产、供应链管理（延迟制造）再到敏捷制造的动态联盟、模块化生产，无不把低成本、高质量、个性化和及时性作为追求目标，但这还是在大量生产的基本范式上修修补补，所提出的解决方案还不能令人满意。

有三年左右的时间，我协助王甲佳等人在温州一间工厂试验在网络联结信息平台支持下的能力延迟整合新方案，通过分离与调用能力单元解决了用标准化能力单元履行个性化订单的问题，工信部原副部长杨学山先生给予了高度赞赏，称其为"探索出一条'分散生产能力单元+标准化+信息化'的新型工业化道路"。由王甲佳领衔开发的网络联结生产原型系统在上线后，一直成功地运行着。

能力延迟整合就是不预先生产定型产品，也不预先生产相应配件，而是以分工序能力单元的预置关系（整合路径）模型作为"泛产品"，在接受订单之后由信息系统即时形成调用能力单元的网络关系计划，并通过信息系统向相应能力单元统一下达生产指令，按时履行订单。

在设计"动车组"时，预先把能力单元分离出来，等订单到来时再组合成生产流程，此为能力延迟整合。能力延迟整合是用标准化能力单元满足个性化需求的重要机制。利用标准化能力单元的"积木"可以搭配出众多个性化产品。如果把每块积木看成已经整合和尚未整合的生产能力，看成不同能力单元的"分离与调用"，就能理解能力延迟整合利用标准化能力单元满足个性化需求的基本原理了。

能力延迟整合还能够提高满足个性化需求的及时性。因为在接到订单之前，所有产品都是以生产能力状态"泛"存在的，接受顾客预订订单之后，在网络联结信息系统的统一计划下完成搭积木的过程。这个过程在信息技术普及之前是一个相当漫长的过程，所以企业不得不为库存而生产。在信息技术普及之后，我们可以实时地向不同的能力单元（不同能力单元可以隶属不同资本主体）同步下达生产指令，依靠网络关系计划协调生产过程，能够把订单履行时间压缩到产品生产的"自然"时间刚性限制之内，这样再与预订机制相配合，可以确保及时履行个性化订单。

随着网络关系计划中的时间链技术的日趋成熟，低成本、高质量和及时满足顾客的个性化需求将不再是一个难题。我将本节所描述的新生产方式定名为"和谐生产方式"。

企业发展的新战略

在孟加拉国杰索尔地区，有一棵树冠面积超过 42 亩的大榕树，据说有一支六七千人的军队曾在树下乘过凉。榕树之所以能够占领如此之大的领地，是因为它有一个特性——在它伸展出去的枝条上，会长出胡子一样的气根，这些根落到地上，钻入地下，吸收水分和养分，露在外面的树根变成了支柱根，也就是新的树干，支撑着树枝并长出新的树枝，新的树枝再生出气根……就这样蔓延开去，无论在空旷之地，还是在茂密的丛林里，总能逐渐占据一个很大的生存空间。

由于榕树树干众多，有的可达 4000 多条，往往是祖孙同堂，老的枝干枯死了，新的又补充上去，因此生命力极强。在我国南方地区，千年古榕是很常见的，世界上存活 2000 多年的榕树也有。

榕树独木成林，自成一体，一棵树就是一个相对独立的生态系统，连成一体的树干、树枝、树根营养可以相互支持，也吸引了以榕果为食物来源和栖身场所并帮助传粉的榕小蜂等。榕果的种子没有毒性，果肉没有或仅有少量纤维，适合兽类、鸟类、蝙蝠、土壤动物、微生物等各种生物取食。在西双版纳，以榕树的果实和叶子为食的有兽类、鸟类、两栖类等各种动物 1000 余种。在这些动物中，有些种类像兽类、鸟类等能为榕树传播种子，它们和榕树形成了互利共生的关系。

计算机网络中也有一种榕树网络，因其形状与榕树相像而得名。榕树网络具有控制简单的优点，分块性、模块性、可扩展性都很好，是一种很有吸引力的互联网络。

以网络联结信息系统为有形和无形的中介、联结众多能力单元、服务众多客户的网络联结型企业，其"形状"也与榕树相像，各能力单元如同榕树的支柱根，众多客户如同榕树茂盛的枝叶，更重要的是，它们都是连成一体的，因相互支持而形成的扩张力是被实践验证了的。广西省有位企业家在听到这种模式之后，兴奋地想到不同环节的能力单元在统一系统的调度下通过利润的相互补偿而形成的竞争力是单体企业所难以抗衡的。

与榕树相同之处更在于网络联结型企业也是自成一体的，它自身就是一个商业生态系统。这个生态系统不仅吸引某个行业的供应商与客户，还会吸引更多的看似不相关的"鸟类"利用并加入这个生态系统，形成一个"鸟的天堂"——这些"鸟"可以是为这个系统中的能力单元和客户提供多种增值、外包服务的服务商（企业或个人）。

当前，主流的企业战略思想虽然呈现丛林景象，但有一点是相似的，就是发现某细分市场没有被满足的一种需求，或者说发现顾客还没有被很好地解决的一个问题，再找到满足需求或解决问题的方案，如果已有人提供了解决方案，则要找到比竞争对手更好的解决方案，然后把精力集中到这一点上，并且让市场看见你解决这个问题比别人解决得更好。

《蓝海战略》一书试图突破这一基本战略思维框架，以价值曲线为基本分析工具，引导企业关注顾客可以用以达到相同目的的"他择品"，关注细分市场之外的竞争者，关注买方链条上的不同角色，关注顾客需求满足的整个生命周期，关注满足顾客需求的功能与感情两个方面，关注宏观环境的变迁，从而构想出新的市场空间，以全局视野绘制战略布局图。

如果我们把观察问题的视点再提高一点，就可以看见"市场"是一个由不同角色参与的共同体，或者说是一个商业生态系统，我们就不一定要在一个"命定"的系统中寻找自己的生态位，还可以开创一个新的系统，如同榕树所做到的那样——我们把这一新的战略思路命名为"榕树战略"。每个市场都需要有自动完成工作的一套闭环流程，如果增加一项服务，一是需要有这一项服务的闭环，二是考虑这一闭环对原有流程的影响。例如，一家卖面的小店，夏天打算增加赠送绿豆汤的服务，绿豆、锅、熬绿豆的时间、碗、勺、人工、火力、时机等都要与之前卖面的流程兼容。

榕树战略的本质的确如邱嘉文所言，是一种"和略"——它的成功在于吸引众多的能力单元和客户加入这个系统，在这个系统中找到自己生存的土壤，并为系统的成长贡献自己的力量。打一个通俗比喻，榕树战略就是"做一款游戏给大家玩"。很多人还记得 2007 年《南方周末》上曹筠武等人写的《系统》那篇文章，没有实际玩过网络游戏的我第一次"体验"到了一个系统平台的魅力和威力。有些游戏同时在线人数超过百万，全部玩家加起来可以组成一个超级城市的网络游戏中心。"系统"对玩家充满了诱惑力，让多少人流连忘返，让多少人废寝忘食。游戏如此大的"魅力"必然是触动了人类灵魂深处的某一根琴弦了。一个虚拟的、费钱的游戏都如此有吸引力，一个同样好玩的、真实的、可以帮助"玩家"谋生的游戏呢？！当这样的游戏多起来之后，就是看谁设计的游戏更有吸引力了。请记住"网络关系价值=吸引力×开关权"这一新财富公式。

我们需要新的战略视野。

互联网真正的核心是以消费者为中心，并把消费者转化为新型"产—消"者，也就是生产者和消费者的角色在工业社会分离之后的重新融合。

在网络社会逐步形成的过程中，消费者逐步赢回了选择生活方式的主动权，从"消费者"重新变成"生活者"，让建立在大规模生产逻辑之上的生产者

（供应商）极度不适应，表现在大多数企业中就是供需矛盾、产销矛盾，每个企业几乎都能听到个性化、多品种、小批量与规模生产的矛盾，以及不确定性需求与刚性生产供应能力的矛盾。这是社会变迁必然带来的矛盾，解决这些矛盾，建立新型和谐生产方式，是我们这一代人的历史使命。

以顾客生活为中心建立新的商业生态系统（或者改造旧的商业生态系统），必须建立起以顾客生活为中心的生活支持体系，实现对顾客生活的"感知—响应"。

实现对顾客生活的"感知—响应"是以产品为中心的企业所不能胜任的。需要建立以生活方式主题为旗帜，以共享生活模式为基础，深入研究顾客生活活动的发生规律，借助日益发展的信息技术建立"感知—响应"的供需网络体系，实现对顾客生活方式的系统支持。

对顾客生活提供系统支持，需要整合大量的生产资源、服务资源、知识资源和信息资源。众多专业机构或个人都将被联结到一个网络之中，这就需要一个运作顺畅的网络联结系统，需要以泛产品为中介，通过网络关系计划衔接个性化订单与生产（服务）能力单元，用标准化生产（服务）能力满足个性化需求订单。种种情形都要求我们实施新的战略——榕树战略。

再想想那座俄罗斯教堂里那一天到晚连续不断地"接力"唱着圣歌的人们，多么像榕树中一个个支柱根的荣枯替代，使榕树千年不倒。榕树战略也可以让你建立的新型企业如榕树一样长生久视。

★　　　★　　　★　　　★　　　★　　　★

这个导言已经写了 6 节，分别从不同的侧面来描述同一个东西，但是到现在还没有给这个"东西"取个名字。在前面的文字中，先后出现了"网络关系价值""网络联结组织""和谐生产方式"等名词，但也只是说出了这个

"东西"的一些侧面。这就像一朵花，我们描绘了每个花瓣，却没有说花蕊是什么。

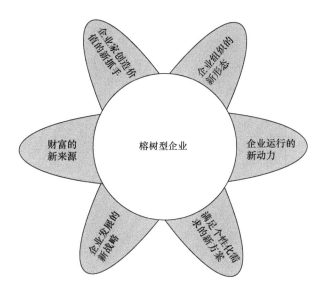

榕树型企业

既然用哪一个名词定义这个"东西"都不合适，而且又不能不定义，那就干脆用一个比喻性的词汇吧，定名为"榕树型企业"好了，形象、易记，而且也与这个"东西"的特性吻合得不错。这样，我们就可以看到"榕树型企业"之花的全貌了。

接下来，我们可以进入本书的主体部分，阐述怎么构建一个榕树型企业。也是写到这里，才勉强给本书取了一个书名——《榕树型企业：设计和复制组织基因》。

第一步

建立基本模型

为了能够在思想中把握一个事物，我们通常要构建一个模型。

一个好的模型能够预报将要出现的情况，帮助我们提前设计相应对策，并且揭示该事物发展的可能性。

一个模型还代表着一套看待问题的方法，让我们更好地理解构成某个系统的元素、规则及元素之间的相互作用，由此得出整套观点，使我们认识和描绘某个系统。

模型，是一个实验工具，让我们在冒巨大的风险去实践之前首先在思想中进行实验，并预测结果。

模型，能够启动创新流程，能够驱动沟通、引发问题，可以用来管理和创造期望。

模型，是一张让我们不至于迷路的地图。

这是一场"严肃的游戏"，构建榕树型企业，就从构建模型开始。

讲好一个故事

榕树"包裹"了矮墙

一只小鸟含着一粒榕树的种子，一不小心把种子丢在了矮墙之上。几年之后，墙头之上生出了一棵榕树，树根从墙头一直伸到地下，扎入土壤。很多年之后，人们会看到一棵遮天蔽日的大榕树矗立在那里，矮墙被包裹在榕树之中。人们对此司空见惯，仔细想一想又感觉实在神奇。

种子的基因决定着这棵树能长成什么样、不能长成什么样，决定着它适应什么样的环境，甚至决定着它在特定环境下的必然命运。同样，企业的基因也决定着企业未来与环境相互作用下的发展状况。

构建榕树型企业的第一步，是描绘这棵信息形态的"树"。而描绘这棵信息形态的"树"，很可能肇始于企业家的一点感悟、一个困惑，或者一个经历。

孟加拉国尤努斯创建格莱珉银行就是发端于他的一次经历。

1976 年他走访了村里 21 岁的农妇苏菲娅，她是一个有着 3 个孩子的母亲。苏菲娅靠制作竹凳养活全家，手指上都是老茧，她制作的竹凳卖得很好，但是她一天仅能赚 2 美分。她每天需要 25 美分来买竹子，但是她没有，于是，她从高利贷者那里借钱买材料，编织好的竹凳只能交给高利贷者转卖。苏菲娅每天微薄的 2 美分收入使她和她的孩子陷入一种难以摆脱的贫困循环。事实上苏菲娅的情况并不是个例。尤努斯列了一张和苏菲娅处于相似处境的人的名单，一共 42 个名字，而他们共欠高利贷者 856 塔卡（约合 27 美元）。这种情况使尤努斯非常愤怒，于是他拿出 27 美元解救了这些村民，并告诉他们钱可以在任何时候归还。大概一年后，村民们就把欠他的钱还清了。据此，尤努斯认为穷人是最讲信用的。这就是尤努斯下决心创办穷人银行的最初动因，并最终将自己送上了诺贝尔奖的领奖台。

这种基于企业家切身感受的，根植于企业家的灵魂深处的，甚至是可遇不可求的直觉，或者稍纵即逝的灵感才能导致的洞见，我们称为元逻辑。

由于元逻辑并不是来自深思熟虑的意图或者安排，而是直接来自心灵，因此，不能保证它的有效性和实用性。直觉是用来发现的，没法证明，我们还需要用逻辑来证明。换个说法，元逻辑指出了一条道路，从起点到终点，特别是基于同情和理解的直觉可以引导我们看到终点，而逻辑则告诉我们沿着这条道路到达终点有没有阻碍。没有逻辑的证明，企业家的灵感就没办法让别人理解，更不用说吸引利益相关者参与，共同完成一项事业了。

通过逻辑证明后的元逻辑，可以称为事业理论——阐述一项事业为什么可以成功的道理。德鲁克认为，一个企业在相当长的时间里能够顺利成长，在很大程度上得益于它所独具的事业理论。它以企业自觉的使命为核心，包括对市场环境的基本假设及实现使命的一般手段。成功的事业理论将把企业提升为行业发展的领头人和主导者。

企业家开发一个事业理论，就是给自己的创意建立一个可以向人述说的且能够说服别人的话语体系。分众传媒江南春的"无聊时刻"理论就是一个从元逻辑发展为逻辑论证的典型的事业理论。江南春在等电梯时无意中被电梯口的海报吸引，于是突发奇想，如果把 17 英寸显示屏挂在电梯内，一定会吸引人们的注意，分众传媒由此诞生。江南春说："再忙的消费者都会有一个特别茫然、无聊、发呆状态的空隙，这个时候如果有信息进入，很容易引发兴趣、激发思维。如果能找到消费者处在比广告更无聊的时间和空间当中时，广告的有效性将明显提升。"

下面这段文字摘自我曾经在第四届世界禅茶大会上的一次发言，这段话为禅茶经营建立了一个逻辑性的事业理论。

我是这样思考禅茶经营的：

由于禅茶与佛法有着不可割舍的渊源，因此首先要想清楚，佛法是什么？通俗地讲，佛法就是解决人生问题的智慧。这也是佛法在当代社会生存发展的依据和意义所在。

那么，禅又是什么？在佛法的旗下，禅就是证悟佛法的门径。

再问禅茶是什么，就很好问答了：禅茶是在人们禅悟过程中的物质载体，是帮助、支持禅悟的。

如果以上推理没有问题，我们就可以进一步思考如何经营禅茶了。

那么，如何经营禅茶？我认为：

从洞察当代人的人生问题入手，提出人生问题的解决方案，研究各种禅修方法从而设计出适合当代人的门径，并提供以茶为核心的证悟过程中的各项活动的环境与物质支持。

这样的禅茶经营逻辑，核心是禅，而茶是辅助工具。因此它也不是茶叶经营的全部。实际上茶叶经营也可以完全不讲文化的，譬如立顿的成功，就没有丝毫的文化气息。正因为受立顿这个案例的启发，我才考虑，禅茶经营要想成功，就只能走与立顿完全相反的道路，下决心以禅为主，以茶为辅，而不要夹在中间，嘴上讲禅而回避经营，心里想着怎样多卖些茶。定位明确了，努力的方向才明确，建立起全国性的市场营销及高效的一体化分销网络的可能性才大。

沿着"以茶行禅"道路并不缺少市场，因为不同群体的人面临的人生问题大不相同，需要提出多种个性化方案，设计不同的门径，提供不同的环境与物质支持。如此看来，禅茶经营具有无限的空间，因为人生问题是无量无边的。禅茶经营是大有可为的，也是功德无量的。

逻辑证明等于讲了一个可以自圆其说的故事，还不是证明的完结，还需要将描述与数字结合起来，进行数字检验，预测基本损益。接下来要做的还有进行小规模的实验，让事业理论中隐含的那些既与需求有关，又与经济效益有关的种种假设得到实践检验。

做好一组分析

话说天历 N 年 M 月 R 日 T 时，如来佛在天庭佛祖办公室来回踱步，思量日趋严重的黑社会问题。他对这种现象之所以滋生的原因心知肚明，都是天庭那些天将们不肯尽力、阳奉阴违、对魔头假打真帮造成的。这在猴王闹天宫的时候已表现得很充分。想那泼猴初出茅庐，乳臭未干，哪里是这帮天兵天将的对手，可愣是让他在天宫逞能，大骂玉帝为老儿，逼得向来不肯亲自出手的他不得不把泼猴压在五指山下。如今天庭安宁，众天将更是只食俸禄，不尽职责，让世间妖孽做大为患，还引得天庭众官门人不甘寂寞，偷偷下界为魔。如来佛向来主张教化为主，不尚武力，妖魔们又没胆量如泼猴那样闹上天庭，他没法亲自动手。

如来佛思来想去，忽然想到那个被他在五指山下压了 500 年的泼猴，心想这倒是一个可以借用的降魔主力。那泼猴因自己作"业"在五指山下被压着，自然希求解放，如果给他个机会，让他降魔赎罪，他必然出力。但是，如来佛又想，自己也不能亲自去向一个囚徒面授机宜，那个泼猴嘴巴太大，会嚷嚷得让整个天庭都知道此事，众天将会认为自己的部门利益受到侵害，会说他如来佛多管闲事，当然也会给猴头的除魔制造障碍。就算那猴头排除万难把一个个魔王给抓起来，天庭贪财的律师还不是会给魔王们辩个无罪，说不定到头来猴头还可能因降魔获罪。

正在如来佛拿不定主意的时候，得意弟子观音菩萨来访，如来佛就与观音菩萨商量此事。观音菩萨告诉如来佛，东土恰有一位和尚立志到西天取经，其"愿力"如金刚，她正在考虑如何帮助唐僧实现其愿望，以便让佛法在东土传布，也在犯难如何让那和尚顺利到达西天。这两件事到可以合在一起办，命那猴头保护唐僧到西天取经，名正言顺，有功有德，甚至可以在《天民日报》上宣传。取经的道路就划定在那些妖魔出没之地，猴头为完成保唐僧到西天的任务，则必须一路降妖捉怪。如此一举两得的好计策，让如来佛对自己这位弟子更加欣赏。至于如何让猴头听唐僧调遣的问题，只需观音菩萨一个紧箍咒的小手段就可搞定。

但是，按照设计好的情景让唐僧放出猴王，让他成为"孙悟空"之后，一路上却无比顺利，那些魔王鬼怪们早就听说这个孙悟空就是当年的"齐天大圣"，敢于大闹天宫，谁还愿意去招惹他？听说孙悟空来了，远远地躲进山中，深深地藏在洞里。如来佛和观音菩萨想，如果就这样下去，不但达不到一箭双雕的目的，也让那唐僧和孙悟空的目标实现起来太容易了，也太便宜这个猴头了。

如来佛再次与观音菩萨头脑风暴。如来佛说，我平生学问，就是一个"力场结构"，而力有三种：愿力、业力、欲力。唐僧是理想主义者，有愿力，我们已经充分利用了他的愿望之力。孙悟空自己作"业"让自己成为囚徒，业力使然让他不得不追随唐僧。现在还差一个"欲力"，欲望之力是巨大的，可以让人利令智昏。特别是那些妖魔鬼怪，个个欲念烧心。如今他们个个缩手缩脚，无非是出于对孙悟空的忌惮。如果给他们提供一个有巨大吸引力的利益目标，他们就会不顾死活自己去找孙悟空打架。

于是，观音菩萨便密派身边小童在那些妖魔前故意说"漏嘴"而"泄露天机"，让江湖上盛传吃了唐僧肉即可长生不死。这个"利益"的吸引力太大了，没有妖魔在这样的诱惑面前还有定力，纷纷主动找孙悟空受死，既达到了如来佛斩除妖魔的目的，又成就了孙悟空的美名（妖魔都有加害唐僧的罪行，打死罪有应得，放过算给面子，让天庭律师们没话可说），还让《天民日报》特约记者吴承恩大赚了一笔稿费。

这是我杜撰的一个管理寓言，意在说明构建作为一个新的商业生态系统的榕树型企业，与撰写一个新故事有许多异曲同工之处，需要准确的角色刻画、合理的动机及使人洞悉价值的故事情节。

但是，一个好的故事不能只有一个故事梗概，还要使故事丰满起来，对一系列故事要素的分析是不可省略的——就像前面寓言中如来佛所做的那样。

第一，要进行角色分析。没有角色，即使有了舞台道具，还是没戏。构建榕树型企业，所设计的商业逻辑并非供需那么简单，因此所涉及的角色也不仅仅是供应商和客户，而且常常会发生互为供应商、互为客户的情况，所以就干脆把所有涉及的主体都叫作角色。这又要求我们首先要对角色进行界定，作为一个商业生态系统，究竟由谁来充当什么角色？还要弄清楚这些角色是个人还是组织？在组织中又由谁来做出决策、谁会影响决策？这个角色的利益与目标是什么？是核心利益还是边缘利益？角色分析就是要分析清楚角色的性质与决策模式，以及作为其决策理由的利益和目标。

第二，要进行权利分析。前面已经使用了角色这个一般性的名词来替代商业文献中多种常用的词汇，这里再用权利这个一般性名词来取代商业文献中常用的资源之类的词汇。选择权利一词，是因为表达的是一种产生影响作用的能力。有人将权利分解为三个要素：

（1）能力，可以用来影响他人的资源。

（2）行动，可以用来影响他人的步骤和关系。

（3）反应，对方受到影响后所采取的行动。

一个角色所拥有的权利，可以包括技术权力、经济权力、政治权力、心理权力等方面。在对权力进行分类的基础上，还要进行评估，这是一项烦琐而困难的工作。

第三，要进行环境分析。环境因素包括时代、地理、社会、政治、经济等，究竟需要重点关注哪些环境因素，要从所构建的具体模型出发才能做出判断。

提炼一个主题

榕树型企业突破传统企业的边界去"结网",表面上看好像要建立一个无边界的企业,实际上在突破了有形边界的同时,还必须建立起一个无形的边界,不然我们只能构想出一个只有上帝才可能完成的事业。这个无形的边界就是"主题",就是榕树型企业的自我设定。如果榕树型企业无视这个无形边界而任意扩张,总有一天会因为突破主题所能承载的极限而崩溃。

国旗

主题,是一个榕树型企业区别于其他榕树型企业的"标识"。"标识"是一种

"机制"，这种机制的作用在于形成"聚集体"。"标识是为了聚集和生成边界而普遍存在的一个机制"（霍兰，1993）。标识对一个系统的生存具有关键意义。动物都是依靠自身物种的标识来识别交配对象的，古代军队也很早就懂得用旗帜做标识，用召唤战场上己方的士兵。因此，主题也可以看作一个榕树型企业的旗帜，它能够召唤相关角色加入，也起到排斥不相关角色的作用。

一个好的主题是一笔重要的"无形资产"，甚至可以产生"无中生有"的奇效。最好的主题是具有挥发性的主题，形象的说法是能够"熏"倒一片，是能够征服人心的。这是一种微妙的心理影响力，或者说是文化的力量，其运作机理很难解释清楚。至少，主题要能够为一个榕树型企业的存在提供足够的理由。

主题作为重要的机制，不仅起到聚集和排斥角色的作用，同时也限定了需求，为建立一个能够满足个性化需求的供需网络奠定了基础。台北出租车司机周春明的"客户专属私人司机"主题提炼就是一个很好的例子。

周春明师傅的探索始于一次长途载客。某天，一位企业管理顾问公司的经理搭载了周春明师傅的车，他被周师傅的贴心服务所打动，把公司讲师到外县市的长途用车业务全包给了周师傅。这让周师傅找到了发挥自身服务特长的一个突破口。从此，他不再徘徊于台北街头寻找客人，而是专门服务于需要长途用车的教授、中小企业老板和咨询顾问等熟客。周师傅为他的熟客建立了自己的"CRM系统"——一个记录着每个熟客职业、专长、个性、喜好的纸质笔记本。他像真正的客户专属私人司机一样了解每位客人，懂得每位客人的需求。如果某位讲师第二天早上 5 点去桃园机场，周师傅会穿着西装，提前 10 分钟在楼下等客人，像随从一样手扶车顶协助客人上车。客人上车之后，有一份他喜欢的早餐在等着他享用。周师傅的那本"CRM 系统"笔记本中，记载着客人喜欢中式早餐还是西式早餐，饮料要茶还是无糖可乐，如果是咖啡，需要配几包糖、几包奶精。客人用完早餐，周师傅会问客人是小睡一会儿、听音乐还是聊天。从客人的选择中，周师傅能够判断出客人今天心情如何。如果客人乐意聊天，周师傅会端出与客人专长、所关心的问题相关的有趣的话题。

在有 3 万名司机共抢台北出租车市场的情况下，周春明凭着"客户专属私人司机"的定位，创造了平均每天比别人少工作 2~4 小时而收入却高出 2 倍的业绩。由于周春明师傅的客户越来越多，自己服务不过来，他就吸收愿意加盟的出租车司机，复制他创造的"客户专属私人司机"模式，建立起一个专门为"商务旅行人士"提供个性化服务的车队。一个榕树型企业的雏形就这样浮出了水面。

分析周春明师傅的"客户专属私人司机"模式，可以发现这样几个要点：

（1）通过主题限定了一个如同长着相似面孔的兄弟一样的"家族相似"（四川大学陈雨思老师称之为"同态"）的客户群体，也就是"商务旅行人士"，而一个"同态客户群"具有类似的需求特征。事实上，任何企业要想真正为客户提供一对一的个性化服务，首先必须找到这样一个具有类似需求特征的客户群——一个"同态"客户群。就像以生产为中心的企业只能生产某一类产品（至多某几类产品）一样，以客户为中心的企业也只能服务于某一类客户（至多某几类客户）。如果我们选定了一个同态客户群，就能很容易找出这个客户群的共同特征——相同或相似的生活方式。这也为客户中心化企业塑造自己的品牌找到了依据，企业可以以这个客户群体共同生活方式作为自己的品牌内涵，成为号召这类客户群体聚集的旗帜，并围绕这种生活方式不断开发各种服务。如果说产品中心化企业的成功源自专业化，那么客户中心化企业的成功就依赖于这种"主题化"，把具有共同生活方式的人群聚集起来，然后专心致志地为这个人群提供服务。

（2）周春明的客户群的个性化需求实际上是非常有限的。这是寻找"同态"客户群最主要的好处。

从心理学的视角来看人的需求，可能会感觉头绪太多又变化莫测，所以现代市场营销学干脆把需求看成不可捉摸的黑箱，从需求发生之后的市场调研、需求识别开始的全部营销活动，无不是基于这个前提展开的。如果我们换一个视角，就可以看到人的需求不过是人们从事某项活动的"倒逼"产物，或者说是某项活动得以进行所需要的材料、设施、工具、环境等支持条件。我们把有什么活动才需要什么物资支持这一简单规律称为"需求发生论"。

认识到这一规律之后，我们就不是直接研究客户对物的需求，而是研究客户的"活动"。而任何在某一主题领域的活动都是有规律的，而且是有限的，是可以归类的，这就是所谓的"生活方式"。通过生活方式这个主题，可以方便地聚集同态客户群，梳理从事某主题活动的物料及其结构关系，形成一个 BOM（物料清单），以此为基础，也就可以建立一个供应网络。

我们来看看周春明的商务旅行客户群，就只有简单的几项活动：到台北周围各县市的旅行、乘飞机远程旅行的机场接送，还可能包括替客户接送客人等。进一步对这些活动进行精细化研究，周春明发现商务人士出门多数习惯早起，没有时间吃早餐，在车上用早餐就成为另一项活动。周师傅还细分出在车上小睡、听音乐、聊天等更多的细节活动，这些细节活动又因为客户的职业、年龄、个性、习惯等有所不同。但无论这些细节活动有多大的差异，都是在一定范围内的差异，是可以把握的。就像对早餐的需求，无论口味多么不同，早餐也就那么几种。也只有在这个时候，"CRM 系统"才开始派上用场。

个性化需求无论多么复杂，都不会是杂乱无章的，而是有规律可循的，只是企业长期处于产品中心化时代，没有对客户的需求进行精细化研究而已。

（3）周春明的经验还启示我们，对于同态客户群的活动模式可以进行清晰的描述，并形成客户认可的标准解决方案，这种标准解决方案在一个同态客户群中会成为一种生活常识，我们称为"共享模式语言"（关于模式语言，将在本书中专门讨论）。

　　在商品越来越丰富的市场上，消费者越来越感觉难以选择，对于供应商叫卖的喧嚣声音也越来越麻木，这时候某个主题的"解决方案专家"就为消费者所需，也为产品供应商所需。周春明的客户需求虽然简单，但他也具有了解决方案商的雏形，可以把他的服务看成由早餐解决方案、出行途中解闷聊天解决方案等组成的专车一体化解决方案。而以解决方案为中介，才能将同态客户群与生产主题 BOM 上产品的供应网络联结成为满足个性化需求的供需网络。

　　主题统摄下的需求发生论，还统一了个人消费与企业客户两个市场的内在逻辑，需求发生论实际上是把分析企业客户需求的方法用于观察消费者需求。它给我们提供了洞察客户需求的工具，让需求处于白箱状态，为实现服务（供应）的低成本、高质量、个性化和及时性这些看上去极端矛盾的目标奠定了基础。

设计一个游戏

如果榕树型企业是一出好戏，以上所谈的就是剧本、演员、舞台、道具及戏剧的主题，还不是戏剧本身。在引言中我说过，榕树战略就是"做一款游戏给大家玩"，而游戏由玩家构成，抓不住玩家的心就不会有人来玩，即便有人玩也经不起其他游戏的冲击。

榕树型企业作为一个真实的商业游戏，要吸引各种角色参与进来一起玩，第一个要求就是必须给参与游戏的各路玩家带来实实在在的利益。和谐生产方式创始人之一、网络联结生产系统的设计者王甲佳创造了一个"多角色网络关系价值"的构建方法，可以作为设计榕树型企业这个商业游戏、开创或者改造一个商业生态系统的重要工具。

网络关系价值设计最简单的模型必须有 3 种角色。我们以媒体为例来加以分析：

参与某一媒体运作的角色有三种：内容提供者、受众、广告主。这里的受众就是传统意义上的客户，实际上在这个系统中是互为客户和供应商的。我们先看看广告主为什么会花钱把广告投放到媒体上，表面上广告主是在购买版面或者时段，实际上是在购买媒体有效受众群的关注，是这个受众群中存在一定数量的、有一定购买力的人，这些人是广告主目标客户的一部分。而媒体的这个有效受众群又是被媒体的内容吸引来的，是媒体所刊载、播出内容的消费者。这些内容消费者所得到的利益就是消费媒体内容，而支付的可能是部分金钱（报刊订阅费用、有线电视费用、上网费用等）和注意力（免费模式下注意力则是目标受众所付出的全部代价）。内容提供者则付出写作、拍摄、采访等劳动换取稿费、工资，还有在受众中的知名度等，内容提供者的收入是媒体广告费、订阅费收入的一部分。媒体经营者在自己建立的这个关系平台的运作中获得涌现利润。这就形成了一个最简单的商业生态系统。

一个榕树型企业的游戏，可以有更多的角色参与。对于一个多角色参与的网络关系系统的设计，可以总结为如下几个步骤：

（1）针对每种角色，整合其他所有可以整合的各方资源，建立起对该角色有明确价值的"泛产品"（关于泛产品，将在本书七步法第五步中进行详细阐述），并对其价值进行明确描述，告知该角色。

（2）在设计吸引某种角色的泛产品时，把其他各方看成可利用的"能力单元"（关于能力单元，将在本书七步法第二步中详细阐述）加以整合。

（3）根据参与游戏各种角色的性质及收费难易程度，以及从整个关系网络系统发展方面考量，设计由哪一方支付现金，哪一方付出劳动，哪一方付出时间等，从而设计出可行的盈利模式。

这个过程是重复进行的，设计者要根据变化了的情况不断开发对某一角色有新价值的泛产品，并不断寻找和吸引可以整合以增进泛产品价值的能力单元。

在这里向读者推荐美国《连线》杂志主编、《长尾理论》作者克里斯·安德森的著作《免费：商业的未来》，对理解"多角色网络关系价值"很有帮助。

当然游戏要吸引人，除了能够给参与者带来经济利益，最好还是有趣的，这其实也是一个游戏带给玩家的利益之一。

（1）有趣的游戏让玩家处于主动地位，不会感到有人强迫他去玩这个游戏，当然一般来说设计者也没有这种强迫手段。假如有这样的手段，一定会有人采用。在游戏的过程中，要努力让玩家感觉能够自我掌控、自我选择和自我判断。

（2）参与游戏的各种角色都能够通过自己的努力在系统中获取更高的地位，如同游戏中通过经验值积累、做项目升级一样。这种机制带给参与者的成就感正是传统企业组织所缺乏的。

（3）在参与游戏的过程中能够有机会与其他参与者交流、互动，形成社区，建立起可以相互帮助的社会关系网络，组建项目团队，树立个人品牌。

（4）建立平台对各种角色的支持体系，包括相关知识支持、工具支持、模板支持、基础数据库支持等，并形成边运作边积累的有效积累和更新机制，其中最大的支持体系还是共享模式语言。如此可以让游戏平台价值不断地自动升级，提升平台对各种角色的黏性。

（5）游戏中的分配必须让各方感觉公平合理，让每种角色的付出与所得平衡。很有可能必须采取民主管理，让各种角色都有权参与"分配—支付"规则的制定。避免因平台经营者贪得无厌而获取太多，导致游戏参与者的离弃。

对于一个榕树型企业商业生态系统游戏，也许还能设计出其他亮点来吸引玩家，这需要设计者的天赋与灵感。

当然，好的游戏并不仅仅有利益吸引，除了"利诱"，有时候也需要"威逼"，运用恰当也会收到不错的效果。

好的游戏也一定要有好的游戏规则。

榕树型企业不同于市场，同时又因为财产权利的分散性也区别于传统企业。榕树型企业是建立在"关系契约"基础之上的，传统企业以控制为基础的科层式治理机制转变为合作关系的契约形式。因此，榕树型企业的管理模式也不同于传统企业。榕树型企业的"管理"是建立在一系列准则之上的，主要有：

（1）入门条件准则。

又称谨慎性准则。在连续性交易中，人们倾向于不做过多的计算，但是绝对不放弃做出谨慎决策的动机和能力，入门资格条件的审查是第一个关口。榕树型企业的成功首先决定于吸引参与者的能力与选择合作伙伴的能力，并且，这是一个动态变化的过程，怎样把合作伙伴吸引到网络中来是成功的基础。

（2）运营准则。

又称相互交往性准则。榕树型企业在企业持续不断的实践过程中形成共同的学习机制，建立起共同语言和一系列惯例。在长期交往的条件下，很多商务性合约也许不需要形成文本性的东西，但涉及具体操作时，为了防止交流中可能出现的误解，就需要详细规定整个操作程序。为了明确责任，必须用标准程序规定各能力单元提供的产品是否符合客户质量要求、时间要求的多种情形。还要形成一个价格确定程序，使得合作各方的利益得到平衡，从而促进长期的合作关系的维持，并通过这类标准程序降低评估和谈判所花费的成本，实现实质性的节约。

榕树型企业运营的绩效目标是整个网络达到其现在生产可能性的边界，而又通过维持合作方的互补性，不使合作各方发展为能够独立运作的竞争对手。

（3）奖惩性准则。

榕树型企业的合作要建立在"一报还一报"的原理之上，对于任何促进合作的行为都要进行奖励，对于任何破坏合作的行为都要进行处罚。

最常用的奖惩形式是增加或减少订单。这需要建立起一种网络成员共同认可的订单分配机制，让履行订单的质量、交期等绩效指标自动转化为获取订单多少的依据。目前网约车平台的订单分配大都采用了这种机制，评分高的司机可以获得更多的订单机会。

更严重的惩罚措施是取消订单或拒绝接受订单，直至开除某能力单元的参与资格，但这样做要承担沉默成本（早期合作投入）的损失。

当榕树型企业形成之后，针对网络成员的统一服务体系的开发是降低整个网络成员的管理成本，提高网络服务质量，以及给网络平台运营商带来丰厚利润的重要方式，广东温氏在这方面提供了标杆经验。网络的本质是"关系"，当这张关系之网越来越大的时候，居于网络中心的结网者的利益是不用担心的，因为它掌握着网络的最大权利——"开关"权。

选好一个开端

在对榕树型企业建立起一个初步概念之后，讨论其可行性可以帮助我们更好地理解它。因为这时候我们已经感觉到，榕树型企业的成功需要相当的合纵连横能力，而这种能力却不是一个初创企业或意图转型的企业轻易所能拥有的。很可能因为没有足够的客户和订单而难以吸引供应者，或者没有良好的供应网络而不能吸引客户。搞不好可能总是处于先有鸡还是先有蛋的矛盾之中。我的朋友张德刚把这种窘境称为"榕树型企业面临的最大矛盾"。这种担心的确有道理，我亲手设计的一个榕树型企业原型就遇到了这个问题。

这个原型的设计是从分析和比较"温州模式"优势与劣势入手的。

温州产业集群自成体系，为原生式内生型的，不同于广东、江苏等由外商直接投资形成的外向型加工业嵌入式外生型集群，不是全球价值链在地方片段化的结果。温州产业集群的形成，有以下几个特点：

（1）沿着血缘、亲缘、地缘网络蔓延。每个产业集群的早期，都是某一户在外学会做某种产品，然后沿着兄弟姐妹、亲戚邻居的乡土人际关系网络模仿学习，逐步形成一村一品、一镇一品的格局。

（2）自发形成了按工序分工的自组织协作机制，不但降低了成本，让小作坊具有了规模效益，而且促进了技术创新，形成了产能出租模式。

（3）形成了集中和分散相结合的灵活的弹性生产系统。如共同的原材料、零配件采购与销售渠道、共享关键加工机械、灵活扩产与转产。还形成了面向产业的各类服务机构。

这种典型的"温州模式"确实具有一定的生命力，但这种模式也受地域文化限制，以道德诚信维系合作关系，缺少显性规则，不容易推广。在缺少外来压力的情况下，集群中不易培育并形成领导型平台企业，与恶劣环境对抗的能力就比较缺乏，并且由于生产作业、质量控制、产品检验标准化等方面的不足，进一步成为提升集群产业竞争力的瓶颈。

举例来说，包装产业的基本矛盾与温州产业集群非常相似，该行业存在"小公司效应"，纸箱作为制造业的配套包装物料，与被包装的商品只能是一对一的，采用个性化、客制化、项目式的交付方式。而且纸箱制造技术简单透明，普通纸箱制造设备简单，投资很少，导致全行业以家庭作坊为主导力量。然而，对于包装用户来说，为各种各样的产品设计一种安全、恰好的包装却并非易事，不但涉及必须专业测定的脆值等参数，而且包装在各制造企业中属于边缘化的业务，很少有制造企业拥有足够的包装工程技术人员，即便某些企业设立了专门的包装管理或工程部门，也处于"养不起、留不住"的状态。市场亟须专业的包装服务，但分散的小型包装企业仅能提供简单的包装材料加工服务，无法提供专业包装管理与设计服务。

如果能够以信息化为纽带把众多家庭作坊联结起来，共同制定从产品质量到作业的标准，就能创造一种"分散生产能力单元+标准化+信息化"的"动车组"式的新型网络企业。如果这一模式能够试验成功，无异于为产业集群升级找到了一条新路。

这个思路很快上升为公司的战略决策。以建立"信息网络联结平台"为核心，把分散的小型包装企业联结成一张网，通过建立专业的整体包装服务团队为包装用户提供包装管理与设计服务，并以服务为龙头获取订单，通过网络联结平台向网络成员分配生产任务来履行订单，形成服务于包装用户和包装供应商"两面市场"的全新商业模式，成为公司战略转型的基本策略。

这个设计在实施中遇到了很大的麻烦，抛开多种人为因素不谈，导致该设计迟迟难以落地的一个重要原因就是从哪里开始的问题没有得到很好的解决。直到我已经离开这家公司之后，才发现这个问题的解决方案就在我们天天使用的微信、QQ 等工具中——采用免费模式快速占领客户端。现在的即时通信工具、视频与直播工具也大量通过免费策略占领市场。这个道理是谁占据了客户端，谁就拥有巨大的话语权，同时也会拥有巨大的商业利益。而包装作为客户的非核心需求，通过提供低成本的包装仓储服务，就可以成功地占领包装客户端。

这个包装仓储服务客户端可以作为基本"包装管理"服务产品，以包装材料质量检验、仓储管理、及时配送三大功能为客户提供包装材料零库存、质量保障和及时供应三大价值。当这个客户端被众多包装用户"安装"，也就成了广大包装用户的包装专业守门人，等于在咽喉要道上占领了一个制高点。接下来在大批用户中让部分有更高需求的升级为整体包装解决方案用户，通过包装材料的多元化实现盈利，并以守门人的"权力"顺势而为建立供应网络，就会变得比较容易。

一旦把选好一个开端作为构建榕树型企业成功的关键来看待，就能找到很多成功模式，而且成功模式多种多样，不可穷举。我尝试列举几种：

（1）滚雪球模式。广东温氏从为本村几个养鸡散户服务开始建立模式，找到了滚雪球的第一把雪，逐步"滚"成年收入过百亿的企业。

（2）客户端守门人模式。著名的"王永庆卖米"的故事就是这种模式的经典案例。王永庆把等着顾客上门买米的习惯变为主动送米上门，还帮忙将米倒进缸里。如果米缸里还有陈米，他就将陈米倒出来，再把新米倒进去，然后将陈米放到上层，这样陈米就不至于因存放过久而变质。在送米过程中，他还细心记下这户人家米缸的容量，并且问明家里有多少人吃饭，几个大人、几个小孩，每人饭量如何，据此估计该户人家下次买米的时间。等到顾客用完的前几天，他就主动

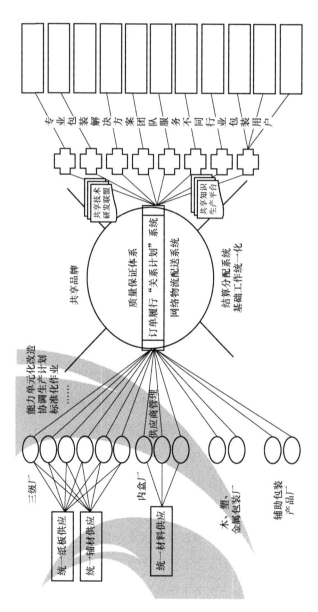

不同行业的包装用户

专业包装解决方案团队服务不同行业包装用户

共享技术研发联盟

共享知识生产平台

共享品牌

质量保证体系

订单履行"关系计划"系统

网络物流配送系统

结算分配系统

基础工作统一化

能力单元化改造
协调生产计划
标准化作业
......

三级厂

内盒厂

供应商管理

木、塑、金属包装厂

辅助包装产品厂

统一纸板供应

统一辅材供应

统一材料供应

包装行业的"两面市场"

将相应数量的米送到顾客家里。温州有一个金笃冲纸箱厂也是依靠及时填充客户有限包装存放位的方式让竞争对手难以插足。

（3）质量把关人模式。在温州乐清柳市低压电器产业集群的发展历程中，1990 年是一个特别重要的年份，这一年，国家有关部门对柳市低压电器行业进行为期 5 个月的治理整顿。迅即，柳市的店铺被取缔，产品被销毁，沿路沿海处处设防，全镇 1267 家低压电器门市部全部关闭，1544 家家庭生产工业户全部歇业，359 个旧货电器经营执照全被吊销。这时候，率先领到"全国工业产品生产许可证"的求精开关厂利用自己的产品检验机构为走投无路的低压电器作坊检验产品，发放产品合格证，把大批生产作坊联合到自己的旗下，逐步走向统一品牌、统一销售网络、分工协作的道路。这个求精开关厂后来一分为二，成为现在著名的正泰、德力西两个年收入超百亿的电器企业。

（4）保姆模式。山寨手机一夜之间占据了大片中低端手机市场，让品牌手机厂家无可奈何。其实这不是那些山寨厂商的能耐，而是背后有一个强有力的服务高——台湾联发科—— 一个山寨手机标配的芯片商。联科发不但向山寨厂商供应山寨厂商自身没有能力研发的标配芯片，更提供手机一体化解决方案，大大降低了手机技术含量与进入门槛，各路资本蜂拥而入手机市场，2000 年山寨手机开始兴起，2005 年山寨手机井喷发狂，山寨手机在低端市场给品牌手机造成了强烈的冲击。通过这个"一体化解决方案"，实际上联科发成了所有山寨厂商的共享平台，山寨手机厂商利用联科发的研发能力、设计能力、芯片和各种配套零件，以及各种设计、生产技术方案。联发科自称的"产品"就是"手机方案"，实行保姆式营销，它这样介绍自己：联发科技是全球 IC 设计领导厂商，专注于无线通信及数位媒体等技术领域；本公司提供的晶片整合系统解决方案，包含无线通信、高解析度电视、光储存、DVD 及蓝光等相关产品。

（5）烧钱模式。在有资本后盾"不差钱"的情况下，这种模式也是可行的。

如阿里巴巴的淘宝网就是通过向商家免费提供了一个网络分销平台，迅速把商家资源聚合，集中向用户展示，形成对消费者的吸引力。

选择榕树型企业的开始模式并没有公式可循，需要根据具体环境、具体条件做出具体判断，这可能正是榕树型企业经营者的经营艺术之所在，有时候还要仰赖可遇不可求的机遇。王甲佳说过，不要问先有鸡还是先有蛋，有鸡就抱住鸡，有蛋就抱住蛋。也就是说，自身当下拥有的"权力"就是出发点。

周鸿祎说过："从做大的角度讲，互联网公司刚开始的模式一定看不清。道理很简单，如果模式很清晰，巨头都来做，哪还给你机会？如果有些商业模式一出来就有明确的收入，这就有两种情况，一种是商业模式确实很好，但是模仿者众多，巨头也会模仿。比如说，帮商家卖电子打折券。一些门户巨头们都不用多想，毫不犹豫就冲进来了，这种模式就不太容易成功。另一种是，早期挣到钱之后，容易让团队产生小富即安的感觉，很可能就变成一个小盆景——能挣小钱但是做不大。"这也是榕树型企业的构建者选择开始模式时应该注意的。

一次砌好一块石头

当一班人发展出一个清晰的榕树型企业的愿景之后，最大的诱惑就是进行"总体规划"，以便"分步实施"。这看上去合情合理，但实践证明，这很可能是最糟糕的做法之一。

上一节谈到的那个榕树型企业原型成为某公司的战略转型基本策略之后，这家公司先后请了国内外数家咨询机构和专家教授为其做规划，其中包括某国际著名咨询公司的战略专家、某国际著名大学的教授，但效果都不理想（如果一家的规划好用，也不用"数家"了）。在不断"折腾"的过程中，我渐渐领悟到，榕树型企业的特性与传统战略规划方法有着内在的冲突，传统战略规划方法擅长模块化思维，也有成熟的工具处理关系简单而规模庞大的系统问题，但对于榕树型企业这种以耕耘关系网络、识别和建立相互交织的关系、从网络关系中涌现价值的复杂系统，尽管规模可能不大，也难以适应。

面对具有复杂的网络关系特性的榕树型企业，传统的总体规划、分步实施方法屡屡碰壁。应对简单系统的方法是"复杂化"，去计算、操控每一个参量，而应对复杂系统的方法则是"简单化"，或者说必须是更顺其自然的方法。

在 1971 年伦敦国际园林建筑艺术研讨会上，迪士尼乐园的路径设计获得了"世界最佳设计"奖。设计师格罗培斯却说，"其实那不是我的设计"。迪士尼乐园主体工程完工后，格罗培斯暂停修筑乐园里的道路，并在空地上撒上草种。接下来，乐园宣布提前试开放。五个月后，乐园里绿草茵茵，草地上也被游客踏出了不少宽窄不一的小路——行人多的地方就宽，行人少的地方就窄，并且非常幽雅自然。格罗培斯根据这些行人踏出来的小路铺设的人行道，在后来世界各地的园林设计大师们眼中成了"幽雅自然、简捷便利、个性突出"的优秀设计，被评为"世界最佳"。

格罗培斯的方法就是撒草种，让行人自然踏出小路。相比之下，多数现代建筑的设计师们大都太"敢为"了：将一片要开发的土地推平，一切从头规划设计，可是如此设计出来的建筑和城市，再也没有像近年来成为旅游热点的江南古镇那样的魅力了。而这些古镇当年并没有经过什么总体规划，而是在一个接一个的建筑过程中自然"生长"出来的。

规则砖块垒的院墙

我曾在温州一个村落里拍到这样两个农户的院墙，规则砖块垒的院墙整齐华美，很有"现代"气息，但却没有不规则石头垒的院墙所体现出来的有机性、整体感、有生命力的那种"耐看"的东西。或者说，前一面墙只有"总体感"，如同三流设计师利用电脑软件生成的设计图纸，而后一面墙才有"整体感"。

　　我专门请教了后一面院墙的主人，他是如何砌成如此优美的院墙的，主人告诉我，这非常简单，只需要一次砌好一块石头，再根据前一块石头形成的空缺寻找第二块合适的石头，顶多对第二块石头进行稍许打制，安放妥当就可以了。

　　采用一次切好一块石头的方法砌成的具有自然涌现之美的石头墙可以给我们很大启发。榕树型企业之所以不可以"总体规划"，是因为模块化思维过分打磨了材料，削足适履，过于简单化，因此丢失了丰富而复杂的关系，缺少"现场感"。由具有"现场感"的人根据现场情况"一次砌好一块石头"，正是适合榕树型企业的"规划"方法。前面讲到的那么多咨询界人士在这样一个小规模战略规划项目上碰壁，正如同第二堵墙一样，是没办法事先画成图纸，然后让施工人员1：1地去实施的。

不规则石头垒的院墙

"一次砌好一块石头"的方法虽然不是总体规划、分步实施的传统套路，但也不是完全凭"感觉"，必须遵循相应的原则。这些原则帮助我们实现一个有机发展过程，让榕树型企业按照整体法则发展起来。榕树的种子规定了榕树的特性，却不限定具体先扎哪条根，先伸哪根枝，当种子落在墙头上就赶紧把根伸向沃土，当种子落在丛林中就尽快把枝条伸向阳光。自身的"整体法则"要求新的生长由原有的、具体的、特殊的结构属性产生。因此，它是连续的，不是模块化的；它是渐进的，一次只能砌一块石头；它甚至是不可预测的，没有人能够根据一粒种子画出一棵榕树十年后、二十年后的具体模样。

"一次砌好一块石头"的方法，就是要求构建榕树型企业的每个具体项目都必须从如何健全整个网络关系的方面来考虑，必须创建一种连续的自身完整的结构。为创建连续的自身完整的结构，需要遵循如下七项原则：

原则 1：渐进发展

榕树型企业的网络关系太复杂了，不能大规模快速实现。其中任何一个发展项目都不可过大，并要确保一个合理的大项目与小项目的混合比例，还要创造一种功能之间的合理平衡。

原则 2：在发展中认识并自觉帮助某些中心功能的涌现

每个发展项目都必须有助于榕树型企业中至少一种比项目自身更大更重要的中心功能的出现。

原则 3：意象领先

每个发展项目的提出，必须事先被想象并在想象中体验，然后再将其表达为一个确切的构想。这一构想必须能够相互交流并能够被他人强烈感受，激发梦想与激情。

原则 4：新项目必须与整体形成有机联系

就像一个有机体每生长出一个新的组织都与整体血脉相连、经络相通一样，榕树型企业不允许有封闭孤立、与整体无关的项目存在。

原则5：大的发展项目内部每一部分也要与整体协调

大的发展项目优先安排需要与整体协调的部分，在此骨架下安排具体细节。

原则6：发展新项目要尽可能使用原有项目积累的模式

只有共享模式语言，各项目才具有内在一致性的基因。

原则7：发展功能中心体系

在榕树型企业发展过程中要逐步形成不同的功能中心体系。中心体系是分层次的，一个小的中心体系是一个大的中心体系的元素；中心体系自身拥有主体，其主体部分承担基本功能，又与其他辅助项目的功能相补充；一个中心体系与相邻相关中心体系相协调。

以上七条原则是保障榕树型企业的整体性和有机性统一所必须遵循的。只有这样才可能构建一个榕树型企业，而不是一个菜市场。

这七条原则与传统的总体规划方法是背道而驰的，读者接受起来是有困难的。之所以要遵循这七条原则，是因为构建一个复杂网络关系之前不可能获取完全的信息，而且世界上也没有能够统治一切的总"道"（即便有，也无人知晓），因此没有一个全能的规划者可以事先全然把握，硬性规划必然会遇到整体合理性与局部合理性的冲突，而且解决一个问题总会带来更多的问题。

"解决一个问题总会带来更多的问题"恰恰是榕树型企业发展的内在张力。我们一旦确定了一个主题，建成了第一个功能中心，就必然要求更多的配套功能，而更多的功能中心相关联，又会涌现出新的更大的功能中心。如此一来，榕树型企业不但是发展的，而且还是会变异的、进化的。

第二步

分离能力单元

我们之所以要从中央控制型一体化企业走向榕树型企业，是因为中央控制型一体化企业作为一个有限的、封闭的系统已经不能容纳转型社会所带来的快速多变和混沌无序的不确定性和个性化需求。我们需要创造一个多维价值空间的体系以适应变动的、个性化的需求，并从不同价值取向和目标需求的客户群体中发现共同的需求主题和价值目标，依靠不同价值创造主体的协同工作来满足客户需求，同时避免不同价值创造主体的摩擦和内耗，形成一个和谐共生的供需网络。

网络关系价值是榕树型企业的灵魂与宗旨，而能力单元的分离，则是实现企业由封闭到开放、多主体经营资源有机整合与系统建构的起点。和谐生产方式研究发现，实现服务（供应）的低成本、高质量、个性化和及时性的基本方式是"分离与调用"，其中的"分离"就是指把一体化企业严密整合的能力分离成为方便"调用"的能力单元。这是创造网络关系价值的一项基础工作。

分离出来的能力单元都有明确的功能定位，作为一个相对独立的人、机、料、法、环主体能够向供需网络提供有效的服务。从管理与被管理、控制与被控制关系到相互协作关系，面对复杂多样、变动不居的需求，各能力单元能在网络联结平台的计划调度下在服务不同客户、满足不同需求时形成多元互动、共同协同的功能联系和相互依存关系，并为各自的行为负责，促进建立共同愿景，在系统不断生成和进化中形成灵活的、充满生机活力的更高层次的有序结构。

为什么要分离能力单元？

我曾写过一篇文章，题目是《管理是懒人的事》，大意是说管理要想巧办法，不要用笨力气，要牵牛鼻子，别拴牛蹄子。对于简单的事情，可以管理得非常具体、细致，而对于复杂的事情，则需要想办法简化，否则没法进行管理。榕树型企业以创造网络关系价值为旨归，主体多元化、关系复杂化，因此不能沿袭工业时代管理具体业务过程的套路，需要寻找新的简化工具。

本书所涉及的内容，大多是围绕王甲佳作为 CIO 负责一家温州包装企业的信息化项目而组织的，那是一个需要支持已经初具榕树型企业雏形的相关业务的网络联结平台，我是该项目的参与者之一。因为没有现成的商业软件可用，我们被迫购买了国内某软件厂商的软件开发平台从头开发。然而一着手开展这个项目，就遇到了难以逾越的障碍，软件厂商的人因为畏惧每天 1000 多张订单和以小时计的交期所带来的复杂性，在尽力回避这个项目。为找到适应订单履行现状的"算法"，我们请来了国内权威科研机构的运筹学研究员。可是当老研究员带着他的学生、京城某大学的年轻教授信心十足地来到公司，对公司订单履行状况进行了为期两天的实地考察之后，却发现他们的运筹学模型完全用不上。我们发现落在手里的是一个真正的瓷器活，可是不但自己手上没有金刚钻，而且花钱也买不到金刚钻。

当时恰好有同事在学习 Java 语言，虽然外行，但是新的系统离不开开发语言，所以我就多留意了一下。

不少软件是用 Java 语言写成的，Java 编程思想的基础是"面向对象"，而非"面向过程"。"面向对象"编写的程序是一些相对独立的"原子"，可以通过消息（任务）来调用、联结为一个个"过程"。如果我们把这些独立的"原子"想象成一个个独立的能力单元，把消息想象成订单，每个订单都要调用多个能力单元，并把能力单元联结为一个可以履行订单的流程，如同把五颜六色的珍珠串成一个项链。如果说传统的面向过程的编程语言是以过程为中心、以算法为驱动的话，面向对象的编程语言则是以对象为中心、以消息为驱动。

在我这个编程外行的眼里，这不是讲编程，而是讲企业管理。"面向对象"的方法给了我直接启发。这个方法的原理就是"分离与调用"：对于一个业务流程，我们可以把其中包含的所有活动之间的联系都固化起来，不再变动，这样做的好处是可以不断优化这个流程，使其发挥最高效率。如果有持续不断的相同的生产（工作）任务下达给这一流程，这样做是最划算的。这是福特生产方式的基本思路。但是，我们为什么不可以把其中的每个活动分离开来，根据具体任务去调用他们，以完成业务流程？

分离与调用所带能来的好处，我们马上就想到了好几条：

首先，分离的活动或者说能力单元可以方便地重组到需要该能力的流程中，使得企业整体具备了灵活应对个性化产品生产或服务的能力。实际上我们可以做到在每个订单履行之前进行"流程重组"，以达到成本、交期、质量最佳。

其次，这样做还可以把过去固化在特定流程中的富裕能力解放出来，使之更充分地发挥作用。

最后，也是更实用的一条，是当我们把关注点从流程转向能力单元之后，可以更方便地把握。因为每个能力单元都不会太复杂，可以一眼看透，从一个一个能力单元入手来配置资源、优化作业方式方法，都不是太难的事情。

王甲佳说，人的智慧不足以保证对一个复杂系统的设计不会出错，而当一个复杂系统被当成一个整体来设计时，哪怕其中一个微小的错误也可能是致命的。譬如航天器设计是世界上最精密的设计了，但照样会出现挑战者号那样的悲剧。航空母舰之所以打不沉，则是因为它的各舱是分离的。这个观点与西蒙的观点不谋而合。分离与调用，"珍珠串项链"，这种方法化繁为简、化难为易。从能力单元设计入手，可以有效地避免设计一个庞大的复杂系统时极其容易出现的逻辑混乱，即便有一个能力单元的设计有错误，也比较容易检查出来。在企业信息系统开发中，也可避免具有极大风险的会导致整个开发失败的业务逻辑错误。

当我们把一个个能力单元的能力清晰标识出来的时候，再构筑不同业务种类的流程就变成了一件令人愉悦的事情了，我们可以像搭积木一样把业务流程搭建起来。越是对于大型复杂的业务，越是有此必要。越是能够分离，越能够从整体看问题。

当企业所处的环境越来越具有不确定性，"唯一不变的就是变化"成了人们口头禅的情形下，企业经营战略的调整就成为常规工作。企业流程重组成为经常性的需要，"面向过程"的流程管理显示出"僵化"的特征，"分离与调用""珍珠串项链"的方法，应该是正当其时的。

当我们把企业整体分离成一个一个的能力单元时，就能够对企业能力有一个明确的把握，有一个清晰的认识，将市场与能力连接起来的定位问题也就容易解决。当客观环境发生变化的时候，要重新定位，要能够清楚地知道什么是可以作为依托的能力，什么是需要增加的能力，什么是已经无用的能力。

像搭积木一样把业务流程搭建起来，从这个视角想象生产计划，也就是一个拼七巧板的游戏。信息系统的主要作用是能力单元被占用时间的呈现。现在要做的就不再是"资源计划"，而是"网络关系计划"了。在这种思路下设计信息系统是非常简单的事情，别说是每天 1000 张订单，再增加 10 倍也轻松搞定。

"面向对象"这个说法不容易理解，也不容易解释清楚，拿来类比作为榕树型企业基础的能力单元也许会把读者弄得更加糊涂，还可能让没有接触过计算机编程的读者产生畏惧心理，但这的确是我们的思想来源，并且也没找到更恰当的类比。

理解"面向对象"的最好方法之一就是将"对象"想象成"服务提供者"。那么对"能力单元"也可以想象成"服务提供者"，甚至就是为你提供服务的一个"微型企业"，它只能给你提供完整服务的一个环节、一个工序，而一个完整服务则是通过调用不同能力单元来实现的。面对顾客需求，我们需要做的是去创建（最好是寻找现成的）能力单元，并加以整合，以解决顾客的问题，并为各参与者创造价值。"面向过程"的传统管理方式相当于把为顾客提供某种服务的全部功能都集中在一个"能力单元"中，在顾客需求稳定的情况下，这样做是合理的。而当顾客需求变动的时候，这些精心打造的全功能"能力单元"就可能被废弃，并使前期投入变成沉没成本。

用一个简单的支票打印程序为例（我们可以把程序看作企业的业务流程），如果有一台固定的打印机，固定打印某种支票，采用"面向过程"的方式就是把这台打印机的驱动程序与相应支票模板编成一个一体化的程序，这个程序能够全功能地完成固定的一张支票的打印任务。但是，如果打印机经常更换，或者共享几种型号的打印机，这时候这个一体化程序就不好用了。解决的方法是分成三个"对象"（可以看成能力单元）来处理，第一个是所有可能的支票排版目录，它可以被用来查询关于如何打印一张支票的信息；第二个是一个通用的打印接口，它知道所有不同类型的打印机信息，但不包含任何支票信息；第三个则负责调用另外两个"对象"来完成一次具体的打印任务。每个"对象"（也就是能力单元）都可以很好地完成一项任务，但它并不试图做更多的事。这样一来，支票排版目录可以单独维护，不断增删内容而不影响其他部分，打印机接口则可以直接从专业厂商处购买。通过这个简单实例可以看出"将对象看作服务提供者是一件伟大的简化工具"，那么将企业管理中"面向过程"的一体化流程分离为"能力单元"，也是"一件伟大的简化工具"，对构建关系复杂的榕树型企业起着基础性作用。

如何认识"能力"？

导言中说过，企业可以被看作一组"转化"能力——把原材料转化为产品的能力。现在我们所说的能力单元，则是对这"一组"转化能力分离后的"封装"，明确标识所能提供的"服务"，发布到信息平台上，便于被调用。

既然能力单元封装了能力，就有必要弄清楚这里的"能力"指的是什么？简单地说，能力是能够利用一组资源有效完成转化任务的活动的重复模式。

我和王甲佳认识到这一点的过程颇为有趣。那是在前面提到的那个"瓷器活"信息化项目颇为艰难的时候，我们经常在办公室加班到深夜，伴随着因夜深人静而显得格外清晰的瓦楞纸板生产线发出的蜂鸣声，我们来到公司食堂，每人要了一碗面条。一边等待厨师把面条煮熟，一边继续着我们的讨论：

能力总是与一定的活动相关联的。——嗯，有道理。

能力总是完成某项活动的能力。——也对。

能力是完成某项活动所必需的，确保活动能够顺利进行的，或者影响到活动速度、成本与质量的因素。——好像也对，但"因素"一词还是太含糊，没有说清楚。

譬如说，我们在这里吃面条，是一项活动。影响这个活动的因素是……

面条端上来了。但是服务员忘了给筷子（服务员可能犯困了），面条还是吃不成……有了！能力不就是"资源的结构"吗？我们吃面条，是一项活动。这项活动是否能够顺利进行，取决于所需资源是否齐备——我们已经有了饭桌、凳子、饭碗、刚刚煮熟的热腾腾的面条。现在缺少一种"资源"——筷子，吃面条这项活动还是不能顺利进行，或者说，我们还没有完全具备完成吃面条这项活动的能力。

或许，讨论"吃面条"这项活动的能力还太复杂，因为要涉及胃口等因素，换成讨论食堂供应面条这项活动的"能力"可能更简明一些。

王甲佳随手拿餐巾纸当便签，在上面画了一个表格：

"食堂供应 2 人吃面条"的能力的资源结构

桌子	1 张
凳子	2 个
筷子	2 双
面条	2 碗
服务员	1 名

"面条 2 碗"包括煮熟了的面条和碗，为了简化分析，我们把煮熟面条的能力看作一个被调用的能力单元而不深究。

这些"资源"按照上表的结构搭配起来，就形成了顺利进行供应面条这项活动的能力，如果不能满足上表的结构要求，就像现在少了筷子，或者每人只给一根筷子，都不能说食堂已经具备了供应面条的能力。而如果有 3 双筷子，则多出的 1 双筷子对"供应 2 人吃面条"这项活动毫无贡献，因此就不是能力因素，而纯粹是资源浪费，甚至还占用桌面空间，妨碍"场地"有效利用。

因此我们得出一个"公式"：能力=资源的结构

其中"资源"包括了人、机、料。而其中心词则是"结构"，也就是人、机、料的组合关系模式。

说得再规范一点，就是：

能力是能够利用一组资源有效完成转化任务的活动的重复模式。

吃完面条的第二天上午，一上班我们就赶忙查资料"复习"MRPⅡ系统中"能力需求计划"的概念，希望借此印证一下我们刚刚得出的能力概念：

> 能力需求计划（CRP），是确定为完成生产任务具体需要多少劳动力和机器资源的过程。

我们发现，上面这个概念中的"能力"包含了"人""机"两类资源，却不包括"料"这一重要资源。这是因为 MRPⅡ另有"物料需求计划"，而把"能力"看成抽象的人与机器的结合（不完整的资源结构），是静态的"一直在那里"的能力，只要输入相应物料，就会产出计划中的产品。

然而，能力是完成某项活动的能力，不可能抽象地存在。由于能力总是体现在完成某项具体活动之中的，因此能力也总是随着"资源"结构的变化而变化的，例如，物料的供应情况和物料适宜加工的程度、人员的出勤情况、设备可动率等，都将导致具体能力的变化，而不仅仅是"影响能力的发挥"。

我们把能力看作动态的与活动同时存在、同时消失的"资源的结构"，而需求计划概念中把能力看作静态的"一直在那里"的东西。这个认知对简化生产计划作业具有重要的意义。

在静态能力观念支配下，为了应付资源结构实际上不可避免的动态变化，能力需求计划就需要从总体上计算工作中心负荷、时段负荷，分析结果，反馈调整，算来算去，高性能的服务器都需要几个小时才能搞定，而且一旦有变化，又难以应付。

而且，刻意把物料与人、机分离开来，并没有抓住能力的本质。表面上看，物料与人和机器的性质似乎有一定的差别。首先，人和机器是多次重复使用的，物料只能使用一次，经过加工之后就转化为产品，物料不复存在；其次，人和机器可以或者必须提前准备好，而物料在加工活动开始前提供即可；

第三，人和机器是企业自身"拥有"的，物料则可以是上游供应商提供的，至少也是上道工序提供的。但是，只要更加深入地辨析，就会发现它们作为"资源"的意义是相同的。物料，说到底还是上游供应商或上道工序的能力转化而来的，是一种凝固了的"能力"，或者说是已经被整合为不可拆分的"资源的结构"（想想昨天晚上那 2 碗热腾腾的面条）。而作为资源的人、机器本质上也是上游供应商的"资源的结构"的凝结，工厂里掌握了一定技能的人（严格地说是人的劳动能力）是由作为自然人的主体提供的，机器是上游供应商资源结构的凝结。当然这些理论问题并不是我们的兴趣所在，我们关注的是能力需求计划的概念把能力抽象化了，与具体的活动分离了，从而导致生产计划的高度复杂性。

我们的动态能力观是"能力=资源的结构"，人、机、料相统一，才能定义一种能力，而观察这种能力的关键，是相互关系的"结构"，或者说"模式"，是结构决定了能力。这种能力观将带来一种全新的、简便易行的计划方式。这里的"结构"（模式）问题则更为本质，对企业经营更为关键。

作为能力单元，正是"封装"了能够明确完成某种任务、提供某种服务的"人、机、料、法、环"整体。从理论上讲，"材料"是能力单元的必要组成部分，而具体运作中的材料供应方式则会多种多样，但并不妨碍能力单元基本能力的完整性，不同方式的材料供应均可视为材料配送。

能力单元的特性

在那个吃面条的午夜，我和王甲佳曾经探讨过：能力总是完成某项活动的能力，不可能抽象地存在。由于能力总是体现在完成某项具体活动之中的，是与活动同时存在同时消失的资源结构。现在，我们已经有条件对资源、能力、活动之间的关系做更加深入的辨析了。

能力与活动，的确是难以区分的，因此也容易混淆。从"能力=资源的结构"这个"公式"我们可以推出：能力是潜在的活动，没有不用于活动的能力；活动是能力的变现，也没有不需要能力的活动。而且，活动还是能力"再生产"的过程。

资源、能力、活动呈现这样一种相互关系：

资源按照一定结构形成能力；

能力体现为完成一定转化活动的条件；

活动则运用资源进行转化而创造价值。

我们再用导言中那个 4 个 3/4 圆来做类比，假设那 4 个 3/4 圆是我们拥有的"资源"。现在，我们把这 4 个 3/4 圆的缺口向内组合起来，就会涌现出一个原本没有的空白正方形。这个空白正方形是单个的"资源"所不具备的，只有按照一定的结构把资源组合起来，才能获得这个正方形。这个涌现出来的正方形，可以类比为"能力"。这样，最难理解的资源与能力的区别就清楚了。

当能力被需求激活，就有了"活动"。

　　这里的关键是，只有当我们把这 4 个 3/4 圆的缺口向内组合起来，这个空白正方形才会实际存在，如果这 4 个 3/4 圆尚没有这样组合，这个空白正方形也是不存在的，顶多只能说是潜在的。这就是说，当资源没有按照活动的要求结构组合起来之前，能力并没有实际存在，只有当按照活动要求的结构实际组合了资源，或者说当转化活动实际发生的时候，能力才真实存在，之前顶多算是具备这样的潜能。

　　弄清楚了资源、能力、活动之间的关系，我们可以从活动分析入手，把每个活动所需要的资源弄清楚，赋予这些资源一个稳定的结构。企业中复杂的业务流程也就开始呈现为一个个明晰的"能力单元"了。

　　在"瓷器活"项目中，王甲佳分析纸箱制造流程，可以分离成下料、裁切、分线、开槽、冲板、水印、胶印、腹膜、上光、钉针、胶粘、打包等能力单元。当我们根据某个订单履行的需要把这些能力单元串联起来，就形成了一个业务流程。每个组合起来的流程又可以看作更大的能力单元。从一定意义上说，能力单元也仅当转化活动进行时才实际存在，没有这项活动的时候只能说是潜在的。这样，在不需要严格区分的情况下，能力单元与活动两个概念互换并没有很大的问题。

　　我们现在可以描述能力单元的特性了：

　　（1）单个活动或一组活动的相应结构的资源组成一个能力单元，每个能力单元看起来都有点像一个微型企业——它具有资源结构，还具有活动模式，用户可以请求能力单元执行这些活动。由单个活动或一组活动组成能力单元除了具有自身必备的人、机、料等物质配置，还具有从活动实例抽象出来的知识形态的活动模式，以及该活动模式实现的环境条件限定。活动模式决定了一个能力单元能够或者不能够接受什么样的调用指令——活动订单（或称任务订单）。具有相同模式的能力单元可以接受同样性质的活动订单，可以相互替代，但其效率、质量、成本各不相同，能力单元之间为此而开展竞争，促使各能力单元不断优化自身。

（2）每个能力单元都是"服务提供者"。企业本身向客户提供服务，它将通过调用能力单元提供的服务来实现这一目的。企业的运营就是创建（最好是从现有能力单元中寻找）能够提供理想服务的活动来解决客户的一系列问题。企业可以通过添加、联合、外包某些能力单元来解决特定客户的交付问题。每个能力单元也可成为被其他企业租用的能力。

（3）每个能力单元都有自己的由其他活动（能力单元）的产出所构成的资源。换句话说，可以创建新类型的活动（能力单元）。通过这种创建，可以在企业中构建复杂的体系，同时将其复杂性隐藏在活动的简单性背后。

（4）当一组活动（能力单元）完成一个"订单"后，就形成了一个流程。流程是活动的集合，它们通过发送特定的活动（能力单元）调用请求（活动订单）来告知彼此所要做的事。当一个流程（活动集合）取得较优的质量、交期、成本综合效果时，这个流程就成为一个解决特定问题（接受特定订单）的最佳实践模型。这个模型可以得到重复使用，并在使用中发现更好的改进模型。

（5）这些能够完成特定订单（活动订单、客户订单）的流程（活动集合）形成不同层级的能力单元，每一层级都是不同活动的预整合。但这种预整合在订单等确定性信息发送之前仅仅表现为概念状态，并且预整合不排斥底层能力单元作为另一流程的活动发挥作用，形成类似脑细胞联结形成兴奋中心的组织模式。只有当订单等确切信息发送后，才整合为实际的流程。这些不同层级的流程可以理解为不同程度的产品平台。

这很有点系统概念的味道，可以"大小由之"。但又带来了另一个问题：如何划分能力单元？

温州的能力经营门面

　　从理论上讲，最小的能力单元可以分解到动作，但如果一个动作不能完成一个转化功能，则很难称为能力单元。如果把能够独立完成某种转化活动作为最小能力单元的划分标准，那么最明显的能力单元就是"工序"。工序似乎是企业中天然的"原子"，也是能够从一个大型企业中分离出来形成一个微型企业的最小单元。我们在温州产业集群中看到，到处都是只经营某一"能力单元"的微型企业。例如眼镜业中，镜架喷漆这一工序就有很多微型工厂在做；低压电器行业中，专门作几厘米长的电路连接线的也可以是一个微型工厂；服装行业更可以把串装饰珠子、锁花边作为单独的加工环节外包给农户来做，当时公司所在的村子全村几乎都在从事这项工作。你当然可以称它们是家庭作坊，但其设备之精良、做工之精细，绝对不比大工厂差。身在其中耳濡目染，让我们对温州经济中的这种微型工厂一点都不敢轻视，也彻底改变了我们早先学来的工厂越大越先进的观念。为此，我们认为，在产业集群的条件下，把可以成为一个微型工厂的一道工序划分为一个能力单元应该是合理的经验性标准。

能力单元的性能指标

当企业被拆分成为一个个能力单元之后，问题就大大简化了，我们就可以很方便地对一个能力单元的质量、成本、交期等绩效指标进行优化，或者说，面对一个小的能力单元，我们作为普通人就可以对该单元的作业模式、作业成本等进行优化，并不需要像对付庞大的业务流程一样必须依靠经验丰富的专家。

首先，我们可以方便地找到最小基本能力单元的优化结构（资源结构），然后就可以将几种基本结构组装成一个更大层级的优化结构，以此类推，由小到大地将各种不同大小的优化结构一一组装起来，直至得到一个能够履行客户订单的完整的资源结构——这就是整个企业的"转化"能力了。

这种方法实际上是美国杜克大学机械工程学教授阿德里安·珀简创立的一个简单的、确保设计出来的机器具有完美结构的构造论所推荐的方法。构造论方法吸引人的地方是只需要使用一些非常传统的方程式，而且在绝大部分情况下，并不需要大量的计算。对于一个小型能力单元的资源结构配置，也用不到复杂的计算。

珀简认为，通过基本结构的组合构建整体的宏观结构，为工程师们指明了一条合理的路线，引导他们一步一步、一层一层通向最优化的设计。这也许就是通向完美结构天堂的一条阶梯……任何自然系统的整体结构都不是被预先设计好的，而是通过内部结构由小到大的各环节之间逐步发生大量的局部相互作用而逐渐形成的。珀简的话给了我们更大的信心和野心。也许，我们能够试验成功一条企业设计的简单、有效的原则。

应用这些原则，我们可以建立分布式的、网络化的榕树型企业——用一个灵活联结的网络系统取代大型实体企业。随时根据客户的需求变化，并通过建立"联结"来形成新的能力，向客户提供其所真正需要的产品和服务。这是"企业创新"的一个重要方向。

但是，要形成实际有效的顺畅联结，必须以能力单元按照计划指令准时且保质保量完成"任务订单"为前提。因此，对各能力单元进行履行"活动订单"（或称"任务订单"，客户订单被分解为不同工序任务，并以任务订单的形式下达给不同的能力单元）的交期、质量、成本（价格）的考评，就成为一项基础性工作。这就要求我们给不同的能力单元赋予一个标识其履行不同"任务订单"的交期、质量、成本（价格）的统一的性能指标。

这个性能指标与能力单元的绩效有关而又不是绩效，与能力单元的能力相联系但不等同于能力，它是一个能力单元的能力、意愿与绩效的综合体现，或者说是现象性的标识。在这里，我借用一个概念——"执行力"，来标识能力单元履行"任务订单"的交期、质量、成本（价格）的性能。"执行力"这个概念虽然已被滥用，甚至到了几乎与"管理"概念的外延相等同的地步，但用来标识能力单元的性能，却没有比它更合适的了，因为执行力既不等同于执行，也不等同于执行能力，更不是执行结果，它恰好是执行主体的综合表现，是现象性的。而且，对能力单元执行力的评价又可以依据其能力、绩效等客观指标的动态变化进行及时（乃至即时）调整。

给能力单元赋予一个标识其履行"任务订单"的交期、质量、成本（价格）的"执行力"性能指标，有三大作用：

（1）它是网络联结信息系统对各能力单元分配任务订单的明确依据之一。

网络联结信息系统以"泛产品"（泛产品为一个"概念预装产品"，是面向供方和需方交互关系的一个尚未"生米做成熟饭"的柔性界面，因此它能够承载产品的界面功能，向需方表达产品的结构、功能、品质、外观、价格……向供方表达其材料、技术、设计、工艺、成本……供需双方可以据此达成交易，形成订单，并最终转化为可交付的实物产品，在服务业中则在服务提供与接收过程中形成过程产品）为中介，在接受客户订单之后迅速激活生产该产品的一系列能力单元，为这张订单"临时搭建"一个虚拟工厂，专门用于履行该客户的这一张订单。在供需网络中存在不止一个能够履行某一"任务订单"的能力单元，而任务订单的分配又必须有明确的规则，以保证任务订单分配的公平性和网络联结信息系统运行的便捷性。例如当订单不足的时候，系统按照什么规则将任务订单分配给同样等待任务的能力单元，有了一个动态的能力单元执行力指标，也就有了明确的分配依据。

（2）通过考评体系指挥棒给能力单元一个不断改进的方向。能力单元执行力的考评以执行某项活动任务为目标（能够执行多项任务的能力单元按不同任务分别考评），考评体系将细分成若干项目，这将成为网络联结平台对能力单元认证的依据，也是各能力单元自我改进，不断升级的依据，因此对能力单元具有指挥棒的作用。

（3）执行力考评还可以在按照履行任务订单的绩效进行报酬分配之外，建立一个履行订单的交期、质量、成本（价格）影响后续任务订单分配的长效激励机制。各能力单元每履行一个任务订单，其交期、质量、成本（价格）将自动被信息系统记录，并转化为执行力系数，直接影响到该能力单元的执行力等级，以及在同类能力单元中的排名。这有助于同类能力单元相互竞争机制的形成，激励各能力单元为更多地获取任务订单而准时完成任务、合格地完成任务，不断探索降低履行任务订单的成本并主动向系统申请降低履行任务订单的价格。

建立能力单元执行力考评体系，需用从三个方面入手：

（1）识别和界定能力单元。

能力单元是能够完成一项创造价值活动的一个人、机、料、法、环统一体，而企业中的活动划分则是有很大弹性的，因此能力单元的"粒度"也是可大可小的。一般来说，划分能力单元的粒度越大，管理也就越方便，而粒度越小，通过网络联结信息系统对能力单元的"分离与调用"所形成的生产个性化产品的自由度就越大。如果能力单元划分粒度过大，譬如生产一个产品仅需要通过 2～3 个能力单元，则与模块化生产方式没啥区别了（极端地说，如果仅需要一个能力单元，那就等价于流水线了）。在网络联结信息系统支持下，将能力单元细分并灵活重组的管理成本已经变得很低了（在能力单元经过识别和界定参与系统运营之后，能力单元的大小对运营成本的影响可以忽略不计），因此能力单元的识别与界定可以定性地表述为以"能够完成一个可识别的最小增值活动任务"为标准。当然这是一项难度颇高的工作，需要在不断总结实践经验的基础上细化操作规则。

（2）建立能力单元执行力考评体系。

能力单元执行力考评体系分静态认证和动态考评两个部分。静态认证需要设置若干二级、三级指标，例如以人、机、料、法、环为二级指标，而"人"又可以分为生产技能、劳动纪律等三级指标，"法"又可以分为工作模式、作业标准、质量控制、安全控制、成本控制等三级指标，等等。对各级指标都制定相应的认证标准，赋予一定权重，就形成了静态认证体系。但是，能力单元通过了某等级的静态认证，仅仅是取得了进入网络联结系统的资格，或者说具备了一定等级执行力的基础，真正的执行力必须体现在实际执行过程中。而当一个能力单元履行完一个任务订单之后，其交期、质量、成本（价格）是可以由信息系统即时记录的，这就为动态考评能力单元的执行力提供了方便。我们可以借鉴网络游戏中角色积累经验值升级的方式，某能力单元按时、合格地履行了一个任务订单，就增加了执行该种任务的一个经验值，如果没能按时完成任务，就会得到较少经验值甚至是负值，如果完成任务的质量被下道工序否定或者被客户投诉，则在根据绩效考评制度给予处罚之外再给予经验值减值处罚，而经验值作为执行力指标体系中的系数动态影响该能力单元在同类同级能力单元中的排名，并在经验值下降到一定程度之后自动降级（申请升级则需要重新申请认证）。能力单元的不同执行力等级要与履行任务订单的价格挂钩。

（3）对能力单元进行静态认证和动态评价。

实际执行对能力单元执行力考评体系，就可获得能力单元执行力等级与动态系数，并实现能力单元执行力管理的三个作用。

能力单元执行力管理可以成为推行分离能力单元的重要操作细节之一。

能力单元的分类管理

在能力单元分离之前，很可能出现的情况是，一家企业可以很好地履行客户的订单，却说不清楚自己拥有什么能力。能力单元的分离，可以让企业拥有的能力不再处于混沌状态，而是清晰地摆在经营管理者面前。

无论是对一个初创企业，还是对一个经营多年的企业进行能力单元分离，分离初期都与传统企业看上去没有多少区别，因此完全可以应用传统企业关于"活动"的理论来指导能力单元的分离。而关于"活动"的理论，以波特的价值链模型最为通透。

波特价值链理论认为：企业的价值增值过程，按照经济和技术的相对独立性（譬如工序），可以分为既相互独立又相互联系的多个价值活动，这些价值活动形成一个独特的价值链。价值活动是企业所从事的物质上和技术上的各项活动，不同企业的价值活动划分与构成不同，价值链也不同。

以制造业为例，价值链的基本活动包括进料后勤、生产、发货后勤、销售、售后服务；辅助活动包括企业基础设施（企业运营中各种保证措施的总称）、人力资源管理、研究与开发、采购等。

活动包括直接创造价值的活动、间接创造价值的活动、质量保证活动。企业内部某一个活动是否创造价值，看它是否提供了后续活动所需要的东西、是否降低了后续活动的成本、是否改善了后续活动的质量。

借用价值链理论，我们也可以把能力单元划分为从事直接创造价值活动的基本能力单元，从事间接创造价值活动的支持性能力单元。在一个企业中，基本能力单元是比较容易识别的，王甲佳开发的一个简易方法就是把自己想象成一张即将履行的订单，走完履行这张订单的全过程，就能看到所有与该产品相关的能力单元了。而支持性能力单元则是以基本能力单元为客户的，只需要看基本能力单元所从事的活动是否需要调用这些支持性能力单元提供的活动成果，就够识别出是否属于支持性能力单元了。假如某个能力单元没能通过"是否提供了后续活动所需要的东西、是否降低了后续活动的成本、是否改善了后续活动的质量"的检验，那一定是一个"阑尾"了。

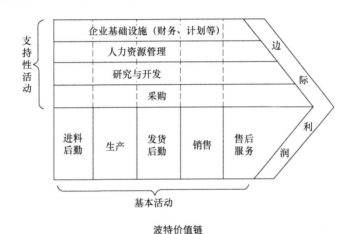

波特价值链

当分离出基本能力单元与支持能力单元之后，还要进一步对能力单元进行分类管理。

第一类是非关键核心能力单元。如果仅对已有企业能力进行分离，并没有给企业增加新的能力，也不能体现出榕树型企业不断开拓创新的本质属性。一棵榕树总是不断试探性地伸出新枝条，生出新的气根，试图开拓更加广阔的生存空间。非关键核心能力单元就承担着这一探索性创新的使命。企业要制定政策，鼓励内部员工开发新的能力单元，也要考察并把外部创业者创新的能力单元接纳到榕树型企业的能力单元体系之中，使之成为榕树型企业的能力的源头活水。实验、创新、孵化，是对这类能力单元管理的主题词，同时也要限制创新风险的影响范围。

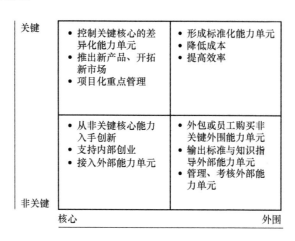

能力单元四象限

第二类是关键核心能力单元，这是市场竞争中体现差异化的主力，其中一些是从第一类能力单元成熟后自然上升为关键核心能力单元的。依靠这类体现企业核心竞争力的能力单元，榕树型企业可以推出新产品，发动新一轮市场营销攻势，满足客户的新需求。对于第二类能力单元实行项目化管理，投入较多资源，并努力争取高回报。

第三类是关键外围能力单元，这类能力单元很可能是从第二类能力单元转化来的，这时候竞争对手已经赶上来了，这类能力不再给企业带来显著的竞争优势，但这些能力仍然是不可或缺的，一旦缺失就会给整体带来严重影响。对第三类能力单元要开展标准化管理，降低工艺难度，降低作业成本。

第四类是非关键外围能力单元，是容易在外部寻找的"普通"能力单元，对这类能力单元要以外包为主，原有的或从第三类转化来的能力单元可以向内外部出售，通过标准化知识的支持和认证、考核，使这类能力单元成为榕树型企业的核心能力的必要补充与合格的能力供应商。

能力单元分类的另一个视角是能力单元被调用的"频率"。青岛啤酒创造的"管理时钟"就是对企业各项活动的时间、频次依据主要业务展开，形成每年、每月、每周、每天的活动时刻表。通过"管理时钟"向各能力单元"报时"，可以清楚地看到企业运作对各种能力的需求频次，也就是为榕树型企业与不同能力单元建立何种关系提供依据——对于每天都要调用几十次、几百次的能力单元一定不同于一年只用一次的能力单元。"管理时钟"还给能力单元的负荷管理提供了依据，也为能力单元安排自身工作节拍提供了方便。

对于能力单元的分离与整合的程度，还有一个重要依据就是客户需求特征对供应网络的要求。

第一类是客户需求稳定，企业与客户合作密切，榕树型企业作为一个供应网络可以预知客户的需求节拍，或者相当于客户的一个外包部门，也就要求对能力单元的整合要紧密。这种类型与传统一体化企业几乎没有区别，这类企业也没有改造为榕树型企业的内在动力，但榕树型企业完全可以承担这类业务，并且其成本、效率等绩效并不必然低于传统一体化企业。

第二类是客户需求大体可以预期，客户需求批量大，对价格敏感。应对这类需求需要将能力单元整合在稳定的流程内，并加以精细化、标准化管理，以降低成本，提高效率。

第三类是客户需求个性化程度高而且需求不均衡，要求供应网络给予快速响应，要求能力单元结成宽泛的网络，并对所有可能的需求预先虚拟流程路径，以实现快速响应。

第四类是客户需求不明确，需要提供解决方案服务，要求能力单元结合松散、能力单元资本主体多元化、能力单元不只为一个榕树型企业所调用。

基础工作统一化

能力单元的分离如果仅仅局限于把能力单元分离成为相对独立的功能单位，这就和当年国有企业"内部承包制"改革没有什么两样，而那次风靡全国的实验证明，"内部承包"虽然调动了员工的积极性，激发了企业活力，同时也带来了企业整体功能降低的副作用，甚至发生如导言中所说的把火车拆成汽车，然后汽车各自开走的现象。而且，能力单元化之后动力增强，监督成本降低所带来的好处还可能被专业化管理水平的降低所抵消。

工业社会早期产生的纵向一体化企业组织，其存在的理由是以较低的管理成本替代较高的交易成本，也就是以"企业"替代"市场"，尽可能使交易内部化。福特汽车从矿山开采到炼钢到制作零件再到组装汽车，甚至还拥有一个生产牛皮的养牛场，就是基于这个理由建立起来的。

随着以信息技术为代表的新技术革命的到来，交易成本急剧下降，"企业"替代"市场"的理由越来越不充分。纵向一体化大型企业组织存在的理由越来越受到挑战，企业开始走向核心化，虚拟经营、供应链管理成为时髦。与经营环境的动态不确定性程度加大相呼应，企业经营战略也需要动态调整。恐龙型大企业在竞争中不再具有绝对优势，相反，大企业管理成本高于中小企业已经成为不争的事实，出现了规模效益递减的"反常"现象。

可是，企业真的会越来越小吗？如果这种趋势真的会发生，那么"小"到什么程度才是极限？"一个人的企业"即便是可能的，会成为主流吗？从直觉上看，这也不太可能。

事实上，企业小型化对管理成本的降低作用是有极限的，企业规模小到一定程度，其管理成本不但不再下降，反而会上升。企业规模过小，管理资源（如人力资源）配备就会成为难题，要么管理成本居高不下，要么出现管理工作"业余化"。相对独立的能力单元也同样会遇到小企业的这类问题。

因此，在新时代，企业问题的核心就是管理成本的降低。如何将大企业的专业化管理与小企业应对环境变动的灵活性结合起来？如何将管理成本降低而又不损害管理质量（管理综合成本最低）？可能是组织结构创新的一个突破口。降低管理成本可能是企业竞争力的一个新的源泉。

而降低管理成本的一个重要思路就是"共享"：基础管理共享、业务流程共享、经营管理知识共享……肖沙娜·朱伯夫夫妇在他们合著的一本新商业思想著作《支持型经济》中称这种共享为"基础工作统一化"。基础工作统一化，可以消除能力单元中职能和管理行为重复的问题，大大降低运营成本和资金占用，还可以解放能力单元的人力资源，使其投入自身擅长的业务活动中。这也是榕树型企业相对于大型一体化企业和分散的小企业群落的优势所在。

一个完全独立的能力单元，不得不自行从事会计、审计、法务、人力资源管理、仓储、采购、后勤、文秘、设备养护维修等基本行为，这些并不擅长的不专业的基础工作增加了能力单元的运营成本，而榕树型企业通过基础工作统一化则可以消除大多数能力单元基础行为的重复，从而重构能力单元的成本结构。有资料显示，汽车工业如果能够将供应链管理与生产管理运用共享平台进行网络化改造，可以节约 13% 的成本。但对于相互独立的分散企业来说，这一"节约"是不可能实现的，因为独立企业出于追求交易中信息不对称的需要，都不愿放弃对那些基础工作流程的"所有权"。榕树型企业所分离出来的能力单元及从外部加入的能力单元只是相对独立的，每个能力单元只从事其"专业"的活动，只有与其他能力单元协同才能履行客户订单，或者才有订单可以履行，它从一开始就被要求是信息透明的，在榕树型企业内部，能力单元没有自己的"商业机密"，只有按规则完成自己的任务，并在同类能力单元的竞争中不断提高自己的效率，降低运营成本，赢得更饱和的任务。

基础工作统一化，还是实现能力单元无缝联结的必要条件。与客户相关的意见反馈、投诉处理、公关活动、CRM 系统等，没有一个统一的平台则难以让客户体验到无缝的个性化服务。当今客户在要求高质量、低成本、个性化、及时性服务的同时，还要求通过信息技术随时查看为其提供服务的各能力单元的状态。没有基础工作统一化，各能力单元的活动就没法对客户完全透明，能否按时履行完一个订单也处于黑箱之中，也不便于发现问题和迅速解决问题。

能力单元分布式协作完成客户订单还对工序物流提出了更高的管理要求，工序物流成本也是履行每张订单选择相应能力单元所需要"计算"的参数之一。榕树型企业必须建立起一整套内外运输合一的物流解决方案，并能够即时查询每个物料、配件、半成品、成品的位置和状态，这需要借助软件和物联网技术才可以实现。这不是分散的、独立的能力单元所能够做到的，必须依赖共享信息平台的支持。

企业研发、测试技术中心需要比较昂贵的设备和专业的人员，这也是单独的能力单元或者分散的小型企业"养不起、用不足、留不住"的。设备的维护与维修在物联网技术的支持下，各能力单元就可以在统一指导下完成常规设备维护保养和部分设备维修任务，并在必要时获得专业设备维修能力的支持。

各能力单元成员还需要一个类似网络社区的交流空间，通过密切沟通，提高协同工作的默契程度。

基础工作统一化还有一个意义。榕树型企业是一个半开放的商业生态系统，不断吸收新的合作者作为能力单元加入是必须的，是保持榕树型企业生机活力的必然要求。但吸引新的合作者也是有风险的，合作者可能成长到足够强大，以至于夺取榕树型企业开创者的领导地位、基础工作统一化是榕树型企业开创者稳定领导地位、控制合作者的战略措施之一。

基础工作统一化，让能力单元与支持平台密切结合，是形成动车组一样的榕树型企业的必要条件，而支持平台也可以看成另一种类型的能力单元。

第三步

组建专家团队

榕树型企业是一个聚集有机体，依靠聚集多种供需主体（或准主体）形成供需网络，创造和分享网络价值，形成自增强回路而自我发展。鉴于能力单元的分离，将产品价值链背后的知识价值链分离出来，组建掌握关键活动环节知识的专家团队，向各供需网络主体和准主体提供支持，不但是网络关系价值的重要来源，也是榕树型企业凝聚力的来源之一。

这样，榕树型企业中就存在两大类角色：一种是经营某能力单元的准"老板"，一种是承担支持任务的专家。

榕树型企业对于"显性"能力单元，抱一种只求所用，不求所有的态度，但对于背后的控制参量——知识价值链的控制，则绝对不能含糊，必须"拥有"自己的专家团队。这个团队主要包括：为各能力单元服务的支持团队、为客户服务的解决方案团队与核心技术研发团队。他们从事的是知识生产，因此需要知识生产管理。

榕树型企业的核心竞争力，以及知识价值链获取知识"租金"，都必须仰赖一支专家团队，因此专家团队在榕树型企业中处于主导地位。

复制专家

在和谐生产方式的早期传播过程中，遇到最多的批评是把一体化工厂拆分为分散的能力单元，是对落后生产方式的"复辟"。具体一点的质疑则集中在利用分散能力单元（甚至是家庭作坊）进行生产（或者提供服务），产品（服务）质量如何保障？技术如何推进？其实，产生这种质疑一点都不奇怪，18世纪60年代，工业化在全球对手工业取得了决定性的胜利之后，大公司、大工厂、大机器及自动化成为先进生产力的代名词，IBM出版的《软性制造》一书还对单元生产批评道："由于是人在作业，会导致各个产品间及各个作业者（单元）间出现有所差异的制造方式，使质量参差不齐的状况变多。必须承认，只要是由人来作业的，其作业质量一定都是有限的。"这种心理定式目前还存在于绝大多数人的脑海里。人们容易忽略的是，最高质量水准恰恰是手工制造。

肇始于英国的工业化之所以以大机器工业的形式表现出来，与欧洲人口稀少有很大关系，工业化国家的崛起也与殖民掠夺不可分割，这是中国工业化道路所不可重复的，并且中国的工业化又是在信息技术已经兴起的背景下大发展的。发挥中国人力资源优势，就必须打破"只要是由人来作业的，其作业质量一定都是有限的"这一工业化心理定式，不朝着大机器自动化方向发展，而是朝着丰田提出的那种"人字旁自动化"（自働化）方向发展，譬如"防呆法"的研究等。

从借助"人口红利"到"发挥人力资源优势"是中国经济发展的一次转

型，而在个性化需求逐步成为市场主导力量，在以人口众多为主要特征的中国充分发挥人力资源优势，还有很多文章可做。深圳的大芬油画村能给我们很大启示：

> 在大芬，油画从一种仅供少数人欣赏的艺术品变成了大宗可以赚钱的商品，缘于油画的大批量工业化生产。这里云集了 3000 多名画工、画师和画商，300 多家画廊和 700 多间油画个人工作室、油画作坊，形成了一支色彩缤纷的油画产业大军；分散性的作坊式生产，产业性的企业化运作，形成了"画家+企业"的文化产业群体；分工合理、竞争有序的生产组织方式适应了文化产业发展的特点，形成了一个独特的油画艺术商品制造基地。这是"大芬模式"的基本特征。

大芬油画"生产"的典型描述是"20 个人一排，我在最前面调色，用流水线，你画天空，他画山，他画树，他画房子，又快又统一"（大芬某画廊老板吴瑞球语）。下面这张照片上可以看到令人震撼的油画生产场景。

大芬油画生产现场
（图片来源：互联网）

其实大芬村生产的油画仍然是手绘油画，而不是工业产品，只有制版印刷出来的画才是工业品，包括那些印刷在画布上的高仿真复制品。大芬油画之所以有广阔的市场，是因为随着人们生活水平的提高，"做有品位的人"成为一种基本需求，但普通百姓显然无力搞高档艺术品收藏，但也不满足在家里挂一些印刷品，包括酒店会所等装饰也需要"真正"的且价格低廉的油画。这正是当代低成本、高品质、个性化需求的突出体现。

大芬模式是一个"画家+画工"的模式，一位画家创作一副原创作品，然后拆分成为多个工序，由众多画工完成每道简单的工序，也就等于大量复制了画家，从而生产出高质量、低成本的"真正"的油画。

在信息技术的支持下，类似的用一个少数人组成的专家团队支持一个庞大的网络组织，形成"复制专家"的情形是可以在很多领域实现的。笔者曾听过一个介绍，某蔬菜研究所多年来致力于新品种蔬菜选育和种植研究，考虑到尽快实现研究成果向产业化转化，他们利用传感网络掌握温室大棚的土壤、空气的温度、湿度等相关参数，并将数据随时传输到一个信息系统中，与一个专家系统模型进行比对，再指导农户播种、浇水、施肥、控制温度等操作。这样一来，所有加入网络的菜农在接受简单培训后按照系统指令操作，就能够达到种植该蔬菜品种专业农艺师的水准，等于向农户复制了大批农艺师。

导言中提到的广东温氏指导农户标准化养鸡的方式，是在以华南农大动物科学系专家教授为主体的技术平台（通过上门指导的技术员和专业化种苗、饲料、防疫服务）的支持下，让养鸡专业户养殖作业拥有了专家教授的水准。

迄今为止，还比较缺乏在工业生产领域复制专家的成功案例，但这并不是说工业生产领域就不能采用这种模式，而是缺少实验。因为被包裹在"现代化大工厂"神秘面纱下的生产能力无非是对开发、生产现场的组织方式的仔细琢磨和针对工厂生产效率、工序中次品率及工艺活动细节的精益求精的改进等综合表现。而这种努力并非一定要在一体化大工厂里才可以实现。工场手工业之所以在与大工业的竞争中失败，不是因为他们不能做到精细化生产，而是因为他们没有足够的人才对每个工艺过程进行持续不断的改进与标准化，因此让泰勒开创的标准化方式没能在手工工场扎根。信息技术的发展给"专家团队+能力单元网络组织"的产生创造了可能性，也为重新发掘家庭作坊、手工工场、单元化生产等组织模式的潜力，克服大工业弊端，在家庭作坊中推广泰勒模式创造了条件。

德鲁克说：

> 泰勒的手工劳动生产率原理说来很简单，为使手工工人有生产力，第一步是考察工作任务，分析其动作构成，第二步是记录每个动作花费的体力与耗用的时间，然后清除无益的动作，将获取完成品所必不可少的动作确定下来，以最简便的方式（操作者负担最轻、要求时间最少的方式）去完成。再把这些动作放到一起成为一个合乎逻辑顺序的工作。最后重新设计动作所需的工具。这一原理的创立花去了泰勒 20 年的试验时间。在以后的 100 年中，这一原理被无数次修改与提炼，名称亦有改变。泰勒本人先称自己的方法为"工作分析"或"工作管理"，20 年后重新命名为"科学管理"，第一次世界大战后，在美国开始称为"工业工程"，在德国称为"合理化"。泰勒证明，在手工劳动中并无人们赞美的"技能"，只有简单、重复的动作，使它们具有生产力的是知识，即把简单的、无技能的动作放到一起，加以组织与实施。事实上，泰罗是把知识运用于工作的第一个人。

德鲁克的这段话中看不到作为工业化根基的泰勒制与大机器的必然联系，而"把知识运用于工作"、借助信息化、通过"专家团队+能力单元网络组织"的模式，在分散能力单元中实现泰勒式的改造没有难以逾越的障碍。历史走过了一个否定之否定的轮回，以全新的面貌"复辟"了旧事物，重新激活了"落后生产力"。

有一种观点认为，产品=信息+介质，产品开发就是设计信息的创造，生产就是从工序到产品的设计信息的转化。知识经济学则认为，在产品价值链背后有一条知识价值链，欧美制造业之所以能控制国际产品价值链各环节的定价权，是因为其拥有一条完整的存在于产品价值链后的知识价值链，其虽说不从事制造加工环节，但掌握制造加工环节的知识。"专家团队+能力单元网络组织"的模式，可以弥补中国生产制造环节的知识不足，把有限的专家资源复制到一个能力单元网络之中，是中国制造业利用中国特有的人力资源优势取得国际竞争优势的法门之一。特别是如广东温氏那样把顶级专家团队与一个规模庞大的同质化的能力单元（养鸡专业户）网络联结在一起，形成"连锁车间"，其复制专家的效益将得到极大的放大。这也是榕树型企业能够与一体化工厂在工艺、质量水准上相抗衡，并在成本、个性化和及时性上优于一体化工厂的关键机制。

专家团队创造凝聚力

榕树型企业是一个聚集有机体，依靠聚集多种供需主体（或准主体）形成供需网络，创造和分享网络价值，形成自增强回路而自我发展。其聚集效应的形成依靠主题召唤、知识支持、利益关联三条纽带（或者说机制）。鉴于能力单元的分离，将产品价值链背后的知识价值链分离出来，组建掌握关键活动环节知识的专家团队，向各供需网络主体和准主体提供支持，不但是网络关系价值的重要来源，也是榕树型企业凝聚力的来源之一。

方统法博士的知识基础论认为，企业实际上是一个知识系统，一切组织活动实质上都是知识的获取、转移、共享和运用的过程，企业的竞争优势来源于企业拥有的独特知识。不同层次的专家团队，在榕树型企业中就是这个知识系统的各种载体。

首先，专家团队与能力单元之间，可以建立起"知识生产"与"实物生产"健康稳定的相互依赖关系。很多人会担心能力单元分离之后，企业缺少实实在在的抓手，容易受制于能力单元。能力单元分离之后，的确减少了直接的、命令式的控制手段，而一个由专家团队承载的知识系统被能力单元所依赖，就成为软性控制的基础。

著名营销策划人刘观涛讲过一个洋话连篇学校创造的"弱人复制"方式。洋话连篇在创业之初不急于扩张，而是用精兵强将建立大城市、地级市、县城级样板学校，反复寻找可能出现的问题，发现、消灭各种小毛病，直到"每个人、每件事、每个细节，到底该怎样做都有极其严格的规定，能够确保'弱人'在培训后也能照猫画虎，再差都不会差到哪去"。

　　小到一个电话接线员该如何回答咨询电话：比如，"我觉得你们的价格有点贵"该怎么回应；"我回头想想再说吧"又该怎样挽留？洋话连篇有着非常细致实用的实战手册，包括招生销售员、电话拜访员、分校校长等（刘观涛《"三无产品"的"弱势营销"》）。

有了这样的被能力单元所依赖的由专家团队承载的知识系统，能力单元就能分而不散，因为能力单元的产品价值正是建立在这个知识价值链之上的。

专家团队还能对各能力单元形成的零散经验进行梳理、规范，形成共享知识。美国金考复印连锁机构创始人奥法里认为自己不是总裁，而是"总转悠"，他的任务是不停地在各金考店"转悠"，把各店试验成功的做法传播给其他店，从而实现金考持续不断的创新。

专家团队的另一个重要使命是核心技术研发。这不但关乎榕树型企业的核心竞争力，而且拥有核心技术的自主知识产权也是凝聚力的重要源泉。专利保护等知识产权可以让非自有资本能力单元不能轻易离开。

在关键技术的战略合作开发中，专家团队也发挥着至关重要的作用。目前，高校、专业科研机构拥有比绝大多数企业都先进、完备的科研设施和人才队伍，企业与之合作开发非核心的关键技术势在必行。然而这种合作往往会变成从关键技术研究直到产品开发的全面委托，这对企业来说不但提高了研发成本，也不利于企业积累知识资本。合适的做法是企业内部专家团队围绕核心技术，依据战略目标，规划自己的技术体系，然后就某些明确的关键技术研发需求寻找最佳合作伙伴，委托专业科研机构提供技术"配件"，有时甚至仅仅委托提供一个检测报告，而把"总装"型产品开发留在企业内部。对于通用技术和一般技术的搜集、学习、外包等也都是专家团队的重要任务。

专家团队还是聚集和整合社会上分散智力资源的中介。格莱珉银行创始人尤努斯曾经提出一个问题："人们会为各种目标和活动感到激动。当今世界上有数百万年轻人热衷于电子游戏、说唱音乐、足球、滑雪，以及在网上发帖。他们很喜欢这些事情，在这上面花费大量的时间，锻炼这方面的技术，并与朋友和陌生人进行交流讨论。如果可以以此维生，他们会很乐意在这些活动上面投入一生的时间……缺少的只是一个能够使这些爱好转变为现实社会经济的框架……"尤努斯的问题实际上是一个怎样充分利用社会智力资源的问题。

当今中国受过高等教育的年轻人越来越多，同时也带来了智力资源的大量浪费。榕树型企业需要建立一个"框架"，把这些社会冗余的智力资源聚集起来发挥作用。和谐生产方式理论用"分离与调用"来解决分布式生产与统一接单的问题，在企业运用智力资源的过程中也可以实践这个原则。榕树型企业的专家团队可以把那些研发、服务、支持类的专业工作进行结构化，明确评价标准，以订单的形式分解转包给具有一定资格的个人和专门机构，由他们高质量、低成本地完成。这不但解决了拥有某项专业能力的人不能充分施展自己的才能的问题，使得对某一专业任务有特殊爱好和专精的人能够通过专心致志地研究自己的专业，并有渠道为多个企业所调用，而且让企业低成本聚集智力资源，同时也可以避免"私自占有"这些专业能力造成的浪费。

专家团队还具有聚集客户的重要功能。榕树型企业很多时候都是客户问题的"解决方案供应商"，或者说是解决客户特定问题的"专家"，这是吸引客户加入这个供需网络的必然要求。"解决方案"的概念，将传统的商业逻辑翻了一个个儿：向客户提供产品，是把知识作为后台，让知识凝固在产品之中销售给客户（所谓产品的技术含量，就是指产品中凝固了多少知识）；向客户提供"解决方案"，则是让知识走向前台，通过提供为客户解决特定问题的知识——"解决方案"，把所需要的产品整合到知识体系之中，使产品成为实施"解决方案"的物质条件。榕树型企业拥有解决客户问题的专家，是赢得客户信赖，获得客户订单、让供需网络不断发展的必然要求。

按关键活动配置和培养专家

榕树型企业要按照其价值链上的关键活动来配置专家。依据波特价值链理论，把整个价值链分为既相互独立又相互联系的多个价值活动，这是能力单元划分的依据，也是配置专家的依据。当然，任何企业也不可能对所涉及的全部活动都配置相应专家，只能根据关键活动来配置专家。

在配置专家之前，先要弄明白什么是专家？

所谓专家，就是指在特定领域中具有专业知识的人，他们能够有效地思考和处理该领域的问题，能识别新手注意不到的信息特征和有意义的信息模式。专家对自己获得的大量知识进行了有序化地组织；专家的知识是"情景化"了的，在相同或相似的情景出现时，能够快速提取知识；专家应对新情景的时候能够借助旧的情景知识灵活应付。

国际象棋的棋局

西方决策理论学派的创始人之一、诺贝尔奖获得者赫伯特·西蒙在研究人的认识过程时发现了类似原理。西蒙为编制用计算机下国际象棋的程序，专门对棋手下棋时的运思情况进行了研究。他发现顶级大师能够辨认和回想出大约5万种棋子在棋盘上的不同排列方式，而与每种排列方式相关的是棋子可能的进攻与防守策略信息。西蒙总结说："专家们看到的模式来自他对类似情景的记忆。"他发现任何领域里真正专业水平的标志就是具有丰富的"模式"，这些"模式"帮助人们产生"专业判断""直觉""本能""预感"和"内心的声音"，用西蒙的话说，它们就像一群"老朋友"，随时会告诉你，在面对实际情况的时候该怎么办。也就是说，"专家"就是记忆中的"老朋友"，遇到问题的时候，"老朋友"就会帮忙。"专家"的构成元素是处理问题的"模式"，一个领域的专家就是拥有这个领域里"模式"体系的人，他们把一个领域中的"套路"链接成一个网络。

以关键活动为依据配置专家，就是要找到在这个活动领域中拥有丰富的情景化知识的人。

专家虽然熟谙自己领域的知识，但不一定保证他们能够教会别人，这在传统企业中并不是什么问题，因为这些专家往往只要能够亲自处理问题就可以了。但榕树型企业的专家同时也是该项活动的知识管理牵头人。他需要把该项活动的知识编织在一个概念网络中，明确各知识之间的同义关系、包含关系、间接关系。依据从事该项活动的人的工作过程发现可能遇到的问题，借助知识管理信息系统等工具对活动提供及时、准确的知识支持，切实提高活动作业者从事该项活动的工作绩效。专家还应当成为培训者，帮助活动作业人员吸收、理解和正确应用相关知识，提升作业能力。

某项活动的专家作为牵头人，要尽可能全面地搜集该活动领域相关文献资料，加以整理、筛选，还必须随时关注该活动领域中出现的新突破、新方法、新知识,不断更新与该活动相关的知识库。

在知识积累的基础上,建立创新小组,培育小组参与者的创新思维能力,开展创新实验。总结活动作业人员的实践经验,把经验上升为知识,实现共享。并参与不同活动专家组合的更高层次的创新和研发团队,创造新技术,研究新方法,开发新产品。

并不是所有的活动领域都可以找到现成的专家,也不是专家配置越豪华越好,榕树型企业的发展必须建立起关键活动专家的培养机制。在由关键活动专家牵头的知识管理体系基础上,可以建立起不同层次的活动专家任职资格制度。建立专家任职资格制度需要做好如下几项工作:

第一,在梳理价值链关键活动的基础上建立专家岗位体系。

第二,建立每个专家岗位的任职资格标准体系,包括基本条件,如学历、业务活动经历、现职工作状况等;资格标准,包括技能标准、知识标准和行为标准等;参考条件,如业绩、心理特征、品德等。

第三,建立定期选拔考试制度,不断对有潜力的人才授予某项活动专家任职资格,作为储备人才。

第四,在有相关项目的时候从储备人才中选择人员承担相应等级专家的工作。

第五,在具备成功的项目经历之后正式任命相应等级的专家。

第六,通过下一轮选拔考试获得更高等级的专家任职资格。

不可避免的,关键活动专家与能力单元具体作业人员会有交叉,初级专家也必须在具体能力单元中从事实际作业活动才可以积累经验,逐步成长为不同等级的专家。这些人在榕树型企业中也有两条发展路径:一条是在能力单元内部成长起来的人才成为能力单元细胞分裂的细胞核,领导一个新的能力单元参与榕树型企业的业务活动,这在榕树型企业发展期是经常出现的能力扩充方式，这些人实际上成了榕树型企业的内部创业者，成为准老板或者真正的老板；另一条是一些擅长或者喜爱专业化发展而不愿意管理一个能力单元的人，则在不同等级的专家台阶上攀升。这两类员工上升通道还是互通的，在任何等级上都可以出现不同角色的互换，也不排除身兼两种角色的人。

按关键活动配置和培养不同层次的专家，并建立以专家为核心建立起知识保留和知识总结机制，还可以避免因为专家岗位的人才流失给企业带来较大冲击。在对关键活动的知识获取、总结、共享、利用、再总结的循环中，不用担心离职员工带走他学到的东西（知识扩散是不可避免的，也是不应去刻意避免的），新人会继承已经积累起来的知识，并以此为起点，开始新的循环提升过程。人员的流动很可能还会带来新的知识和经验，使某项活动知识、能力水准跃上一个新台阶。

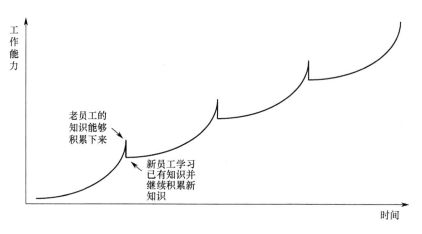

可积累式学习曲线图（仿自乔伊纳《第四代管理》）

知识生产管理

榕树型企业必将兴起的依据之一，是知识在价值创造中占据了越来越重要的地位，以至于有必要将知识生产与实物生产进行分离。在榕树型企业中，专家的主要工作就是从事知识生产。

德鲁克在《21 世纪的管理挑战》一书中说："在 20 世纪，管理所做的最重要也是唯一的贡献，就是把生产过程中体力劳动者的生产率提高了 50 倍；在 21 世纪，管理需要做出的最重要的贡献，是使知识工作者的生产率得到同样的提高。"榕树型企业在通过它的新型组织模式优势战胜中央控制型一体化企业之外，在即将到来的榕树型企业之间的竞争中取胜，则取决于其知识生产率。我的同事侯象洋将提高知识生产率的方法总结为"知识生产管理"。

"知识生产管理"指的是通过组织化的知识生产手段，利用知识生产的设施、技术、工具、人力（脑力），为了将原始的知识、数据等知识生产"原料"稳定、高效地"转化"为能够解决客户问题、能够为客户所接受并为此付费的知识产品，而建立起来的管理体系，以及以通过这个管理体系对知识生产过程所进行的各项管理活动。

侯象洋这个知识生产管理定义是针对"解决方案"生产的，榕树型企业的知识生产管理的范围要宽泛一些，包括"解决方案"生产、对能力单元支持知识的生产和研发工作，但基本原理是相同的。

知识生产管理的管理对象包含以下几个方面的内容：

第一，是对知识的管理。知识生产管理中的"知识"可以分为两个部分：其一，是生产出知识产品之前的知识，也就是知识生产的"原材料"；其二，是生产出来的知识产品，也就是知识生产的结果。作为"知识产品"，是要销售给客户的东西，但是同时这些知识产品又可以转化为下一次知识生产的原材料。因此，知识生产管理的对象应当包括对这些知识原材料的管理和知识产品、隐性知识向原材料转化的管理。

第二，是对知识生产设施的管理。任何生产过程都需要一定的设备、工具的支持，知识生产也不例外。如果没有计算机软硬件系统、网络系统及其附属系统组成的信息平台，组织化的知识生产是不可想象的。这个信息平台就成了知识生产设施的主要组成部分。知识生产设施，就像物质生产的基础设备一样，直接决定了知识生产的效率和知识产品的质量。应当说，知识生产设施管理是知识生产管理体系中的一个非常重要的内容。

第三，对知识生产员工的管理。人在知识生产中的地位显然超过了其在物质生产中的地位。相对于物质生产，人在知识生产中的主导性更强。在物质生产中，可以通过良好的训练，把一个文化程度较低的人训练成为合格的产业工人（泰勒在制造业中完成了这样的训练，麦当劳在服务业中完成了这种训练）。但在知识生产中，我们却很难做到这一点。知识生产对员工的基础教育要求比较高。但这种所谓的"比较高"也不能高得离谱。目前在知识生产工作中，企业所犯的最大的错误就是人才的高消费。如果把知识生产工作者的基本要求定位在博士、教授和研究员这个等级，那么不但人才的获取非常困难，而且生产成本也会高得可怕。在知识生产过程中，其知识生产员工定位为经过适当培训的相关专业的普通大学毕业生是比较合适的。对于知识生产员工来说，需要懂得知识生产领域中的那些"默会"的知识，也就是该领域内的那些最基本的基础知识和技能。普通大学毕业生经过适当的培训，应该能够成为合格的知识生产初级员工。

第四，对知识生产过程的管理。这里的知识生产过程为组织化的知识生产过程。我们知道，物质产品是由制造企业生产出来的。物质产品的生产是比较稳定的，一般不会随着员工的岗位变动、离职、生病等发生动荡。物质产品的生产是怎么做到这一点的呢？通过观察我们可以发现，物质产品并不是由某个人生产出来的，而是由企业通过一定的工艺流程生产出来的，这种生产为组织化生产。组织化生产使得生产过程不会随着员工的变动受到很大影响，保证了生产过程的稳定性，同时也保证了生产出来的产品的稳定性。同样的道理，知识产品是由知识生产企业生产出来的，知识产品的生产像物质生产一样，也需要组织化。知识生产管理为了使得知识生产组织化，就应当建立相当于工艺流程的一系列组织化的生产过程和生产方法，并对此进行管理。

第五，对知识生产环境的管理。其一，知识生产的环境主要包括社会环境、市场环境、内部环境。知识生产面对的社会环境最重要的是知识供应链的上游供应商，其中最主要的是科学技术的进步（发明创造）所带来的环境变化。其二，知识产品生产的目的与物质产品一样，都是为了满足市场的需要。所以知识生产管理与企业中的所有其他管理活动一样，都是市场环境中的管理活动。而市场环境是一个动态的变化的环境。知识生产管理必须对市场环境进行动态的管理，使得知识生产管理能够符合市场环境的要求。除了大的市场环境，知识生产管理还必须对客户环境进行管理，时刻监测客户需求的变化。其三，知识生产的现场环境也需要进行管理。知识产品的无限可复制性，以及新颖性与其价值的强相关特征，决定了知识生产过程中的安全管理也有不同于物质生产管理的难点。

通过对这些知识生产要素的管理，稳定、高效的知识生产有了一定的可能性。有组织的知识生产已经给先行者带来了重大收益，IBM 公司就是一个典型。在出售"解决方案"的过程中，IBM 发现了"有组织的知识体系"的威力。靠着这个体系，整个 IBM 员工都成了"专家"，哪怕是刚毕业几个月的大学生也是"专家"。这个"有组织的知识体系"就是开发可以交付给客户的"解决方案"的核心工作思路和路线图。依托这个工作思路与路线图，一些智慧平平的员工，可以在经过短暂的培训之后，利用 IBM 丰富、全面的知识库、数据库、模板库等，组成一个项目团队，"生产"出可以交付给客户、可以"顺便"卖出大批的物质产品、可以为 IBM 带来丰厚利润的"解决方案"（在 IBM，真正的专家仅仅用于对这个"有组织的知识体系"的开发）。那些成功的咨询公司如麦肯锡等也拥有类似的管理方法。这些先行者的成功经验让我们看到，形成类似 IBM"有组织知识体系"的"知识生产管理"体系，是榕树型企业组建专家团队之后必须花力气做的一项重要工作。

造就组织的才干

知识生产管理的核心内容就是要通过管理使知识得以"转化"并为企业取得效益的能力。这种能力的生成、维持和增长，以及与竞争对手的对比优势，是得以在市场竞争环境下生存的必要条件。这种能力虽然与知识生产的"原材料"，包括已有知识和基础数据、设施、员工等要素紧密关联，但又绝对不是这些一个一个的要素的简单相加。因为单纯这些要素并不足以使一个企业获得足够的竞争优势，形成企业独特的核心竞争力。张维迎对核心竞争力的特性定义为"偷不去、买不来、拆不开、带不走和溜不掉"。而前面所述的这些知识生产要素，都是可以通过各种要素市场购买得到的，也是在企业运营过程中不断向企业外部流散的。这显然不具备核心竞争力特征。只有当这些要素通过一定的关系模式结合成一个系统，并"涌现"出各个要素都不具备的"特质"的时候，知识生产企业才具有了竞争者所不能模仿的核心能力。

这种特质表现为该企业能够对某种类型的知识"转化"有更高的效率、不可超越的质量，并使得转化出来的产品具有相当的个性特征，能够"契合"某一特定客户群体的独特需求。这就形成了该企业所具有的独特的竞争优势。我们把这种特质称为该企业在知识生产过程中的"组织的才干"。

"才干"本来是形容人的概念。一个人天生能做一件事，比其他一万个人做得都好，就是这个人的"才干"。盖洛普认为：一个人的优势由才干、技能和知识构成，其核心是才干。才干的定义是一个人"贯穿始终并能产生效益的思维、感觉和行为模式"。百灵鸟天生有唱歌的才干，如果你硬要教猪唱歌，你就会白费功夫，而且猪还不高兴。

盖洛普才干定义的重点是"贯穿始终"。他有一种神经"过滤器"，它使他的生活和工作中对某种刺激感到兴奋，而对其他刺激则无动于衷。任何可以产生效益的"贯穿始终"的行为模式都是才干。而一个人取得出色成绩的关键在于使他的才干与工作相匹配。做好任何工作都需要才干，因为做好任何工作都需要某些"贯穿始终"的思维、感觉和行为模式。

"才干"概念能否引申一下，用于组织这个由个体的人聚集而成的更大的有机体呢？自我意象心理学研究成果给了我们很大启发。自我意象心理学认为，控制这种"才干"的背后心理学机理是"自我意象"，也就是一个人对自我个性特征的模糊的，但对人的行为具有支配作用的自我认知。盖洛普把这种自我意象称为"过滤器"，它决定着一个人对周围世界做出反应的特殊方式，告诉你哪些刺激应该注意，哪些可以不理，它决定着一个人身上所有不同于旁人的思维、感觉和行为方式。说到底，一个人的过滤器就是他的才干。每个人的过滤器都是与众不同的。它把外界信号——过滤，而编织一个只有自己才能看到的世界。由于每个人都受他独特的过滤器支配，对同样的情形，不同的人会做出不同的反应。对别人易如反掌的事，对你却难上加难。你乐此不疲的事，别人却感到厌烦。才干是你精神世界中四车道的高速路，它决定了你贯穿始终的思维、感觉和行为方式。

在这个基础上我们就能够比较容易地引申出"组织的才干"这个概念来。一个组织无非是由很多个体聚集而成的有机体，这些个体（包括人、机、知识库等）通过一定的流程联结在一起，如同一个人的脑细胞相互联结在一起一样。当这个组织长期处理某一个领域的知识"转化"问题之后，会形成个体

（细胞）之间的许多稳定的、高效的联结。当接到类似的生产任务时，这种稳定的联结就会被快速激活，而其生产效率和质量都会远远地高于竞争对手。这样，一个组织就具有了"贯穿始终并能产生效益的思维、感觉和行为模式"这样一种"组织的才干"。我们可以通俗地说，"组织的才干"就是组织各种要素"最顺畅的联结"。

"组织的才干"仅仅属于组织，而不属于企业里面的某个人、设施或者其他因素。如同一个人的才干不会因为失去几个脑细胞而发生很大改变一样，组织也不会因为几个人离职、更换了设备或者外界环境的变化导致组织才干的急剧变化。当然，这种组织的才干是能够得到自觉改善与进化的，而且在更高的层面可以通过组织的"自我意象"对企业文化的"技术"进行调节。

"组织的才干"这个概念对我们理解知识生产的特点具有重要意义。知识产品不能像工业产品一样"批量生产"（能够"批量生产"的知识产品首推图书），每个客户所需要的解决方案都是个性化的，能力单元所需要解决的问题也是层出不穷、不断翻新的，没有两个完全一样的知识产品（知识产品的无限可复制性也决定了不需要进行这样的生产）。但是，知识生产并不是对每个客户的"解决方案"都从头生产，这样的生产方式将没有任何效率和效益可言。通过服务于具有类似问题的客户，可以积累大量的可以"共享"的解决此类问题的"模式"（通过案例故事讲述的"条件—问题—解决方案"规则体系），而且越是更多的服务于具有类似问题的客户，所积累的模式就越丰富，这就是与工业生产的"规模经济"相对应的"范围经济"的概念。而且，在解决类似问题的过程中，相应的要素联结被不断强化，也就使联结更加顺畅，其效率更高、成本更低、速度更快、质量更优。这就是一个知识生产组织的才干——"四车道的高速路"。这种"才干"是一个知识生产组织的特质，由于具有这一特质，又会吸引更多的客户来寻求类似问题的解决方案，这样一个正反馈过程则会加速该组织才干的形成、维持、发展、进化。一旦一个知识生产组织进入这样一个正反馈循环，在解决客户某类问题上就具有了强大的竞争优势，而且具有先发优势，后来者很难模仿和超越。

共同工作

按关键活动配置专家，但不是让每个专家都单独开展工作，很多时候，甚至大多数时候，专家需要共同工作，组成项目组解决客户问题、能力单元支持及研发问题。因此，榕树型企业要为专家建立一个共同工作的平台。

对于基于信息技术的专家共同工作平台的设计，笔者做过一些架构预研工作，可惜没能付诸实施并在实践中修正，下面简述一下基本构想，作为一个启发性质的参考思路。

（1）活动细分。对专家从事的各种业务活动进行细分，直到分解为可以简单方便地描述输入、输出、工时、活动过程等，非专业人员也认为可以明确把握，直到没有必要再细分为止。根据稳定的活动联结，可以预置不同层级粒度的活动组团。

（2）为活动定价。为每个活动设定任务价格。系统预置这一功能，在经验积累的基础上逐步完成活动定价。

（3）活动支持。对每个活动提供工作模式、经验案例、基础数据、基本工具、式样模板、质量标准和检查方法等详细支持。这些支持资料在系统运行过程中被不断丰富。设计支持资料完善制度和奖励政策。

（4）角色细分。放弃部门与岗位概念，根据活动需要设计各种角色。一个人可以有多个角色。角色与活动直接关联。为每个角色设定能力结构标准。

（5）能力上架。把企业内外可以调用的、能够完成各种活动的人作为能力单元在系统中"上架"（如同摆放在一个虚拟货架上）。每个上架的能力单元可以根据角色能力结构和标准进行考核定级，取得从事相应活动的资格，并在工作中积累经验值自动升级。能力单元不一定都是个人，也可以由虚拟团队组成能力单元组。

相应物料、设备要与相应的人力资源捆绑上架，构成完整的能力单元。并把物料成本、设备使用成本、其他费用纳入活动成本中，作为活动价格的要素之一。

（6）项目管理。根据经验积累预置若干子流程性质的项目操作流程，预先明确项目使命，明确 WBS（工作分解结构），明确其中的每项活动所需要的人力资源（角色）、物料、设备、工作时间。这类虚拟项目分层级构建不同粒度的模板，以便具体项目出现时迅速搭积木完成项目计划（网络关系计划），并同时明确每个项目、子项目的进度、成果交付时间、项目成本等。

（7）项目过程管理。依据成熟项目管理流程设计项目组织、流程、跟踪、成果交付、验收评审管理模式。要避免过分死板的项目管理方式，避免各项活动"扔过墙头"的做法，把活动成果分为概念态、评审态、发布态等，实现不同角色的成果及时共享与交叉修正，避免项目延期与重大质量事故发生。

（8）项目总结评价。成功经验、失败教训进入模式、模板化积累。

（9）角色活动绩效考评与分配。根据活动成果、质量、交期、活动价格、经验贡献计算角色活动报酬。根据角色活动绩效分配经验值，调整不同经验值的角色活动价格。

（10）能力平衡。根据项目运作实际情况随时监控能力瓶颈，并采取招聘、培训、外联等方法，让能力适应性动态发展。

上海道仑软件熊军民先生认为，这个构想几乎与他们公司现在已经开发成功的 ROAD 平台的设计思路完全一致。这让我多少减轻了一些对当年"未竟"

的遗憾，也体验到一种幸遇知音的欣慰，更为未来的榕树型企业构建者将有合适的"器"可供选择而高兴。

在专家共同工作中，"上架管理"是一个重要机制，源自华为研发管理经验。通过"上架管理"，可以避免"重新发明轮子"，也使得专家工作呈现统一性，便于联结、整合工作成果，并降低知识生产成本。"上架管理"是分层次的，最底层的是共享器件上架，避免不同专家工作所采用的器件品种繁杂混乱，越是小的常用器件越要严格管理，例如螺丝钉的规格式样就必须严格控制，遵循"除非必要，勿增实体"的奥卡姆剃刀原则，任何设计方案必须在共享器件货架寻找可用器件，不经过严格的申请审批手续，不能增加共享器件品种。依次上架的则是共享部件、共享单板、共享母版、共享平台、共享子系统、共享系统。当然不同企业所上架管理的内容会有所不同，但基本原理是一致的。

一个共同工作平台为专家共同工作提供了基础条件，而专家共同工作的效率、效果、效益还取决于专家之间的合作，合作文化的形成对榕树型企业专家共同工作具有重大意义。

研究科学发展史，不难发现，人才总是一批一批地出现，在某个时代人才辈出，在某个地区人才辈出。这并不是因为这个时代比另一个时代的人更杰出，这个地区的人才比另一个地区的人才更优秀，而是因为这个时代或者这个地区的人才团聚在一起，相互激发，相互砥砺，才出现了一个令人钦羡的群星灿烂的局面。我一直梦想一个"智慧圈"的工作环境。"智慧圈"的概念能够从激光理论中得到解释。激光理论是哈肯提出协同学理论的模型，激光相对于灯光是一个巨大进步，在灯光中，光电子受到电流激发产生光波，这些波浪和波串随着电流的增大越来越密集，形成一个光场的狂突运动。在这种狂突过程中，大部分能量损耗掉了。就像一群乌合之众总是在冲突中相互掣肘，不能成就任何事业一样。激光的情况却完全不同，它不是一些杂乱的波串，而是完全相同的、长度无穷的波浪。激光能够一致行动，却没有人在指挥，激光通过自组织产生一种有序状态。于是灯光的无序运动转为激光的有序运动。在激光发生器中，不同长度的光波相互激荡，最后一种波取得优势地位，成为"序参量"，带领全部光波按同样的波长、向同一个方向发射，从而获得无穷的能量。

把整个专家团队中的各个思想综合、协调、组织起来，并在一种和谐合作的精神下把它引导到一个明确的方向和路线是我设想的"智慧圈"的功能。它是经由两个以上的人和谐合作而发展出来的一种思想，而这些人则是为了完成某项工作而聚集在一起的。两个以上的思想在会合或者近距离接触时，往往会在彼此的思想上产生影响或形成另一种思想状态，这种影响和思想状态与接触前的状态不同。在和谐的精神下，可以把更多的思想聚集或者混合在一起，产生第三种思想，它为某个思想或者全部思想所用。以一种完全和谐的精神融合两种以上的思想，可以使团体中的人表现出超人般的成就。专家团队遵守这一法则可以获得无限的能力，只要团体组成分子具有智慧，愿意贡献自己的个性和利益，并在一种完全和谐的精神状态下融合大家的思想。

在专家共同工作方式的探索道路上，我们还有很长的路要走。

第四步

管理模式语言

一棵榕树长成第一根树干之后，向四面八方伸出枝条，然后从枝条上生出大量气根，这些毛毛的气根在树枝上随风摇曳，越来越长，然后交织在一起，像一柄利剑扎向大地。但是，它并不能确定等待"剑锋"的是松软的土壤还是坚硬的岩石，可以说每次尝试扎根都是一次小小的冒险。好处是这种冒险并没有大碍，最多不过是一次不成功的尝试而已。而一旦找到合适的土壤，这柄利剑就会迅速扎进去，全树的营养也会更多地供给这些扎下去的根，让抱团的气根尽快融合，长成另一根支柱，并开始从土壤中吸收新的营养，围绕新的支柱再长出新的枝条，生出新的气根，开始新一轮扩张……榕树在竞争激烈的丛林中逐步结成一个复杂的、极具侵略性的网络，占据越来越大的生存空间，并得以"长命千岁"，就是依靠这一简单的模式重复、重复、再重复。

榕树能够不断重复其成功模式，是因为它拥有记录着这些成功模式的基因。榕树型企业的持续生存与扩张同样也需要其成功模式的传承，如同宝洁CEO 拉夫雷所说："用可以重复的架构来获得新创意。"然而榕树型企业是一个聚集的有机体，其成员的流动使它不能保证成功模式的传承，很容易患上"组织失忆症"，甚至还会被新人以创新的名义全面废弃已有成功模式。榕树型企业确保自身能够在产业丛林里既能有效竞争又能凸显特色，也需要记录并复制自己成功模式的"基因"。

本章就专门探讨和记录榕树型企业成功模式的"基因"——模式语言。

化解经验传承的难题

生物基因是将漫长的进化过程中通过物竞天择筛选出来的成功模式加以忠实记录，并毫无例外地写入一个物种每个个体的每个细胞，于是这些成功模式就成为生物本能，以保障物种的生存繁衍。我们完全可以把基因记录的成功模式看作自生命诞生以来生存竞争"经验"的档案，更重要的是这些档案没有保存在档案馆里，而是控制着癌细胞之外所有正常细胞的生长。

但企业的"细胞"是个体的人，一个企业发展过程中的成功模式或者说经验知识并不必然被"写入"其成员的大脑中。经验的传承还存在一个困局，那就是一个人的经验不能直接传递给另一个人。假如有一种如基因复制一样简便的经验传递方式，我想绝大多数做父母的都希望把自己积累的经验毫无遗漏地传递给自己的子女，可惜不但没有这样的简便方法，就算十几年非常用心地言传身教也不见得能收到满意的效果。那么相比之下，就可以想象在企业员工之间传承经验究竟是多么巨大的挑战了。

经验不能直接传递，更在于经验存在于个体感受中，不能完全编码，不能直接用语言传递给没有经历过的人——即便能够听懂每个词语，也不能完全体会没有经历过的事物。严格说来，没有共同经验的两个人之间不存在真正的交流。佛经有这么个故事，可以说明这个问题：有个盲人问别人白色是什么样子的啊？别人说，像白雪，可是白雪又是什么样的？像白兔、像……盲人始终没办法知道，白色是什么样子。后来，来了只白鹅，别人就说，像白鹅这么样的。盲人摸着白鹅，鹅恰好"嘎嘎"叫了两声，于是盲人很高兴地说，原来白色就是长脖子肥肚子，还"嘎嘎"啊。

公元 1818 年，英国人约翰·罗斯的探险队在格陵兰岛的雷津特王子湾与当地的因纽特人相遇。当时，罗斯一行雇有一名因纽特向导。罗斯在日记中详细描述了整个过程。8 月 10 日上午 10 点钟，罗斯高兴地看到当地人驾驶着 8 只雪橇驶来。这些人在距他们两公里处停下，从雪橇上下来，爬到一座冰山上，察看他们的船只。观察了半个小时后，其中 4 个人朝船的方向走来，但没有靠近的意思。向导下了船想接近他们，但是这些因纽特人非常害怕，不停地喊着："走开，不然我会杀了你。"经过一阵交流后，他们基本消除了恐惧，指着船急切地问："这些庞然大物是什么？它们是从太阳上来的？还是从月亮上来的？"向导告诉他们说："这是用木头做的房子。"对此他们不相信："不，它们是活的东西，我们看到它张开的翅膀。"当向导告诉他们他也是一个人，和他们一样也有父母，来自遥远的南方时，这些因纽特人说："那不可能，南面除了冰，什么都没有。"

后来还有一个格陵兰因纽特人，多年受雇于一个美国探险队，他带领探险队，长途跋涉，四处奔波，历尽风险。在一次探险结束后，为答谢他，探险队带他去纽约短期旅游。在纽约，他看到高耸入云的摩天大楼，川流不息的大小汽车，琳琅满目的精品货物，五彩缤纷的霓虹灯光。旅程结束后，他回到格陵兰，向人们神采飞扬地描述纽约的壮观景象。但村民们不相信他的话：房子能有天那么高？还挨着云彩？还有在街道上飞快移动的房子（汽车）？这不是说谎是什么。于是他成了"说谎者"，最后郁郁死去。直到又一个向导也去了一趟纽约，才知道他没有说谎。可是这个人回来后告诉村民们，纽约跟我们的村子差不多。

很多先哲都尝到过不能直接传递经验的痛苦。我们读《老子》，总感觉他老人家在费劲地打着比方，很想说明白什么，而我们还是感觉不知所云，以至于老子愤愤地说："吾言甚易知，甚易行；天下人莫能知，莫能行。"就是因为我们没有和老子一样的经验。释迦牟尼比老子聪明一点，他不试图直接向我们描述自己的发现，而是教导我们一种"修行"方法。这就如同一个人在山那边看到一片风景，却没有办法向没见过这片风景的人描述清楚，就告诉大家顺着哪一条小路攀登上这座山，站到哪一个位置上，就可以饱览那片风景了。只有当人们亲自看到那片风景之后，佛陀的话才变得有意义。

佛陀的方法给了我们一个重要启示，那就是通过情景还原的"再经验"，可以把经验传承下来。但是，佛家的"再经验"之路过于艰难，一个人潜心修行十几年、几十年，也未必能够证悟。企业成员不可能有这个时间，我们还需要寻找更简便的办法。

还好，美国建筑学家亚历山大找到了这个简便办法——他把这种办法命名为"模式语言"。他的《建筑的永恒之道》一书虽然是建筑学专著，但阐述的观念恰恰可以成为我们破解这一管理难题的钥匙。

其实，亚历山大提出的"模式"概念简单得令许多人不屑一顾：模式都是由三部分组成的一个规则，这个规则描述了特定环境、问题和解决方案之间的关系。按照亚历山大的说法，一个"模式"包括三个要件：

第一，这个"模式"适用于什么环境条件；

第二，这个"模式"能够解决什么问题；

第三，解决问题的方案是什么。

一个"模式"还应该包含对经验证据的描述，也可以包含对原理、机理的说明，以及尚待实验证明的疑点，应用中的注意事项等。

这种简明的模式可以成为记载并传达专家经验的工具——无论哪个领域的专家经验。以这些模式为"词汇"，就变成了可以交流经验的"模式语言"。

模式语言之所以能够用于交流经验，是因为每个模式都是情景化的，首先告诉人们是在什么环境条件之下，然后告诉人们这种条件下会发生什么问题，最后告诉你这种问题可以如何解决。想一想我们企业中常见的规章制度，是不是通篇都是关于什么事情必须如何做的规定，当制定规章制度的人都离开之后，他人根本就不知道这样的规定是在什么情况下，为解决什么问题制定出来的。如同那个教导女儿做鱼一定要切成两截的母亲，只知道她自己的母亲就是这样做的，但不知道她自己的母亲当时这样做是因为锅太小了。传统企业规章制度、标准、办法等是在企业经营环境稳定"不变"的条件下定型的，在环境高速变化的今天当然会出现很多问题。正因为模式语言可以明确记录环境情景、问题情景，也就具备了让接受者"再经验"的功能——你只要在相同情景下再经历一次，你就拥有了相应的经验，如同沿着佛陀指引的山路翻过那座山头一样，你马上就清楚地知道那片风景的样子，也不会说佛陀是一个"说谎者"了（忽然想起佛家强调"证悟""正信"，反对"迷信"，应该就是指这种"再经验"，而不经过"再经验"就盲目相信则为"迷信"。这样看，现在企业中的"迷信"就太多了）。

因此，模式语言就成为记录企业成功经验的基因。

很荣幸，我和王甲佳等人首先把模式语言应用于企业管理研究（后来，肖永健、胡洋、林铭前等人逐步加入），也算对企业管理发展的一点贡献。

一个案例企业的基因分析

与企业活动相匹配的模式联结成一个模式语言体系，就成为企业的基因，它承载着也限制着一个企业的"本能"。

几年前和应丽君教授一起为《北大商业评论》撰写欧倍德败走中国案例分析文章的时候曾对"欧倍德基因"做过一次分析，主要从企业基因的复制与进化这个视角反思欧倍德败走中国的深层原因。

欧倍德是倡导 DIY（自己动手）商店概念的先锋，致力于给"能工巧匠、建筑爱好者和园艺爱好者提供一切所需要的商品"。在这个过程中，欧倍德形成了自己独特的成功基因。然而，在欧倍德作为一个"外来物种"来到中国这片古老的土地上的时候，却对这里的生态环境严重不适应，经过一番忽左忽右的探索之后，不得不宣布"欧洲才是欧倍德的战略发展重点"，便拱手向竞争对手让出了中国这片堪称巨大的建材市场。

欧倍德在它的成功过程中形成了自己独特的基因。任何一个组织只要能够成功运作，就会有一套类似基因的"模式语言"在背后发挥作用。它们是一个组织解决各种特定问题的"条件—问题—方法"体系，尽管多数公司并没有被自觉地管理，但"模式语言"是实实在在地发挥着作用的。它们在没有被自觉管理之前，可能存在于那些可以一再重复的业务流程、工作标准乃至企业文化原则之中。

从对欧倍德开出的第一家无锡门店的描述中，我们可以看到欧倍德"模式语言"体系的踪影。欧倍德"模式语言"体系首先是以"自己动手（DIY）"为"序模式"（控制模式）的。在这个"序模式"的控制之下，分化出具体的店面分区、产品结构、商品陈列布置等店铺管理模式，标准化的全球/全国集中采购等经营模式，设置大面积的绿色园艺园，提供选材指导、电脑调漆、工具租赁、送货到家，以及 30 天退货、免费海狸鼠热线咨询等服务模式，也许还包括更多的案例中没有提到的模式。这些模式的网状链接，就构成了欧倍德的完整基因的"模式语言"体系。因为这些模式都是建立在对顾客行为独特和深入的洞察基础之上的，因此，在欧洲范围内，面对相似的顾客群体，可以重复运用。

依靠这些成功基因，欧倍德在欧洲市场上成功地实现了扩张，超过 450 家连锁店遍布德国、奥地利、瑞士、意大利、俄罗斯、捷克、斯洛伐克、波兰、匈牙利、立陶宛等国家。欧倍德以复制这些成功基因为基础，通过重复性应用"模式语言"而缩短了学习曲线，降低了开新店的复杂程度，缩短了成功周期，清楚凸现了竞争优势，提升了掌握细节的能力，从而打造了一部扩张机器。

然而，欧倍德在注重自身成功基因"可复制性"的同时，却因为欧洲市场的环境相似性而忽视了其成功基因的"可弹性修正"，因此没有认真总结提炼自己成功经验、洞悉自身成功的根本原因，没有对成功模式进行适度抽象，而是不加反思地转化成僵死的标准。在进入中国这个不同于欧洲市场的环境时，完全不考虑生态环境的变化，试图"以国际化、标准化和经营规模争取中国消费者，并取胜中国传统摊贩式的建材市场"，在中国建立"欧倍德德国店的完全拷贝版"，这是欧倍德败走中国的开端。

从生物学的角度来看，任何物种的优势与劣势，都是与环境条件相联系的。生物学中有一个"生态位"的概念，指生物在环境中适合生存的不同环境因子变化的区间范围。通俗一点说，"生态位"是指物种与环境的和谐与统一，是物种与环境的"契合"。每个生物物种在长期的生存竞争中都拥有一个最适合自身生存的特定时间位置、空间位置和功能定位。物种对资源和环境的适应度越高，其生存的压力越小。欧倍德强势进入中国，以为自己的"国际先进"基因是天下无敌的，没想到"龙陷浅滩受虾戏，虎落平川遭犬欺"，竟然不是中国"落后"的传统摊贩式建材市场的对手。

欧倍德在中国无锡的初战失利，是因为欧倍德完全忽略了自身特点与环境因素的相匹配、相契合的"生态位"因素，这个在欧洲以"自己动手（DIY）"为旗帜的建材超市连锁商，在无锡开店前"尽管有广泛的市场调研"，却没有发现中国的消费者没有"自己动手（DIY）"的习惯，更没有发现中国的老百姓不是欧洲的中产阶级。这不得不说是欧倍德的悲哀——也许，这时候"列强"心态占据了主导地位，根本就忘记了自己是谁，忘记了"自己动手（DIY）"是欧倍德成功的战略逻辑起点，不然的话，怎么会忘记对这个最重要又最明显的问题进行调研分析呢？

中国古人说：骏马能历险，耕田不如牛；坚车能载重，渡河不如舟；弃长以就短，智者难为谋；生材贵适用，慎勿多苛求。欧倍德初败无锡，使人想起"黑旋风"遇上"浪里白条"的情景，"优势"不在合适的环境里是发挥不出来的。这些道理是如此浅显，几乎用不着高深的经济学知识，凭常识就能明白，可惜被深奥的"学问"格式化了的大脑，是很难顾及常识的。

笔者在研究"模式语言管理"的过程中懂得了一个道理：任何可复制的模式都是有条件的，忽略条件的模式复制，就是将一个物种置于不适宜其生存的环境下，其存活的可能性极低。基因是需要随环境的变化而进化的。

初败无锡，给了欧倍德一次"棒喝"，有可能使之头脑清醒一些，学会在新环境下进化自己的基因，或许，通过对新环境的适应性进化，欧倍德的成功基因会更加健壮、具有更广泛的可复制性与更好的可弹性修正特征。公司基因的这种适应性的增强，无疑会增强公司的生命力。

可惜的是，初败无锡之后，其本土化战略探索完全走上了另外一条道路——几乎完全不顾欧倍德既有的基因，不去探索为什么"中国顾客不爱自己动手或不能自己动手"？为什么"他们对建材装饰产品有着与欧洲顾客完全不同的要求"？中国顾客不"自己动手"是因为观念问题，还是受到其他条件的限制？假如欧倍德回答了这些问题，他们很可能找到针对这个问题的解决方案。也许他们会发现，需要在中国顾客中开展"自己动手"的"布道"工作，让中国顾客爱上"自己动手"，从而成为欧倍德的"信众"；需要帮助中国顾客解决更多的问题，给予更多的"支持"，譬如帮助中国顾客开展自助式装修设计，聘用设计建造师对顾客进行"自己动手"现场指导……也许，欧倍德还会发现中国老百姓装修中普遍苦恼的"公害"问题与质量/价格陷阱，正是他们的商机。而不是简单地用一句"中国顾客不爱自己动手或不能自己动手"就把这个具有无穷潜力的问题打发掉。

也许，欧倍德很可能因为进入中国市场而发展成为建筑装饰问题全面解决方案提供商，在中国市场积累的经验反过来为进一步开发欧洲市场乃至全球市场所用。可惜，这些只能是"也许"，欧倍德在中国的"本土化"战略探索根本不是对欧倍德基因的进化，而是完全抛弃了欧倍德基因，特别是抛弃了生死攸关的"序模式"——倡导"自己动手"！中国团队开创的"欧倍德中国的业务发展格局"已经堕落为当地市场的"价格杀手"。这实际上已经严重"非欧倍德化"了。白杨树适应新环境的方法绝不是变成葡萄藤！这样抛弃欧倍德核心能力的"成功"究竟能支持多久？究竟有多大的竞争力？即便探索真的成功了，但对欧倍德来说，也不会带来更多的成功基因，只能带来更多的"异己"力量。这就难怪尽管"业绩辉煌"，欧倍德总部却认为"海狸鼠"在中国发生了"基因变异"。

接下来的"纠偏"工作更乏善可陈，特别是作为董事长儿子的 MarcusMaus

竟然没有强调"自己动手"这个核心基因，可见欧倍德对自己在欧洲市场上是如何成功的缺乏应有的自觉，那么对在中国市场上是如何失败的也不会有清醒的认识。

任何公司的基因都需要适应不断变化的环境，任何僵化都意味着被市场淘汰，但任何进化都是在过去成功基因的基础上进行的，是通过一次解决一个问题的过程实现进化的。这在"模式语言管理"框架下是很容易解决的问题。欧倍德败走中国的案例，启示我们要严肃对待公司基因的复制与进化问题，特别是在环境变化导致不适应的时候，如何循序渐进，在保持基本基因的情况下进行适应性进化，是公司基业长青的重要课题。

编制企业遗传基因

企业中任何层次的活动都有模式，小到一个加工工序，大到企业战略扩张。一个企业的模式语言体系是由整个组织各种活动的重复性模式联结而成的网络，决定着一个企业响应客户与环境信号的执行能力。高水平的企业能力依赖于高水平的可重复模式与模式语言网络体系，换句话说，模式语言的优劣决定着在要素资源输入与产品、服务输出之间的转化能力的高下。

模式语言能够让企业具有预测能力，持续响应不确定性，从而降低复杂性，减少临时抱佛脚的分析判断；模式语言起到组织记忆的作用，将成功经验在组织成员之间有效传承、学习、复制，模式语言编制过程是组织学习的最好方式，也是成员与组织共同的知识积累过程；模式语言是组织各项活动的规则，作为一种网络化的方法性知识共享体系降低协调与监督成本，作为团队共同语言成为企业文化的基础；模式语言是企业进化的载体，通过在实际活动过程中不断检验、提升、改进、废除一些活动模式，让企业每天进步一点点；模式语言还是企业吸收外来经验知识，将外部知识融入组织而又确保不发生排异反应的重要工具，特别是在成员流动时以基本稳定的可重复模式避免组织动荡。因此，编制明示的模式语言，形成完整的企业遗传基因，就成为一件重要的事情，尤其是对于并不完全依赖资本纽带的榕树型企业具有更加重要的意义。

编制企业模式语言，针对企业活动中遇到的问题向成员提供情景化的可重复的方法性知识，是一个系统工程。下面模拟一家具体企业的模式语言编制过程：

首先，要进行主题定位。

主题定位是模式语言编制流程的第一个步骤，也是决定开发出来的模式语言价值高低的关键步骤。

主题定位之所以重要，是因为我们将基于模式语言培育一种能够支撑企业持续竞争优势的核心能力，或者说是开发企业的战略性资产。下文模拟的企业是一家整体包装解决方案提供商，其模式语言主题是"包装管理"，这个主题定位的过程，刚好与公司的战略开发过程同步。这家企业原来是一家包装生产企业，正在致力于转型为一家包装管理服务型企业，向包装用户提供整体包装解决方案。在这个转型过程中，服务于不同行业和单个大客户的包装管理咨询项目组成为公司组织结构的主体，这些项目组的成员由不同专业的专家型人才组成，模式语言编制目标就是为这些项目组成员提供一整套包装管理的理念、方法、工具体系。这实际上是一个涉及公司经营战略定位、核心能力定位的复杂过程，主要涉及的是一个怎样使企业的核心能力与经营战略目标相匹配的问题，或者说是一个针对既定的战略目标开发相应的核心能力的问题。

其次，要绘制模式地图。

模式语言编制本质上是企业核心能力的开发，而企业核心能力各要素是相互依存、相互补充、相互支持的，表现为一个网络型的模式语言体系。将这样一个模式语言网络体系绘制成一张地图，实际上就是为一项核心能力制定出了一个学习战略框架。

这是一个很有挑战性的工作过程。我们在绘制包装管理模式语言的模式地图时，首先遇到的就是"什么是成功的关键"的问题。经验告诉我们，每项工作都有"关键性方法"，它们是一项工作的"牛鼻子"，也是一项工作的"抓手"。找到了这个关键，就可以按照对关键方法的"支持"关系，将多种方法整合成为一个方法体系。但是，对于一项尚待开发的工作来说，识别出"关键性方法"是一项艰巨的任务，并且还要在与市场的互动和对标杆企业的学习中逐步发掘。最初把目光聚集在包装结构设计之上，因为这是公司原有的核心能力之所在，也是敢于从包装制造向包装管理服务转型的本钱，因此第一个方案就是以结构设计技术为核心展开的，希望通过对项目组成员进行结构设计技术培训，使结构设计技术成为整体包装解决方案项目的核心能力。但随着实际咨询项目的开展，发现包装用户迫切需要、市场上没有人提供、与原有核心能力相"契合"的是"包装综合成本设计"（而结构设计则下降为成本设计的支持性方法之一）。也正是识别出这样一个核心模式之后，包装管理理念才正式确立，"成本是设计出来的""包装的成本不等于用包装的成本"等概念也才在整个组织中成为主导思想。

有了"包装综合成本设计"这一个核心模式之后，继续寻找支持它的其他模式就变得相对容易。

可以说，绘制一张相对完整的"模式地图"是一个相当长的过程，也是一项只有开始、没有结束的工作。因为模式总在不停地总结、提炼、完善、重组，但是初步形成一个"模式地图"的轮廓，也就可以进行下一步工作了。

最后，要进行知识采购。

在有了一张"模式地图"之后，更加琐碎细致的工作就是积累、总结、提炼大量的"模式"。这实际上是一个完整的方法性知识体系，企业中任何部门的专家都是不可能独立完成的。因此，我们把积累"模式"的过程称为"知识采购"，并且总结出了知识采购"十大方法"：

一曰"上帝指引"——寻找"领导型客户"。通过这种方法积累的模式往往是最有价值的。从这种方法中也可以看出，模式语言编制是一个与业务活动紧密联系在一起的能力开发过程。

二曰"他山之石"——到对某一种能力要求最高的行业去发掘方法性知识。俗话说"隔行如隔山"，多数人"一山障目"，看不到其他领域的方法性知识对自己的启示作用。而这正是"模式语言"所擅长的，因为模式语言中的模式揭示的是表面上不同的问题解决方法背后的共同结构，给我们借鉴他山之石提供了非常好的工具。

三曰"黑本子会议"——内部经验交流法。"黑本子"的故事是，某个企业的不同班组的人分别发现和积累了一些工作诀窍，这些人都把这些诀窍记录在黑皮本子上，但相互不交流。新来的车间主任发现了这一情况，通过改变班组考核办法引导大家交流所积累的经验，形成了一个车间共享的黑本子，极大地提高了整个车间的劳动生产率。于是大家就将这种交流工作诀窍的会议称为"黑本子会议"。这是检验和改进各种模式的重要方法。

四曰"大海捞针"——有针对性地进行文献检索。在发现问题又找不到解决问题的答案的时候，进行文献检索是极好的办法。首先要"将互联网检索进行到底"，利用好中国知网等学术搜索资源，常常可以找到免费的重要资料，至少可以找到一些线索。专业期刊更是不可放过的知识源泉，专利文献库也很有价值。

五曰"拜师学艺"——针对问题寻求相应专家的咨询服务。这里有两个条件，一要彻底定义清楚自己的问题，二要对不同专家的特长有比较透彻的了解。可以说，自己懂得越多，越能够更好地利用专家的咨询服务。

六曰"草船借箭"——利用网络社区、专业论坛发表一些"歪理邪说"，引起讨论，常常可以"借"来他人的智慧，找到解决许多问题的方法性知识。本行业、本领域的论坛可以利用，其他领域的论坛有时候更有价值。

七曰"剥茧抽丝"——发现一点解决问题的线索就要深入研究，在研究的过程中又会发现更多的线索，这样一环扣一环的"发现"可能最终引导我们找到好的解决办法。

八曰"假说—检验"——将企业内部各方面的专家召集起来召开头脑风暴，进行集体思索，激发各种各样的思路，经过总结提炼后将这些"假说"付诸试验，从而开发出解决问题的新方法。有关"思维方法"的组织方式当然不只是头脑风暴，目前有许多书籍、培训、咨询专家可供选用。

九曰"系统分析"——也就是将解决问题的过程"程序化"，通过使用一个程序清单"刻板地"按"如何""何处"和"何时"等提问的方式，使人们很准确地获知问题的实际状况，不遗漏重要的思考点。有关解决问题的系统方法也已经发展得非常精细了，但需要不断学习、长期使用才能得心应手。

十曰"障碍克服"——任何问题如果不能得到解决，一定存在解决这个问题的"障碍"，准确地找到了这个"障碍"，问题就转化为怎样克服这个障碍。这样一层层找下去，就会找到解决问题的真正方法。

编制企业遗传基因的工作还需要建立起一套实务的管理体系，主要包括：

1）建立个别模式的积累机制

模式语言的积累首先是建立在个别模式的积累之上的，个别模式的积累是形成模式语言库的基础。模式语言虽然看上去非常简单，但包含在各项工作中的模式语言常常是朦胧的，并非显而易见的。需要从经验中仔细推敲出来，再经过去芜存菁，才能形成适用于类似情景的间接性方案（仅适用于一种特殊情境的解决方案不能成为模式）。一般情况下，经验愈丰富或模式运用愈熟练的人，就越会觉得模式是极明显的。但是，也存在相反的情况：在某一特定领域具有专业知识的专家往往不善于传授他所拥有的知识，因为他们对自己过分熟悉的知识往往认为太简单，太显而易见，会误认为人人都懂，"这还用说吗"，不值得认真总结传授。这两方面的困难都会阻碍模式积累。因此需要建立相应的机制来克服这些困难。这就需要：

（1）明确规定统一的模式写作结构。模式的写作采用相同的结构，能够以结构引导编写者以一致性的项目来说故事，促使撰写者将传递隐性知识时所有重要元素都包含在故事中。同时，统一的结构也是模式库管理和方便检索应用的需要。

（2）培训兼职模式撰写人员。最好是与专家配对的"优秀新手"，因为这种新手一方面具有对专门知识的学习热情。同时由于是"新手"，因此知道理解和学习某一模式知识的难易，他们能够不断地向专家提问，直到开始理解并能够学会专家的方法为止（不能理解就无法撰写出别人能够看得懂的模式）。

（3）及时总结模式应用情况并不断完善模式。要建立一种类似于海尔"日清日高"的"热洗"会议制度。通过分析刚刚发生的事件，发现这次作业中有什么不足，提供了什么新经验，找一找原因，看看下一次怎么能做得好一些。通过对模式应用情况的不断反馈，模式的质量便会有显著改善。这种方式还有助于形成模式的"自然选择"机制，得到最多应用的模式"进化"最快，进而得到更多的应用，这个模式也就越具有活力。应用效果不佳的模式就会因为得不到应用而日趋衰落走向死亡。

2）建立模式语言系统的形成机制

将企业组织中所有工作环节的所有方法知识都总结成模式加以管理是不可能完成的一项重任，我们不但无法管理所有模式，而且试图这样去做也是不明智的，因为假如建成了这样的模式库，也会因其过于庞大而变得繁杂，反而无法利用。所以，必须形成一种有效的筛选机制，将关键性的模式从个别员工的头脑中或企业流程中萃取出来，形成一个有序的模式库，使之成为企业组织宝贵的方法性知识资源。使模式库有序化，以利于日后取用，进而创造企业的竞争优势，这是对模式语言管理的一个挑战。可以从以下三个方面入手建立模式语言系统的形成机制：

（1）识别核心模式，使这个核心模式成为支配其他模式的"序模式"。

（2）在"序模式"的支配下，逐步发现能够支持这个"序模式"的各种下一层级的模式，通过不断地开发形成一个围绕"序模式"的"模式丛"。

（3）建立模式之间的网络关系，使模式互相联系起来，成为一种"语言"。

3）建立模式语言管理流程

把模式分为"整体性模式"和"细节性模式"。对"整体性模式"采用"正式"的管理办法，对"细节性模式"建立较灵活的捕获机制。

（1）建立"整体性模式"管理办法。作为"整体性模式"，就是企业经营管理的一些基本原则，说明某一明显的问题会在某个环境中重复出现，说明可能会发生这个问题的环境范围，提出为解决这个问题所有经营管理活动都必须具有的共同特点。或者，这些"整体性模式"还可以被看作建立在经验基础上的规则，说明在企业中健康的经营管理活动的前提。这些模式具有稳固性，许多模式结合为一种模式语言，员工个人和不同部门都能够使用。对"整体性模式"采取"正式"的管理办法，是形成企业"一致性"的基础。因为每个整体性模式都是明确说明企业整体原则的陈述。它的正确和错误都可以由经验事实和证据来验证、证明，能够被全员讨论。然后，依据讨论结果，由企业高层决定是否采用。

（2）建立"细节性模式"捕获机制。"细节性模式"涉及企业工作的方方面面，而且每个企业的具体操作层面上的问题个性更强一些，需要更多独创的东西。"细节性模式"最主要的源泉是具体操作某项工作的员工，更多体现为自下而上形成的模式语言。每个"细节模式"都应该来自实践经验，或者借鉴别人的经验又经过企业自身实践检验。只有这样建立起来的模式语言才是"管用"的。"细节性模式"不需要正式采用，那么，是不是所有员工自发地将自己总结出来的模式存入数据库就能解决这个问题？且不说大多数专家型的人和普通员工不善于将自己的经验知识转化为结构化的、能够为他人共享的模式，就算人人都能够很好地总结自己的经验知识，由此填充而来的模式库仍然是杂乱无章而缺乏使用价值的。因此也需要建立一种"细节模式"管理流程来帮助捕获最佳经验，从而解决这个问题。

（3）"整体性模式"与"细节性模式"的划分不是固定不变的，可能随着企业战略定位的改变而相互转化。

4）规范模式写作模板

推荐使用亚历山大创造的模式写作格式（请参考亚历山大等人编写的《建筑的模式语言》）：

（1）标题：标题前面加数字编号，这是该模式在整个模式体系中的编号；标题的正文要让人看明白该模式的主要内容；模式标题后面用"★"号表示该模式的成熟程度，"★"越多，表示该模式经过的检验越充分，越可以放心地使用（笔者采用的是五星级制度）。因为模式语言是富有生气的、不断发展的。事实上，每种模式都可以被视为一种假设，如同科学研究中的假设一样。在这个意义上说，每种模式都代表一种企业中公认的最佳猜测：怎样操作才有助于解决悬而未决的问题。每个人可能都会问：按照模式所建议的解决方案行事，难解的问题真会迎刃而解吗？"星级"表示我们对这些假设的可靠性的信赖程度。无论星号含有何种意义，模式终归是模式，所有的模式都带有"试验"的性质，在新的经验和观察研究推动下，都会不断地、或快或慢地向前发展。而且，现有的模式永远是"示范"性的，每次"作业"都可以并且应该创造出更多的属于自己的新模式。

（2）实例原型。一个模式往往是从解决一个具体问题的过程中抽象出来的，这个实例原型能给模式的使用者提供很多启示。

（3）在"实例原型"之后是一段引言，说明该模式承上启下、前后连贯的内容，或者解释它是如何去协助、去完善一些较大的模式的。这一段内容可以使人看出来该模式将在什么"条件"下发挥作用。这是模式的"情景部分"，是触发模式应用的前置信息和使用模式的限制条件。这是模式语言不同于一般性理论知识的特别之处。同时，标明该模式能够对哪些更大模式形成支持关系，也显示出模式的网络性质。

（4）在"※"号之下用黑体文字来"提出问题"，即用简练的语言点明问题的实质。

（5）提出问题之后，用比较大的篇幅叙述该模式的经验性背景材料，最好还能够简要地讲解一下该模式依据的理由或原理。这实际上是为其可行性提供例证，并说明这一模式在经营管理中被显示出来的各种途径，等等（包括提出该模式的意义目的）。在原理表述、经验描述的过程中，实际上不可避免地已经说清楚了问题的解决方法。

（6）随后用黑体文字规范地表述解决方案。不管前面的文字是否已经将解决方案说清楚了，都要在此总述。实际上，这应该是模式的核心部分。它说明为解决上文中提出的问题所需要各种具体方式方法。这种解决方案均以"指示"的形式出现。由此，可以使读者确切地了解，为了使这一模式付诸实施，需要做些什么。

每个答案都应如此叙述：它指明为解决某一问题所不可缺少的各种关系的基本方面（基本结构），但极其概括抽象，因此应用者能够以自己的方式，根据自己的爱好，并根据当时、当地及自身条件，解决他正在设法解决的问题。

撰写的每个解决方案只包括那些极其基本的要点，如果真想解决问题，这些要点是不可避免的。从这个意义上来讲，就是要在每个解决方案中竭力抓住在各种情况下都行得通的共同的不变特性。

（7）在答案之后可以附更多的成功应用实例，必要时加以图解。

（8）下面用"※"号表示该模式的主要内容已经叙述完毕。在"※"号之后还有一段结尾文字，它说明与本模式有联系的其他一些较小的模式。也就是以"超链接"的方式将大大小小的模式变成一个网络。在这一段，还要指明实施该模式所需要的其他支持条件，比如我们发现，一些模式的实施就需要一定数据的支持。

在用"———————"隔开之后，可以标注该模式的发现者、实践者、改进者、整理人等资料。

采用这种统一格式有两大目的：第一，可以使每种模式和其他模式联系起来，所以可以把所有模式汇总作为一个整体，作为一种"语言"来掌握，并能够创造出无穷无尽的千变万化的组合；第二，它把每种模式的问题和解决方案统统摆在读者面前，每个人都可以对它做出判断，并对它加以修正，但要抓住它的主要实质。"模式"有时候还是一个引发讨论、征求意见、进行修改的"模型"（对"模式"提出意见要比对某一个人的具体工作提出意见心理障碍更少，更没有"追究责任"的意思，更容易接受改进意见）。

对于"模式语言"库的管理，最好是应用软件，这样积累、使用、更新都非常方便。七步法第三步中所讲的按关键活动配置的专家负责该项活动的知识管理，其核心内容就是负责该项活动的模式语言管理。

可重复模式的力量

在描述二战故事的美国电影《拯救大兵瑞恩》中，米勒上尉受命带领一个特别小分队到德军占领区寻找一位已经牺牲了三个兄长的名字叫瑞恩的普通士兵，并将他安全带离战场。这个八人小分队在历经千辛万苦，牺牲了两名队员之后，在敌后找到了瑞恩。可是瑞恩正和他的战友坚守一座桥，不肯离开战斗岗位。米勒得知，这座桥对盟军意义重大，德军已占领了所有的桥，除了两座：一座在柏林，另一座便是这儿。如果这座桥也被德军占领，盟军便处于非常危险的境地。米勒的小分队决定留下来与瑞恩所在的部队共同守桥。

瑞恩所在的部队只剩下几挺机枪、八圈子弹和一辆履带车，可敌人有坦克、装甲车。米勒策划，诱敌到两座高楼间，令他们不能动弹，然后围而歼之。如果成功，那些坦克将成为路障，然后尽所能战斗。如果还不能守住大桥，最后就按动预置的起爆器，把桥炸掉。

米勒告诉大家，对付坦克可用"黏性炸弹"。瑞恩他们不知道什么是黏性炸弹，米勒教他们：可以用剩下的一大堆 TNT 及 CLB 制造黏性炸弹。脱下每个人的袜子，用袜子装满 TNT 炸药，再插上 CLB，外面再包上黄油一类黏稠的东西，抛出去就会粘在坦克上。

在这场力量悬殊的恶战中，黏性炸弹起到了关键性的作用。米勒和瑞恩的部队把德军坦克引到预定地点，点燃黏性炸弹后抛向坦克轮子，黏性炸弹将一辆辆德军坦克的履带炸毁，被堵在后面的装甲车又被楼顶扔下的燃烧汽油瓶烧毁，德军步兵被机枪扫射得成批倒下……正因为有黏性炸弹的帮助，使得米勒和瑞恩的部队坚持到援军的到来，尽管米勒和绝大多数队友都牺牲了，但这座通往巴黎、柏林的桥终于保住了。

这个故事吸引我们的地方是米勒传授的“黏性炸弹”，这样一种也许是某个士兵在困境中创造出来的对付坦克的“土”办法，在一场关键战斗中发挥了关键作用。而米勒之所以知道这个方法，是盟军的最新作战手册上介绍了这个方法，而在最前沿的瑞恩还没有收到新作战手册。

一个简单的模式得到重复使用，就能发挥出这样的威力。

一位著名的销售明星即将告别职业生涯的时候，应邀做一场演讲。人们看到台上吊着一个巨大的铁球，旁边有个巨大的铁锤。主持人请两位身强力壮的年轻人上台，让他们用大锤打击大铁球使其荡起来。两个年轻人费尽了力气，也没让大铁球动一动。这时，销售明星走上台，没说一句话。看上去那是一位虚弱的老人，他从兜里拿出一把小锤，“咚”的敲一下，然后停顿，再“咚”的敲一下……老人用小锤以相同的节拍持续敲击了 40 多分钟，已经不耐烦的观众发现大铁球一点一点动起来了。老人的敲击继续着，大铁球晃动幅度越来越大，直到整个演讲大厅的人都能听到铁球晃荡拉动着铁架子“哐哐”作响。人们震惊了，欢呼起来。持续重复的小锤敲击做到了用大铁锤猛烈敲击没有做到的事情。

很多伟大事业的成功都不是依靠什么惊天动地的“大动作”，而是简单模式的重复、重复、再重复。贝恩资本的一项调查发现，能够持续成长的企业中，有 2/3 都拥有一两种可重复的强有力的成长模式。偶尔的超长发挥是不可靠的，只有看似枯燥乏味的可重复模式才可能产生持久的竞争力。

在贝恩公司的调查案例中，一家从严重亏损到年盈利 4.29 亿美元的半导体公司，依靠一种可重复性模式稳步前进：针对十几个主要客户提供的意见，开发一种新技术，接着把这一新技术应用于新的客户群中，再扩展到新的地理区域，如此循环不息 22 年，在英特尔主导的微处理器市场上生存下来。回首 22 年历程，竟然找不到值得记述的大事。

贝恩公司总结了 5 项可重复模式的优势：

（1）学习曲线效应。以可重复模式为基础，企业能通过重复性的应用缩短学习曲线。围绕一两项重复性的活动建造的专注型企业的能力更强。

（2）降低复杂度。复杂性是大型组织的克星，它让成本居高不下，甚至让业务运作失灵。可重复模式可以减少企业组织结构的变动。

（3）速度。相比于从一个领域跳到另一个领域的做法，使用可重复模式扩张企业可以大大缩短从开始扩张到获得收益的周期。

（4）战略的清晰度。可重复模式可以使企业战略保持多年不变，仅仅在执行上依据不同情景做些调整，员工都清楚地知道企业的重复性做法，并深深地信赖企业的未来战略。

（5）细节的不断丰富。长期利用某个可重复模式，可以逐步发展出越来越精细的细节模式，让可重复模式得以更加顺畅地运用，这就筑起了坚固的竞争壁垒，让携雄厚资金侵入的外来者困于掌握细节的不足，如同装备精良的军队困于异国的深山密林之中，难以对付熟悉地形的游击队。

可重复模式让看似微小的差异不断积累，形成既能够有效竞争又能够凸显特色的显著优势，而优势的积累还可能自我强化，并繁衍出更多的生意。

贝恩的调查是针对中央控制型传统企业的，而榕树型企业需要领导一大批能力单元共同前进，更需要坚守可重复模式。一天一个新创意的领导者会让追随者不知所措，被折腾够了就会离开这位领导者。

　　不要误会，强调可重复模式并不会带来企业的僵化。事实上，模式语言管理还带来了企业基因可弹性修正的方法。因为所有模式都是情景化的，条件、问题、解决方案都是明确的，客观环境发生了变化，出现了新问题，有了更有效的解决方案，都可以迅速修正、改进模式，让模式不断进化，个别时候（当然不会太多）还会发生基因突变。事实上，模式语言管理正是在可弹性修正这一点上超越了传统的标准化管理，因此对快速多变和混沌无序的不确定性环境和个性化需求具有更好的适应性。有了模式语言，人们还有能力对企业实施"基因工程"，创造"转基因企业"——当企业"基因"严重不适应环境的时候。

共同的语言，共同的愿景

模式语言，它的美妙之处不仅在于它是一种模式，而在于它是一种语言。其中的模式相当于词汇，应用才是语言，因此它可以如运用词汇说一种语言一样方便、灵活。

人类如果拥有共同的语言，就会产生巨大的力量。然而我们知道，在企业中，经常出现的现象是"鸡对鸭讲"，相互不能理解，难以沟通。为了不使企业组织因成员"语言不通"而导致混乱，我们就乞灵于权威，由某个权威的管理者来统一规划企业组织。但是，一个管理者要对组织中大量极其复杂的问题做决策，不可能抽出时间来深入研究每个问题。无论他多么有远见或者他出发点多么好，他必然迫于工作的压力根据一成不变的死板观念来做决定。如此一来，他所做的决定不可避免地受到他自己观念和他自己性格的极大影响，而不是从众多实际工作的现实情况出发。

模式语言让企业成员享有共同的语言，对同一件事有相同的理解，使相互合作变得更加容易，更卓有成效。模式语言发明人亚历山大的系列丛书中有一本是《俄勒冈实验》，描述了在一所大学借助共享模式语言由学生、教师、管理者和建筑专家共同设计校园的过程。试验发现，在共享模式语言的支持下，设计者在一致的语言背景下了解解决常见问题的基本方法之后，即使分开工作，也仍然遵循同样的原则，其结果不管局部如何独特和个性化，其整体总是遵循内在的秩序。亚历山大说："最可怕的事情莫过于在一个环境中的每个角落都是遵从截然不同的原则设计的，这将是真正的混乱。""在使用者做设计决定时，这些建筑模式将成为他们坚实的基础。所有的个人和群体都将能够设计出独特的建筑，但又在总的模式所创造的形态框架当中。""在共有的模式框架里，我们确信参与者能够创造出丰富多彩的秩序。"

分形（每一片树叶都各不相同，但都遵循同样的模式）

亚历山大的实验给了榕树型企业依托共享模式语言参与设计大家共同认可的"通天塔"的参考性方法：

（1）参与讨论每个主要模式，用各自的经验提出对模式的证明和质疑，依照讨论结果，决定这个模式是否采用。选定的模式成为设计原则，说明某一明显的问题会在某个环境中重复出现，说明可能会发生这个问题的环境范围，提出为解决这个问题所有方案都必须具有的共同特点。模式可以被看成经过实践检验的经验规则，是一种稳固的方式。许多模式结合成为一种模式语言，由全体成员共享。

（2）评价模式的任务由每个模式的相关专家小组承担。有疑问的模式提交一个有广泛代表性的权威小组或委员会讨论。

（3）被选择的模式通过一定方式被成员共同认可，被通过后的主要模式成为组织的模式语言清单，通常由 30～40 个模式组成。这份清单要对全体成员正式发布，并确定为基本原则。

（4）成员在使用模式语言的同时，也在日复一日、年复一年地改进此模式语言，直到它能够反映他们的共同状况，以及他们的共同需求。在对模式进行渐进改进的同时，也要能够有新模式引进和对不适当的模式进行淘汰。对此要有明确的机制。是否继续使用一种模式取决于它是否能够解决所处理的问题。人们的认识会逐步深化，问题本身也在不断变化，对任何模式都要抱持实验的态度，并且实验应该公开，要在透明的状态下测试和改进这些模式。

（5）对已发布的整体性模式附加细节性模式，细节性模式不必正式发布，但能够被需要的人查询。在实践中细节模式需要经常性修改。

在共享模式语言的支持下，榕树型企业的成员或成员代表组织采用七步法第一步"一次砌好一块石头"一节中的七项原则构建"大家的"榕树型企业，成员们会因为共同参与而涌现出责任感、认同感和成就感。共同设计的"通天塔"自然成为全体成员的共同愿景。学习型组织理论梦寐以求的共享远景，在模式语言支持下能够得到更加简便的实现。

写到这里，想起一个听来的故事，一位在莫斯科做生意的温州人被抢，那人用温州话大喊一声，立马有五六个温州人帮他捉住了抢劫者。中国温州商人、潮汕商人的抱团是出名的，他们的抱团文化则源于这两个地方的"自有"语言，他们的语言就是他们的"国际歌"。共同的语言，共同的愿景，这会是很多人心向往之的组织。

第五步

开发泛产品

榕树型企业利用分离的多个能力单元为多个客户提供个性化产品或服务，必须有一个"中介转换器"，或者说一个界面来联结各能力单元和客户，不然就不能把能力单元组织起来，不能把客户吸引进来，也形不成一个供需网络。

和谐生产方式的基本原理是分离与调用，只有分离没有调用，只能是一个松散的产业集群、工业园区，甚至就是一个"菜市场"，不称其为榕树型企业。实现分离与调用的关键机制则是"泛产品"。

泛产品是王甲佳在架构网络联结生产原型系统的过程中被"逼"出来的，王甲佳为此经历了 18 个月的现场观察与探索。实验证明，泛产品对网络联结生产系统的成功开发起到了关键性作用。透过这个原型系统，也让我们看到泛产品是榕树型企业的秩序之源。有了它，分离的能力单元为众多的客户提供个性化服务才能有序进行，或者形成如 Visa 创始人迪伊·霍克所说的"混序"。应该说，只有理解了泛产品，才会真正理解榕树型企业，才能构建出真正的榕树型企业。

本章将系统介绍泛产品的机理与开发流程。

从一个行业案例开始

"泛产品"在榕树型企业的构建中居于"枢纽"地位,这句话可能被大家误解,因此我希望带领读者先还原到我们当初探索的行业环境——瓦楞纸包装行业中去,先研究一个具体案例,再进行比较抽象的分析。

包装行业有三大特征:

第一,包装行业只有客户,没有市场。

我们平常所说的市场,一般被定义为有购买欲望的、潜在的和现实的顾客集合。而顾客则指企业产品或服务的买主,客户则是具体的、个别的和需要一对一服务的顾客。顾客是可以没有名字的,而客户则是具体的、有名有姓的。

福特主义的要旨是忽略顾客的个性化需求,而去满足一个广泛市场的统一的标准化需求。当福特主义的大规模标准化生产方式带来了商品的极大丰富之后,也激发了顾客的个性化需求之后,企业采取的方式是把市场细分再细分,而市场细分的极限就是每个具体的客户就是一个"市场",这时候实际上就没有市场了。然而,这种极端情况在包装行业却实实在在地存在着。

包装企业为各行各业的包装用户服务,不同行业包装用户生产的产品不同,所需要的包装物料也不同;相同行业的包装用户可能生产相同或相似的产品,但每个企业的产品包装又是品牌识别的重要因素,因此也不可能采用相同的包装。因此包装用户的需求是完全个性化的,可以说包装行业只有客户,没有市场。甚至可以进一步说包装行业只有订单,没有产品。

第二，包装行业是包装用户最后一道工序的"配件供应商"。

包装企业基本不生产标准化产品（那种固定规格的快递箱，某种意义上也可以视为一种标准产品，不过相对总量来说，比重也很小），而且包装根本就不是独立的产品，它实际上是包装用户生产线上最后一道工序（包装工序）的"零配件（包装物料）供应商"。

这种配套地位决定了包装行业的企业必须以包装用户为中心，自觉充当包装用户企业的包装物料加工车间（甚至可以直接成为其包装车间）。

站在包装企业的角度来看，如果把包装企业看成一个由各要素相互依存所形成的系统结构，包装用户就是这个系统的中心。因为包装企业的配套地位决定了它必须围着客户转，必须获得和利用客户高度个性化的、难以形式化沟通的外部隐性知识，才能为包装用户及时提供恰当的包装物料和有效的服务。

在温州乐清的柳市镇低压电器产业集群中，大型企业集团周围都有一群这样的小型配套包装企业，它们与包装用户形成了很深的默契关系，甚至不需要客户下单，这些小型包装企业就能够准确估计用户的包装物料品种、数量、时间需求，就像保姆知道孩子的每个表现所代表的需求一样去及时、恰好地满足。其中及时性显得尤为重要，因为是最后一道工序的"配件供应商"，一旦供应不及时，就会直接导致生产线停产。因此包装在包装用户中不出问题时显得不重要，一旦出现问题则影响巨大，对供应的及时性保障要求特别高。

这就是为什么包装行业到处都是小型、微型企业甚至手工作坊，而很少有大型工业化企业的根本原因，因为以生产为中心的大型工业化企业难以满足高度个性化的需求。

第三，包装用户对包装了解甚少。

包装企业面对的包装用户不但个性化需求程度高，对即时客户化定制要求高，而且自身对包装也不太重视、不太专业。任何包装用户专注的都是他们自已生产的产品，而很少有精力专心研究包装问题。即使有规模较大的包装用户设置了包装管理或者包装工程职位，也会出现"养不起，用不足，留不住"的问题，还会遇到如家庭保健医生与大型综合医院的专家水平差距问题，很难自行解决好自己的包装问题。

然而，解决包装用户的包装设计、管理问题又不是当前与之配套的小型、微型包装供应商所能承担的。因为包装问题的确足够复杂，它必须准确地掌握包装用户复杂多变的产品种类、材质特点、储运环境、分销渠道、品牌要求，而且要运用专业知识和专用设备进行诸如待包装产品脆值测定，包装物料性能分析，包装物抗压、耐破、耐戳穿测试、颠簸、摔打实验等也需要相当的专业设备和专门技术。这类专业技术和专用设备是众多小型、微型包装企业所不具备的。这就是说，包装用户对包装服务的需求是没有得到充分满足的。

包装行业的三大特征决定了包装行业是制造业的服务部门。而目前这个"部门"并没有很好地满足包装用户的需求。这就决定了包装行业的企业必须做出某些改变，或者说包装行业的某些企业有这样一个发展机会——就是向包装用户提供一种"即插即用"的、"保姆式"的包装服务。

实现"包装即服务"，需要突破当前包装行业一级厂生产原纸、二级厂生产纸板、三级厂生产纸箱的工业化生产体系，全行业都要做出一些改变。这些改变主要有：

（1）变"接单—制造"为"感知—响应"。

要想实现以包装用户为中心，围绕包装用户提供个性化、及时性服务，包装供应商仅仅被动接受订单、执行交付是远远不够的。就包装用户的包装需求而言，其需求规律受产品市场波动、产品生产计划、生产过程控制等多种因素影响，而且随着市场不确定性的持续增强，包装需求的时间、地点、数量都会不断发生变化，如果包装供应商仅被动接受订单—制造包装物料—交付订单，则难以保障包装物料的供应。一旦包装物料不能及时供应，包装用户的整条生产线就可能停下来，就可能影响包装用户企业的产品交付、客户关系和市场竞争。

基于包装用户实际需求的包装供应局面，理想的状态是通过"现场采集"包装用户生产一线的需求信息并进行响应。这种转变的基础在于必须拥有对包装用户生产一线包装物料消耗信息的及时获取、处理、控制能力，需求信息的采集与物流进程同时发生；信息采用计算机集中存储，集中加工处理，消除客户与供应商之间的业务信息不对称；利用计算机网络传递信息，保证及时准确；能够快速反馈信息并由此控制和调节物流；进行计划调度时，不仅了解结果，而且了解过程，实现信息的可塑性、准确判断和实时决策；监控反馈信息实时传达变化及调整保障策略，以适应不断变化的需求。

（2）变出售产品为出售能力。

实现"包装即服务"的新模式，还需要改变包装供应商出售包装物料的规则，变为向包装用户出售包装管理能力、包装设计能力、供应保障能力。

为了弥补包装用户对包装管理、包装设计专业能力的不足，包装供应商要把自己打造成为包装管理专家、包装设计专家、包装供需网络管理专家，对于有一定规模的包装用户，可以派出一支专业团队嵌入客户内部，直接承担起包装用户的包装管理职能，以专业化的工作内容与操作流程、作业标准和比包装用户自建包装管理部门更低的成本赢得客户的青睐，外包客户的包装管理部门，为客户提供专业的包装管理、整体的包装解决方式设计、个别产品的包装方案开发与优化、包装供应商管理和包装供应信息采集与响应的计划调度等烦琐的包装管理服务。

（3）变单体企业为网络企业。

上述服务方式的变化决定了包装供应保障模式也必须相应地发生变化。最主要的变化是以客户需求为中心的全面成套包装物料的供应。而全面成套包装物料的供应又是以生产为中心建立起来的包装企业难以承担的，因此需要建立虚拟的具有提供全面包装供应保障能力的"全明星队"。这是由各类包装物料供应商、同行、竞争对手甚至包括客户，通过信息技术连接而成的网络组织，它突破了企业的有形界限，弱化了企业具体的组织结构，企业管理的视野大大拓展，资源运筹的范围也从企业内部延伸到企业外部，充分利用现有资源而不用投入新的资源，共同向客户提供整体解决方案和完整的包装物料组合，把隶属于不同企业的生产能力作为能够分解和迅速重组的能力单元。

这样的网络企业是以客户为中心组织起来的，客户是价值创造的出发点和归宿，以客户为中心来构造和组织网络各节点的资源、结构与业务运作方式，以客户为中心来设计、建立和管理能够整体解决客户问题的包装供需网络。

"泛产品"登场

现在，需要"泛产品"登场了。

如前所述，实现"包装即服务"，必须采取网络企业这种企业和市场的替代形式，也可以说是让企业这只看得见的手与市场这只看不见的手"握手"，而网络企业是一组拥有不同资源、通过一系列机制协调的企业组织形式，是拥有互补性能力和资源的参与者（在和谐生产方式理论中被定义为"能力单元"）之间所形成的完全相互关联的长期存在的关系网。这个关系网能够使生产的柔性、机动性和应变性能力变得非常高。

网络企业及时性满足包装用户个性化需求是通过一个网络联结生产管理平台（信息化的网络联结生产系统）来实现的。关于这个平台的建设，将在下一章介绍。

"泛产品"是网络联结生产系统的"牛鼻子"，抓住了这个"牛鼻子"，整个供应网络的业务秩序就有了保障，履行个性化订单的能力就有了保障，客户个性化需求就能得到满足。从商业眼光看，这个"泛产品"的概念含金量的确非常高，理解了它，就理解了基于和谐生产方式的商业模式。

"泛产品"的概念是在对一个看似普通的服务案例总结中提炼出来的。案例公司有一位订单部经理，她出于对客户的热心，在工作中对当地一家叫作人本集团的包装用户的纸箱产品的各种个性化要求进行了详细的记录整理，为了让这些个性化需求能够被充分满足，她深入生产车间与有经验的工人一起探讨适合生产每种个性化纸箱的机台，并对与负责这些机台的作业人员研究针对这些订单作业的注意事项，经过尝试达到客户要求之后，她就把这些订单的履行路径记录下来，每当客户下达了这样的订单，她就将生产任务分配给相应的一组机台。这样一来，订单与生产能力得到良好的匹配，生产效率得以提高，品质得以保障，客户的个性化需求也不会在生产环节被忽略，从而达到客户与生产人员双满意的效果。因此这家客户从来没有任何投诉，公司里很多人都不知道有这样一家客户存在。

但是，这种方式也有一个致命的弱点，就是难以持续。当她被调出了这个岗位之后，这种如同客户专属工厂一样的贴心服务就大打折扣了。"复制"这位订单部经理，是网络联结生产系统设计的核心目标。

最后找到的方法就是通过"泛产品"这个中介来储存客户个性化需求与生产能力单元组合相匹配的信息，也是个性化时代能为企业带来核心竞争力的关键知识。

理解"泛产品"可以从这样几个层面入手：

（1）以单一客户的个性化需求为管理对象，不再是市场细分的概念，而是把每个客户都视为具有独特需求的对象。这种个性化需求是具体的，非概念化的，是根植于客户的具体业务活动中的。并通过客户的交易信息、非交易信息、历史信息、实时信息和未来信息体现出来的，需要如客户的保姆一样设身处地地体会与交流来发掘。

（2）客户的个性化需求并不能直接传递给生产者。因为生产者与客户使用的不是同样的语言，关注的不是同样的视角。在客户眼里看到的是能够解决他问题的功能，在生产者眼里看到的是生产这种产品的材料、工艺、设备、工装、工时等"人、机、料、法、环"诸因素。因此需要一个"中介转换器"来作为"翻译者"。

（3）把客户的个性化需求与相应的生产能力相组合的信息和知识提炼为一个客户和生产者都能理解的概念，这就是"泛产品"。它是客户与生产者对话的共同语言，或者说是一个界面。

（4）"泛产品"所标识的生产能力需要经过"抽象"分析形成不同的"家族"，不然就显得杂乱无章。抽象后的能力单元被归类，同类能力单元具有可互换性。但是还需要一个"从抽象到具体"的过程，那就是在具体履行订单的过程中，不断积累客户的个性化要求，并内化到对能力单元的具体要求之中。由于一个客户的个性化需求不是对应一组固定的能力单元，而是分布在不同资本主体之中的能力单元组合，而不同客户个性化需求被分解后也能够提炼出相似点，把能够满足这些相似性的需求的能力赋予特定的能力单元，对于这个能力单元来说，个性化就变成了规模化，特殊要求就变成了常规。"泛产品"这个中介就具有把个性化与规模化相统一的神奇功效。而客户的个性化需求与满足个性化需求的能力单元组合，以及相应管理信息通过系统不断内化到"泛产品"中，客户就相当于在供应网络上拥有了一个针对自己特殊需求的"专属工厂"。"泛产品"越成熟、信息越丰富，对客户与能力单元的"黏性"也就越强。

（5）客户的实际订单通过"泛产品"激活一个能力单元组合，即时履行客户的个性化订单，从而实现个性化、及时性和低成本的统一，而这三者的统一是非常难能可贵的。

下面我们从具体的行业案例中跳出来，更加"一般性"地认识一下泛产品。

"和谐生产方式"以解决个性化需求与标准化生产之间的矛盾、实现供需和谐为使命，泛产品就是可以洞悉供需关系的视点。

商业社会协调供需关系的基本"界面"是产品。产品作为交易对象，对需方来说是其结构、功能、品质、外观、价格……而对供方来说是其材料、技术、设计、工艺、成本……但供需双方能够在这个界面面前取得"共识",从而可以讨价还价,实现交易。"产品"要承担起这种界面的作用,就必须清晰、明确、稳定,必须能够成为交易合约的标的物,因此就要求是标准化的。同时,这个标准化的界面也为商业社会中个性化需求的满足设置了最大的障碍。

为了解决个性化需求与标准化生产之间的深层次矛盾,我们也必须从这个界面入手——首先提高界面的柔性,其解决方案是引进"泛产品"。

泛产品可以理解为一个"概念预装产品",是向供方和需方交互关系的一个尚未"生米做成熟饭"的柔性界面,因此它能够承载产品的界面功能,向需方表达产品的结构、功能、品质、外观、价格……向供方表达其材料、技术、设计、工艺、成本……供需双方可以据此达成交易,形成订单,并最终转化为可交付的实物产品,在服务业中则在服务提供与接收过程中形成过程产品。

如果单纯从生产这一面来看,泛产品与加工流程、业务流程几乎是等价的,但它们之间也有本质的区别,那就是"泛产品"还是"产品",能够向客户描述产品特性、功能,让客户了解该"产品"的价值,而与实体产品的区别则是"泛产品"是概念上的产品,还不是"生米做成熟饭"的实际产品。

泛产品之所以能够帮助解决个性化需求与标准化生产之间的矛盾,是因为通过泛产品界面可以使供需双方在形成共识、达成交易的同时保持了双方可讨论、可重组、可变更的特性,并帮助需方"认出"模糊的需求,明确尚未确定的需求,归并离散的需求,帮助供方预置制造该产品的能力单元组合模式。泛产品在和谐生产方式中的地位如同复杂系统中"标识"的地位,或者说是一个中介、一个"翻译",接下来大家会看到,它是榕树型企业的秩序之源。我的朋友邱嘉文的"供需动态适配器"概念也是一个类似的"界面"。

再次提请读者注意一点，通过泛产品这个中介，储存了客户个性化需求与生产能力单元组合相匹配的信息，这些信息也是个性化时代能为企业带来核心竞争力的关键知识。

实现能力延迟整合

1930 年 1 月，法国议会以 90% 以上的票数，批准国防部长马其诺在法德、法意边境建造一系列防御工事——"马其诺防线"。这条耗资相当于当时法国一年财政预算总额、耗时 6 年、长达 700 多公里、地下坑道 100 多公里、由 1533 个碉堡组成的地下"长城"的设计和建设近乎完美。大型工事都有自己的电力能源，有从生活到医疗设施、从牢房到停尸间在内的一切设备，守军可以与世隔绝独立生存三个月。地堡中装备着加农炮、迫击炮和机枪。加农炮藏在钢制的、可升降的炮塔内，平时在地面上只能看到一个钢制的圆顶，作战时钢顶上升约 0.6 米，可以 360 度旋转开炮。每座大型地下工事都处于相邻工事的加农炮射程之内，一旦敌方部队靠近，就可以呼叫自己的邻居直接向自己的工事开炮。工事入口更是倾注了设计者聪慧的防御思想：入口处设有反坦克堑壕和七吨重的钢门，并由 47 毫米反坦克炮守着。如果需要狙击步兵，可以用悬在头顶的轨道收回反坦克炮，一挺重机枪转眼就可到位。如果敌方士兵到达工事外墙，手控榴弹发射器可以把榴弹送出墙外消灭敌人，如果有敌人攻入大门，进入地下工事通道，则会被一座地堡机枪射杀，要是他们越过这座地堡，就可以引爆通道中的地雷，摧毁整个地道……总之，每种不测和意外都被考虑到了。

然而，固若金汤的马其诺防线在 1940 年 5 月德军入侵法国的时候却没敌可防，因为德军突袭比利时，翻越阿登山区，绕过马其诺防线，几天工夫就兵临巴黎城下，迫使法国投降。攻不下马其诺防线的德军却可以让法军总司令命令防守部队自己走出工事。

其实，戴高乐将军在 1934 年出版的军事著作《建立职业军》中就明确指出（1930 年的时候戴高乐也不可能不说话，只是没人肯听），单纯依靠修筑坚固的防线无济于事，唯有专业军人组成的机械化部队在航空兵的支援下实施机动作战，积极防御，才能有效地迎击来犯之敌。可惜法国人对戴高乐的军事思想不以为然，反倒是德国人仔仔细细研究了这本只需要花 15 法郎就能买到的书，并按照戴高乐的理论建立了机械化军团。

1939 年春，正在莫斯科疗伤的林彪就德国突破马其诺防线的可能性向斯大林和苏联元帅们谈道："如果正面攻打马其诺，防线才会起作用，战事结果可能会如诸位所料想的那样演变成相持战，时间会拖得很长；如果绕开防线，从侧翼作大规模迂回，兜击防线深远后方，马其诺防线就会毫无用处，战局也会很快明朗。"几个月后，希特勒就以行动证实了林彪的预测，而林彪之所以能够做出这样准确的判断，是因为他运用了毛泽东的军事思想。在向斯大林陈述完自己的观点后，林彪补充道："在中国苏区反围剿斗争中，我们红军经常使用这种战术。"

其实苏区第五次反围剿的失败正是"处处设防"策略的失败。

当今企业所需要面对的主要问题就是环境的不确定性和需求的个性化，因此我们不能再如传统企业一样去修筑坚固的"马其诺防线"，而需要建立"机动作战部队"，这是我们所要构建榕树型企业的根本原因，同时也是构建榕树型企业的根本目标——实现我们在导言中讨论过的"能力延迟整合"。

实现能力延迟整合，正是"泛产品"的重要功能。

下面我们看看如何通过泛产品履行一个订单？当客户在泛产品的引导下向网络联结生产系统（平台）下了一张订单，系统平台就迅速地激活生产该产品的一系列能力单元，也就是向相应能力单元下达工序生产作业指令，这就等于为这张订单"临时搭建"了一个虚拟工厂，专门用于履行该客户的这一张订单。因为是"客户专属工厂"，为客户生产出符合个性化需求的产品就不稀奇了。

但是，怎样才能在接到客户订单时快速搭建一个履行订单的"客户专属工厂"呢？大家知道，丰田生产方式讲究机器的"可动率"，我们要想在接到客户的个性化订单之后快速搭建出履行订单的客户专属工厂，就必须保证相应的能力单元处于"待命"状态。实际上，这是将原来为顾客准备的库存换作生产能力储备，而各能力单元的生产能力都是标准化的，至少是标识清晰的，能力单元的"人、机、料、法、环"都已经齐备，接到生产指令就能够立即投入生产活动中，并且，针对某种泛产品，这些能力单元已经能顺畅地联结，这体现了和谐生产方式"分离与调用"基本原理的三大主模式之一的"能力延迟整合"。说到这里读者也许会感觉很不习惯，其实这与福特流水线并没有本质的区别，这个由诸多能力单元的"顺畅联结"形成的客户专属工厂就相当于一条流水线，所不同的是福特流水线上千万次地重复生产同一种产品，而这条"流水线"是一次性的，"临时"的。因此，通过泛产品履行一张个性化订单如同完成一个"项目"。

为了在接到经过"泛产品"规范的客户个性化订单之后能够立即响应（现在可以明白，假如不经过泛产品的过滤和规范，将会接到大量需要重新设计的个性化产品订单，更不可能让生产系统做出即时响应了），快速履行订单，又需要做若干"前期准备"工作。这些工作分为两个层次：一个是在能力单元层次上，能力单元的能力标准化认证、标识与人、机、料、法、环对即时响应的保障，都是非常花工夫的事情（我们在本书"分离能力单元"一章中曾加以探讨）；另一个是在能力单元的联结层次上，也就是保障履行每种泛产品的个性化订单"顺畅联结"的联结模式的形成。在实际工作中，这两个层面的"准备"

又是在实际履行订单过程中通过纠错、磨合、改进逐步完善起来的。这些工作也是渗透在"泛产品"的开发过程中的。王甲佳在基于泛产品架构网络联结生产系统的时候，曾经被一些人批评缺少物料清单，实际上这样的系统不但管理物料，而且还要管理工艺、设备、作业人员，只不过以另一种形式出现而已（王甲佳称其为"泛BOM"）。将人、机、料、法、环诸多"资源"先行整合成为"能力单元"，然后再以泛产品为中介建立联结模式，搭建能力单元之间的"关系"，下一章我们将重点探讨这个"网络关系计划"。

我们已经看到，柔性制造梦寐以求的即时客户化定制在泛产品支持下得以轻松实现，本章一开始讲的包装行业案例中的变"接单—制造"为"感知—响应"、变出售产品为出售能力、变单体企业为网络企业就可以实现了。

泛 BOM——王甲佳的新视角

为更好地与网络联结生产系统开发人员交流，王甲佳还为"泛产品"赋予了一个"泛 BOM（物料清单）"的概念，这个概念作为一个新视角，对全面理解"泛产品"有很大的帮助。

下面是引述王甲佳的思考：

泛产品是客户需求与能力单元之间逻辑紧耦合、实体松耦合的产物，是业务运营的基础、前置条件和载体。逻辑的关联面主要是工序结构，也就是一个产品或者一组产品（套装产品）从订单确认到成品入库，再到客户仓库或者生产线，最后到客户的成品仓库的过程。这个过程里面的活动会非常具体化地得到分析，并且落实到能力单元。"客户需求—工序结构—能力单元"这个结构不仅是生产制造类的活动，还包括许多知识员工主导的活动，如图纸制作，以及模具加工商主导的活动等。这是一个基于价值链的设计，不增值的部分会被另外处置。

泛产品的另外一个特征是实体的松耦合，这主要是说，订单履行过程中的各个行为主体、利益主体及能力单元（它们三者更多时候是重叠交叉的）不一定要属于同一个投资主体，但是一旦有计划指令，它们就会按照预设的方式展开行动，好比预备役部队，平常会按照自己的节拍行动，有具体任务的时候会瞬时切换角色，这是从供应链管理者的角度来说的（榕树型企业仍然是一个组织，要比供应链成员之间的关系紧密得多。而且我对基于供应链管理的"云制造"前景并不看好——张西振注）。

泛产品不只是对产品构件及其参数的描述，在泛产品的属性中它们大约只占到 15% 的信息量。泛产品的属性结构是分层级的。除了通常的 BOM 类内容，还包括在它们兑现为实体产品时候，所需要的作业现场的活动模式与活动载体的详细关联，并以这个载体为中心进行输入与输出的边界定义，确定投入的人工与材料，采用具体的已经被论证有效的工艺方法等。知识生产与物质生产两种方向的活动都有相同结构的描述，在实际业务中知识生产与物质生产又是融合的。

泛产品在拥有了这些属性之后，才有意义。

泛产品在产品品类的结构设计上，需要不停地进行抽象，一轮又一轮地进行。每个阶段，都必须对一定时期里面新增加的产品与之前的产品进行比较，进一步"合并同类项"。特别是从基本材料、产品物相结构（一般为成型与结合方式）等方面进行抽象将更有利于实体产品的"计划生育"，同时不影响客户需求的满足。这个方面的追求类似于寻找化学元素周期表中化学元素一样，虽然没有那样的一个颗粒细度，但是实体产品抽象为泛产品的能力高低，实际上基于泛产品的实际地位，也决定了供应链（榕树型企业）竞争水平的高低。

对于 BOM，一个实际需要的革命是它已经不局限于具体的实物性质的物料构成，而需要将物料之间的关系（相当一部分是工艺方式）模式化之后视同 BOM 去管理，当 BOM 有了这些元素之后，又不是经典意义上的 BOM 了。可以将它命名为"泛 BOM"。实物在系统中越来越虚拟化，呈现出其信息的一面，信息除了描述自身的属性，更多的是描述既有的存量关系、状态及一定状态下的联系。

这是新一代信息系统与传统 ERP 在底层的区别与联系。经典 ERP 里面的 BOM 架构发挥了重大的历史贡献，但是辉煌属于大工业时代及大工业的遗老遗少。这个架构在迭代之后，MRP 也就捉襟见肘了，所以才可能诞生出没有 MRP（准确说是经典 MRP）也能做好"一竿子到底"的计划模式——基于泛产品的网络关系计划。

有人问："BOM 的假设不再是单纯的物料编码和工艺参数的属性，是否包含工艺方式上的动态搭配关系，以及线上线下的状态？"王甲佳回答："我确实就是这个意图！从经典 BOM 到泛 BOM 我们就可以将物料和工艺统一在同一个逻辑之下，这样就有可能将不同性质的生产要素进一步统一到时间刻度之下，以前 MRP 和 MRPⅡ不可能做到的事情（一步到位将任务分解到具体生产单位的具体班次的具体时段）就可以实现。"

"泛 BOM"之所以存在是因为当前及未来的业务变化速率已经远远高于我们所感觉到的。王甲佳说："我在江苏盐城工作的时候，当时所在的公司和另外一家电气企业谈并购之类的事情，我们去调研的时候惊讶地发现，它的产品已经 30 多年没有变了，就是做那种拉线开关，控制电灯、风扇之类。现在自然比较罕见，极偶尔可以在一些小餐馆的壁扇上可以看到改良了的拉线开关。这个企业在 20 世纪 80 年代到 90 年代初是非常红火的，一直没有考虑过如何对产品进行升级，这虽然是 20 世纪的事情，但是我们还是不自觉地做了大工业的遗老遗少，不自觉地被动地进行产品迭代，以至于一路滑到'多品种，小批量，紧交期'的运营旋涡之中。"

经典 BOM 应当追溯到福特生产方式年代，那是允许我们将时间维度以季度为单位、月为单位、周为单位进行交付的。现在不行了。所以架构网络联结生产系统必须果断以分钟为交付的时间单位。

泛产品的构建基础其实就是泛 BOM 的元素。经典生产方式之下，产品的内在工序关系、工艺活动可以通过较大规模的批量处理来完成，关系是相对静态的，现在已经没有那个条件了。现代生产方式必须整体考虑物料、物料之间关系、加工状态、成品化进程等因素，这样才能精确制导，引领订单按照一定的方式履行，将物料转化为符合需求的产品。

　　泛 BOM 将以前属于不同领域的元素进行系统思考，放置到一个较大的产业背景下去部署，就好像我们现在不能单纯地考虑农业问题，必须将农业、农村、农民"三农"一起来考虑一样。泛 BOM 支持了泛产品的构造，同时也确定了资源与能力之间的关系、能力与订单之间的关系、资源与实物产品之间的关系。泛 BOM 包含了经典 BOM，高于经典 BOM，这样新式的 BOM 与经典 MRP 的关系也就解构了。

广义泛产品

榕树型企业在实际运作中需要对泛产品的概念做进一步的扩展，将形式不同、发挥能力单元与客户之间"中介转换器"作用的事物视为广义的泛产品。这样的广义泛产品有：

（1）解决方案。

自从郭士纳凭着卖"解决方案"让 IBM 这只大象"跳舞"以来，"解决方案"成了最流行的商业术语。客户在商家的启发下，也开始意识到自己所需要的其实不仅是产品，而是自身问题的"解决方案"。很自然地，榕树型企业也是解决方案供应商队伍中的一员，并可能成为成功的解决方案供应商之中的主要力量。解决方案是解决客户问题的知识要素与物质要素的集合，并把旧的产品概念中的"产品"作为解决方案的组成部分。可以说，解决方案是解决客户问题的"完全产品"，而旧产品概念中的产品是"不完全产品"。

假如我开了一间面包房，因为面包做得好，所以吸引了很多顾客。这时候，一些顾客不但需要吃面包，还需要吃饼干、喝牛奶，但我不生产这些东西。怎么办？有人给我出主意，让我找这些食品的供应商，从他们那里进货或者外协加工，然后放在我的面包房货架上卖。这时候，我就从一个面包师变成了一个以面包为主的特色食品超市经营者了。我也学会了超市的经营方式，把我的主打产品面包的价格降得更低，用其他产品来交叉"补贴"。顾客都说我的面包质优价廉，更多的顾客上门来买面包和其他食品。生意越做越红火，其他面包房竞争不过我，也开始模仿我的经营模式了。这时候，我又发现，许多来买各种食品的顾客不懂得如何进行食品搭配，经常请教我一些营养学问题。我就抓紧时间学习营养学知识，针对妇女、儿童、老人等不同的顾客群体制定出了不同的食谱，还针对一些特殊顾客，如糖尿病患者、高血压患者制定出了特殊食谱。这时候，我就变成了一个食品"解决方案"提供商了。我在继续烤好面包的同时，利用我的营养学知识，为我的顾客选购质优价廉、符合他们需求的食品，并根据我的"解决方案"来完善我的货架。顾客只需要按照我的食谱，就能轻松地在我的食品超市里找到合适的食物。我的核心竞争力就从实物产品变成了知识产品。

可以看出，解决方案是客户需求与能力单元之间相关联的"中介转换器"之一，因此可以作为广义泛产品。

（2）"与客户共享的模式语言"与"课程表"。

我们可以把与客户共享的模式语言看成泛产品中更加柔性的形式。美国建筑学家亚历山大在《建筑的模式语言》一书中介绍了 253 个"模式"，"每一模式描述我们周围环境中一再反复发生的某个问题，接着叙述解决这一问题的关键所在"。他在每个模式中对"问题"的描述是我们这些作为建筑的普通"用户"的人所熟知的、一看就懂的，而"解决这一问题的关键所在"则属于建筑专业领域的。他把"模式"作为用户与建筑设计师交流的共同语言，让普通用户可以与建筑设计师共同讨论和设计用户心目中的建筑。

模式语言的条件、问题部分，是客户所熟知的、关心的问题，而解决方案部分则是关于生产、供应的知识，这与泛产品的内在机理完全一致，只不过模式语言是通过它可以让顾客直接参与泛产品的设计，而不仅是对泛产品的选择。等于把一些"知识部件"提供给客户，让客户有能力根据自己的实际问题设计解决方案、泛产品甚至实体产品。

直接参与设计实体产品就相当于 Dell 的预定机制了，这里请回顾一下导言中 Dell 的预定平台。当然，它让客户参与设计的支持体系是零配件和内置在网络平台中的逻辑关系，不是共享模式语言，而共享模式语言的应用范围更宽泛一些。通过 Dell 的案例，对理解借助共享模式语言由客户参与设计很有帮助。

Dell 预定系统还在不经意间触及了一个重要机制：通过"预定"把不确定的、分散的、个性化的需求进行确定、归并与结构化，使得供应商可以低成本地提供服务。这种机制在航空、火车、汽车售票制度中得到了充分体现，我们在 2005 年"发现"这一机制时就称之为"卖票论"。正是因为有了预定机制，不确定的、分散的、个性化的旅行需求就在"时刻表"的引导下归并到具体的航班、车次。这个"时刻表"也成为另一种形式的"中介转换器"。王甲佳把这个界面做了进一步扩展，开始为大客户在供应网络上建立"课程表"，以协调网络化供需秩序。"课程表"本来就是一个界面（中介转换器），一个协调教师与班级（学生）教学秩序的界面。每个班级的学生通过这个界面，才知道什么时候要上（或者可以上）什么课程，而教师则依据课程表安排自己的工作时间。其中"泛产品"可以理解为课程，为每个客户做的"课程表"等于班级课程表，而多客户"课程表"一并在一个供需网络上运行则相当于一个校级总课程表。

（3）内部泛产品。

迄今为止，我们谈泛产品都是和直接客户相关的，而作为榕树型企业内部对能力单元的支持系统，也需要按照相同的原理建立自己的泛产品，把一切服务都"泛产品"化，这样才便于按照统一的规则并在一个统一的信息系统平台上加以管理。

榕树型企业内部支持系统及各能力单元之间的相互支持，都应该采取内部订单的方式来处理，因此一定要把提供内部支持的任何"服务"都加以产品化，明确该项服务解决什么问题，所需调用的资源及内部价格。

即便是为实现某个独特目标的非重复性活动，也可以采用"解决问题订单"的方式把项目转化为一次性"泛产品"加以管理。

泛产品的开发

现在，你已经理解了什么是泛产品，以及泛产品在榕树型企业运营中的关键意义。下面就要开始具体探讨如何开发泛产品了——针对外部客户（供需网络上的客户）和内部客户（主要是榕树型企业的能力单元）提供产品、服务、解决方案等。开发虚拟产品要遵循如下规则：

（1）确定泛产品的客户和对客户的价值。

榕树型企业中的每项活动都要与一定泛产品相联系，而每个泛产品则必须找到自己的客户，也就是找到"买单者"。即便是为长期战略目标所进行的项目，也必须找到"买单者"，这个"买单者"当然可以是总裁、老板等，但必须明确，否则不能立项。无人买单的活动就没有增值，白白浪费宝贵的资源（当然可以拿出一定资金鼓励探索性的、不一定能够取得成效的创新，但这还是要有人买单的）。这条规则决定每个能力单元及能力单元组合向客户（本节中提到的客户包括内部和外部客户）提供的泛产品必须是客户真正看重的东西，并且要明确客户肯为这一泛产品支付什么样的价格。

进行客户价值评估的时候，有客户的直接参与是最好不过的了，即便没有客户直接参与，也必须对客户进行深入的研究，明确知道客户肯为这一产品付多少钱。为做到这一点，要求对泛产品进行测试：①性能是否满足或者超出客户的实际需求；②是否过分复杂；③泛产品的质量、功能、收益的差异是否能够让客户辨析。衡量的标准是客户满意度。

泛产品要做到"买进的是瓢，卖出的是葫芦"，提供给客户的必须是一个整体的功能。

（2）分解任务，并使任务相互衔接，每项任务都确定交付物。

分解完成该泛产品的任务，对每项任务也要确定其客户，确定输出成果。承担每项任务的能力单元除了完成任务，还必须负责把成果交付到自己的"客户"手里。

我认识的一位从生产一线工人成长起来的高管朱先明，我们曾经有一次关于"责任订单"的谈话。尽管语境上与当前我们讨论的问题不是完全吻合，我还是把这段谈话的记录一字不易地抄录在这里：

朱先明认为，每个部门虽然都划定了责任范围，但不是管好了自己的一亩三分地就算尽到责任了。这是因为，企业是一个有机整体，每个部门都不能脱离其他部门而独立存在。但这并不是说要这个部门的人去管那个部门的事，而是要像一个供应链上各个企业之间交付产品那样，切切实实做好工作（责任）的"交接"——不是自己认为一项工作完成了就可以了，也不是完成了自己这一阶段的工作后"从墙头上扔给下一家"就可以了。一个部门的每项工作（责任），一定是由"顾客"需求引起的，每项工作（责任）都要找到"顾客"是谁，谁需要这项工作的成果。如果没有人需要，做这项工作就是浪费。这就是"责任订单"的概念。

从"责任订单"的角度，可以推出三条责任管理原则：

（1）做好一件工作后，要主动向"顾客"交付成果。只有当你的顾客（可能是上级、下级、相关部门、公司的客户）检查并验收了你的工作，确认并接受了你的工作成果，才算尽到了责任。比如，机修部门修好了机器，就要向生产部门交接，经过生产部门检查并验收，才算尽到了责任。如果因为机修工没有交接，到了开机时才发现问题，导致停机，这就是机修人员的责任。假如经过交接验收，生产部门没有发现潜在的问题导致停机，就是生产部门的责任了。

（2）向另一个部门、岗位"请求"一项工作成果，比如，供应商下了一个"订单"，作为客户，自己要完成"跟单"工作，要想尽一切办法确保自己"买到"合格的产品。不能因为责任是别人的，就可以高枕无忧了，必须确保自己得到的是自己需要的、质量合格的、及时的。没有能力获得自己需要的成果，不关心"供应商"的成果交付时间、质量，不认真进行验收，就没有尽到作为"客户"的责任。

（3）每个部门和岗位必须对自己本职工作的结果负责。无论你的"供应商"给你造成了多大的困难，你首先要想方设法克服困难，把你的工作做到位，保证你的成果保质、保量、按时交付，这样才算尽到了你的责任。这时候，才有资格追究"供应商"的责任，不能因为"供应商"失职你就可以不对自己的成果负责。

（3）落实完成每项任务的能力单元。

把每项任务落实到现有能力单元。如果发现某项任务找不到能够承担的能力单元，则需要判定：

① 是否可以外包？

② 是否可以找到新加盟的能力单元？

③ 是否可以投资新建能力单元？

如果回答都是否定的，则继续判定：

① 任务是否可以改变？

② 任务是否可以撤销？

如果回答都是否定的，则继续判定：泛产品是否可以改变？

如果回答还是否定的，则说明不具备完成该泛产品的能力，应该放弃该泛产品的开发。

一旦确定了可以承担任务的能力单元，就要对承担该任务的能力单元人、机、料、法、环提出明确的标准，并按照此标准筛选可以完成该任务的能力单元，并把全部有能力完成该任务的能力单元录入信息系统。

（4）制定每项任务交付物的质量验收标准，实测能力单元完成任务的时间。

质量标准是与时俱进的，但要阶段性冻结，并对承担任务的能力单元和接收交付物的能力单元培训到位。实测能力单元完成任务的时间是为履行订单过程中运行网络关系计划所做的基础工作，下一章将详细介绍。

（5）制订尽可能直观可视的或容易检测的、"防呆"的质量控制方案。

同时明确异常情况下承担任务能力单元的求助对象与求助机制。

（6）选择或制定完成相应任务的最佳模式，以及为完成该任务所需要的数据、工具、模版、检查表、工作准则及支持专家。

（7）制订因"不可抗力"某能力单元不能按时完成任务时的替代、补救、缓冲方案。

（8）为该泛产品（也可以按产品族）配备产品经理和改进团队。

（9）评定该泛产品在产品族中的优先级，作为计划工作的基础。

（10）评审和发布泛产品。

第六步

运行网络关系计划

网络关系计划，是构建榕树型企业的"核心技术"，是驾驭榕树型企业的总缰绳，是榕树型企业的绩效之源。

作为为客户提供"感知—响应"式个性化服务的榕树型企业，其"能力冗余—响应速度"是一个矛盾统一体，这有些类似于 CPU 使用率与电脑响应速度的关系。

要想解决这个问题，要在把每个能力单元的"能力"标识清晰之后，首先需要明了每个能力单元承担某项生产作业活动的时间（速度），这是构建榕树型企业的基础工作；然后在网络联结生产系统中动态显示各能力单元的状态：占用、可用、不可用；还要对每个能力单元适时履行订单的情况进行显示与考核，作为随后分配订单的依据。

网络关系计划从 ERP 的"修正"路线变为"革命"路线，彻底打破了企业四壁，必将催生在网络社会具有极强生命力的新型企业组织——榕树型企业，或者说网络关系计划是榕树型企业的强大引擎。

网络关系计划，榕树型企业绩效之源

需求的满足经历了三个历史阶段，第一阶段是供少数人享受的高成本个性化服务阶段，相对应的是手工生产方式，通俗地说是"一群人专门服务一个人"；第二阶段是大众享受的低成本标准化服务阶段，相对应的是工业化大量生产方式，通俗地说是"一群人无差别地服务一群人"；第三阶段是大众享受的低成本个性化服务阶段，相对应的是和谐生产方式，通俗地说是"一群人'专门'服务一群人中的个体"。

在工业化大量生产方式取得决定性胜利之后，人们就开始了低成本回归个性化的探索。IT 技术为实现这一目标提供了现实可能性，而这一目标的实现则有可能把人们带入崭新的网络社会。这正是榕树型企业的历史使命。

然而，榕树型企业实现低成本个性化服务的可能性还不等于可行性，我们还需要回答如何实现低成本个性化服务的问题，也就是榕树型企业的绩效问题。这个问题具体表现为"能力冗余—响应速度"的平衡问题。

作为为客户提供"感知—响应"式个性化服务的榕树型企业，其"能力冗余—响应速度"是一个矛盾统一体，这有些类似于 CPU 使用率与电脑响应速度的关系。

要想解决这个问题，要在把每个能力单元的"能力"标识清晰之后，首先需要明了每个能力单元承担某项生产作业活动的时间（速度），这是构建榕树型企业的基础工作；然后在网络联结生产系统中动态显示各能力单元的状态：占用、可用、不可用；还要对每个能力单元适时履行订单的情况进行显示与考核，作为随后分配订单的依据，接下来就可以履行一个具体订单了。另外的任务分配依据还包括上下道工序能力单元之间的交接检查评价，以保证对客户承诺的圆满兑现。这个机制可以参看豆豆的小说《遥远的救世主》中的王庙村生产方式。

在网络联结生产系统接到一张客户订单之后，按照泛产品预置的能力单元联结关系所规定的能力单元类型，向各能力单元下达标有指定生产时间的生产任务，同时也向客户承诺产品交付时间。由王甲佳架构的实验性网络联结生产系统中的具体做法是，统一向客户承诺一个"一般性"订单履行时间，然后按照客户指定的具体交付时间确定最后一个能力单元的完工时间，再按工序逐个向前检查能力单元的可用时间，直到排出第一道工序的能力单元开工、完工时间。假如经逐个检查发现受某类能力短缺的约束，该订单没法按照客户要求的时间交付，则向客户说明该订单须延期或者不能接受。因为是随着接受订单即时排产的，因此向客户承诺交期与生产任务的下达是同步完成的。

这就是一个重要的计划过程，这个计划统一了基于各种资源（人员、材料、设备、已经承诺的任务等，也就是王甲佳所说的"泛 BOM"）的计划，形成一个单一的能力单元时间占用计划，这个计划的原则就是从假设的"一般性"订单履行时间为末端，从未来向现在进行能力单元可用时间的"追溯"，直到显示出既有情形下的冲突，然后再来解决这个冲突。事实上在之前没有引入这个计划模式的制造业企业里面，按照这个模式运行后，会发现有极多的"冗余时间"可以利用，大概占到 20%，也就是在几乎没有任何投入的情况下，现场可以为企业增加大约 25% 的产能。我们称这个计划模式为"网络关系计划"。

利用和谐生产方式"分离与调用"的基本原理，标识清晰的标准化能力单元可以履行个性化订单，客户的每张订单都是个性化的。但对于能力单元所接受的任务来说却是标准化的、规模化的，这是实现低成本个性化的根本原因。如何让网络内的能力单元达到高效率、低成本的"饱和临界点"，发挥整个供需网络的最大潜能，则是网络联结生产系统运营的重要任务和关键绩效指标。

经过对初步实践经验的总结，并借鉴冷链运输的成熟经验（徐纵纵，2005），通过网络关系计划的不断完善提高网络联结生产系统运营绩效主要方法有：

（1）强调整个网络中全体能力单元时间链作业纪律。每个能力单元都要做好对上道工序的交接检查与交付时间监督，按指定时间和质量标准完成本工序生产任务并向下道工序能力单元交付，听取下道工序能力单元的意见，一道工序服务好一道工序，确保向客户准时交付产品。

（2）以客户指定的交付时间为目标，倒排每个能力单元的生产作业时间、工序物流时间和交接时间，形成各能力单元的任务交付责任时间。

（3）网络联结生产系统实时监控每个任务的完成情况。

（4）对个别能力单元因意外原因无法按时完成生产任务或者无法承担既定生产任务的，要及时调整计划，变更承担任务的能力单元。对发生意外的能力单元进行后台支持和记录统计，并纳入考核评价管理体系。对于意外的处置水平将成为考核能力单元的最重要指标。

（5）在一个泛产品开发阶段，就要对相应能力单元完成生产任务和工序物流、交接时间进行实测，形成初始计划时间。在具体履行订单的过程中，要根据实际情况（如设备性能改变、工艺变更、作业顺序调整等）不断修正初始计划时间，保证每个泛产品计划时间的可行性和精确性。

（6）各能力单元在初次接受某泛产品任务的时候要留有时间冗余以应对可能发生的意外，在具体执行生产任务的过程中要持续改进自身的时间计划，并向网络联结生产系统申报更高效率的时间，以争取更高的时间利用率。

（7）网络联结生产系统作为各能力单元的共享信息管理平台，可以向各能力单元提供基于 MRP 逻辑的简易 ERP 管理支持（类似内部云计算），提供设备维护支持，以及提供其他管理包括人力资源支持，以确保各能力单元能够准时执行生产任务。

（8）在整个系统层面，根据经验数据设定（确保一定响应速度的前提下）整个网络的能力冗余度指标，并在运行中不断优化以降低这个指标，向"饱和临界点"持续逼近，以实现整个供需网络运营的高效率和低成本。

（9）在系统运营过程中不断发现某类能力瓶颈，及时扩充该类能力。

（10）对于具有关键约束力的稀缺性能力，要围绕该能力单元的时间节拍设定整个网络关系计划，确保该能力单元的饱和作业，并努力改善能力单元的产出，提升该能力单元的时间利用率。

（11）抓住影响整个网络生产秩序的关键大客户，深入客户的价值现场中，从客户的活动规律入手研究客户需求发生规律，发现其需求节拍，与客户约定可动态调整的"课程表"式自动感知—响应计划，不再通过客户下单环节确定需求。对于重点客户的重点产品，可以安排相对稳定的能力单元联结，以便形成真正意义上的专属工厂。大型客户甚至可以成为嵌入其供需网络的占主导地位的计划基准点。

（12）借鉴飞机票售票模式，形成不同能力单元的浮动价格机制，让客户的影响力进入满足客户需求的进程，实现生产与消费的高度融合，以充分利用各能力单元的冗余能力，同时对过分富余的能力还具有自动淘汰功能。

网络关系计划的突破，是从在特定流程上进行计划到在网络联结生产系统的支持下对"流程"本身进行计划；从过去的在"一个水系"的上、中、下游进行计划，到对一个"水网"进行计划；从为一个工厂计划众多客户订单的排产到为一个客户的订单计划众多能力单元为之快速组成专属工厂履行这个订单。

　　榕树型企业还有一个核心问题是分布式能力单元之间的网络物流筹划与对客户的及时配送问题，这是过去单体工厂所没有的新问题，也是关乎整个供需网络体系的运行质量和运行成本的一个很关键的问题。解决这个问题的基本思路仍然遵循时间链原理。

网络关系计划为什么能够存在？

计划模式是在与生产方式的交互中演进的，计划模式的演进一直是生产方式变革的核心内容。

源于福特制的大量生产方式的内在需求先后出现了库存订货点法、物料需求计划（基本 MRP）、闭环 MRP（除了物料需求计划，引入了生产能力需求计划、车间作业计划、采购作业计划、信息反馈等，形成了一个闭环）、制造资源计划（MRP-Ⅱ），直至衍生出包含了主生产计划、物料需求计划、能力计划、采购计划、销售执行计划、利润计划、财务预算和人力资源计划等多种计划的"容器"式企业资源计划（ERP）。如果把福特流水线看作一个隐喻，那么这诸多计划要实现的基本目标就是为这个有着众多支流的水系设置统一的节拍，实现步调一致的生产，用严密的"推式"计划保障水系的出海口——总装线平稳生产和输出。丰田精益生产方式则直接从这个水系的入海口入手，以终为始倒排计划，也就是"拉式"地看板计划模式——准时生产（JIT）。高德拉特的约束理论（TOC）以这个水系的"瓶颈"为着眼点，强调对系统的瓶颈资源充分挖掘和利用，以瓶颈资源为依据制订主生产计划，用瓶颈资源的生产节奏来推动整个生产系统的运行，实现高产出、低在制品及准时交货等主要绩效指标。应该说，围绕福特流水线这个水系隐喻，分别由上而下、由下而上或由中间瓶颈入手，形成了三大计划模式：制造资源计划（MRP-Ⅱ）、准时生产（JIT）和约束理论（TOC）。这些计划模式各有优势和不足，但都对福特流水线的完善做出了重大贡献，并在不同类型的生产过程中被分别应用甚至复合应用。

随着个性化需求与标准化生产矛盾的日趋激化，市场不确定性越来越强，小批量、多品种、个性化生产对福特制大量生产方式的冲击也日益严重。敏捷制造和供需网络的构想受到重视，组织一个由特定供应商和销售渠道组成的短期或一次性供应链，形成"虚拟工厂"，把供应和协作单位看成企业的一个组成部分，用最短的时间将新产品打入市场，时刻保持产品的高质量、多样化和灵活性，成为敏捷制造的最高理想。敏捷制造是基于虚拟企业的，它已经超越了福特流水线的范畴，但仍试图沿用和改造以 MRP 为主的传统计划模式，因此敏捷制造理论只能是从旧生产方式的土壤中生长出来的新生产方式的胚芽，它预告了一种崭新生产方式的诞生，自己却不是新生产方式本身。

和谐生产方式的实践，开创了一种借助信息化网络联结平台，将分布式生产能力联结为按工序分工的供应网络，从而实现用标准化能力单元履行个性化订单，解决大规模工业化生产与日益增强的个性化、不确定需求的矛盾，达到产销和谐、供需和谐。从和谐生产方式的探索之初，我们就自觉地把开发新的计划模式作为核心任务，并将其落实到信息系统中。我们把适应和谐生产方式的计划模式命名为"网络关系计划"（Network Relations Plan，NRP）。

网络关系计划即便具备了理论上的合理性和实践上的现实性，仍然存在一个不容回避的问题：在已有 MRP、JIT、TOC 之后，再整一个网络关系计划出来是否还有必要？要回答这个问题，就不得不将 NRP 与 MRP、JIT、TOC 等计划模式做一个比较，但又很不愿意做这样的比较，因为比较容易招致不必要的争论，因此这里也就不做明确的比较了，只谈谈网络关系计划之所以在众多计划模式中存在的几点理由。

第一，也是最根本的，是时代的变迁。个性化需求将越来越明显地影响到众多的行业，在这些行业中生存的企业将不得不面对这个现实（这个假设是广大读者的共识，不展开论述）。也就是说当今产业领域基本矛盾已经从物料计划问题转移到个性化需求与标准化生产的矛盾上来，这就迫使很多企业寻求低成本实现个性化服务的计划模式。网络关系计划正是多年来为解决企业的实际问题所进行探索的成果。网络关系计划的出现，把为解决各种矛盾、弥补各种缺陷而变得越来越复杂的 ERP 从基础逻辑上颠覆了，在新的基础上轻松解决了 ERP 费尽周折要解决的矛盾——其中最主要的是个性化需求问题与供应链管理问题。

第二，网络关系计划把以 MRP 为主体的主生产计划、物料需求计划、能力计划、采购计划、销售执行计划、利润计划、财务预算和人力资源计划等 ERP 计划箩筐内的各种计划统一起来，形成单一的多功能计划体系。拥有不可比拟的简洁性。通过基础的重建使企业信息系统从复杂回到简单，甚至让一些专业人士感觉"没有技术含量"。

第三，与第二条相关，网络关系计划改变了 ERP 肇始的把企业信息系统变成多种模块的"容器"，使网络联结生产系统成为一个有着统一内核的、简洁的、可生长的企业或供需网络信息系统。因此信息系统从管理的"容器"变成了经营的"武器"——有人认为这是网络联结信息系统的一个弱点，不像现在常见的管理软件那样有几大模块。这是因为没有必要再弄一大堆模块来实现各种功能，譬如 CRM 的大部分功能就潜藏于"泛产品"之中。

第四，网络关系计划吸收或者包含了 MRP、JIT、TOC 的长处，又消除了它们的短处，而且这种统一不是"联邦制"的统一，而是"共和制"的统一，以网络关系计划为内核的生产系统有很强的"鲁棒性"，可适应较差的管理基础，并支持管理的持续升级。

第五，网络关系计划从 ERP 的"修正"路线变为"革命"路线，彻底打破了企业四壁，必将催生出许许多多个在网络社会具有极强生命力的新型企业组织——榕树型企业，或者说网络关系计划是榕树型企业的强大引擎。作为对个性化需求的主题性"感知—响应"支持网络，将会受到客户的普遍青睐。

我们相信，网络关系计划还不是完美无缺的，但它是迄今为止"最不坏"的计划模式。

"分布式"还是"集约化"

网络关系计划的概念提出之后，在网络上引发了一系列争论，并把对网络关系计划的认识逐步引向深入。

有网友认为，随着信息技术的发展，会推动企业向集约化方向发展。网络关系计划不但没有朝这个方向前进，反而走向分布式生产，这不符合集约化的"进步"方向，是一种倒退。

我对这个问题的回答是，社会发展，具体到产业社会的发展，是遵循否定之否定规律螺旋式上升的，农业社会以分布式为基本特征，工业社会以集约化为基本特征，而网络社会则是"分布式—集约化"的，这是因为网络社会的底层技术支持"在分散的基础上集中"，因此有条件"捞取"分布式和集约化两个方面的好处，并克服两个方面的弱点。"云制造"的基本精神与网络关系计划的努力方向是一致的，我想这个"方向"之争已经有了定论。而且，我还认为，以网络关系计划为内核的和谐生产方式比当前的云制造方案更加简洁、实用，榕树型企业作为云制造的一种落地方式是前景广阔的。

王甲佳为此绘制了一张表格，来展示人类历史上生产与消费关系的演化路径。

生产与消费关系的演化路径

生产与消费的特性关系	所处的经济形态	说明
分散生产 分散消费	自然经济	生产单位和消费组织以家庭为核心，两者合一
集中生产 分散消费	手工业经济 原工业经济	生产超出生产单位自身需要，生产成为生存手段。经济形态没有根本变化，交易范围不够大，以有限地理区域为主
集中生产 集中消费	大工业经济	生产以流水线方式为主，消费以分销模式为主，交易范围为国际
集中生产 分散消费	后工业经济	生产以流水线、单元化为主，消费开始"严重干预"生产，个性化需求勉强满足
分散生产 分散消费	网络经济	生产单位最小化，消费与生产融合，但是主要不在同一个单位中进行。通过网络来联结

王甲佳对集约化与分布式问题做了如下阐述：

在企业的业务领域，已经开始发生如下的变化，这个变化的加速度惊人。不出几年，和眼下的情形相比，一定面目全非。

（1）业务的粒度。业务是基于最小粒度进行组织的，最小粒度的含义为介于工艺原则和工艺动作之间的工艺活动。活动存在于加工制造领域、客户服务领域、供应商服务领域及内部管理支持等方面。事实上覆盖了企业整个系统。

（2）业务的组织方式。业务按照不同类型业务逻辑进行组织，订单履行过程按照项目化的时间链来进行；研发、客户服务等按照项目方式进行组织，强调知识积累与持续分享。

（3）业务的边界。所有业务都是跨组织的，这个系统同时是一个行业（或大或小）订单与作业管理的 SaaS 平台。业务按照自身的基于没有组织边界的规律进行受控运转。业务的边界在于价值链的长度，不在于核心组织的宽度。

（4）业务的不确定性。一方面，既有业务随时会发生适应性演化，如物流业务由唯一的出发地点变成多个出发地点而引起的变化。另一方面，由于未来业务变革及创新而产生的新业务，现在还难以确定它的轮廓。如未来有小型设计工作室、设备维保这样的机构进入系统，承担分工任务。需要将这些业务通过对活动的定义、活动组织方式（策略）的定义，形成业务闭环。

因为变革所需要的管理活动随需应变，如对能力供应商的评价则由活动属性描述、活动数据采集、活动评价策略等组成。提供自定义的功能，如成本的计算策略可以设计多种数据采集模式，供财务系统调用。

（5）业务的逻辑与计划。未来业务逻辑是基于最小化的活动粒度，最大化的价值链价值呈现而展开的，资源的匹配主体在核心组织之外。计划的落脚点在具体承担活动能力单元的具体时段，而不是其他类型的管理组织、车间、班组和班次。在业务订单确认后，计划需要即时产生，并同步到各能力单元。计划就是基于泛产品的即时网络关系计划。

（6）业务所需物料与资产。业务动作分布式部署后，物料与资产的管理为匹配的能力单元所负责，在系统中处于次级管理地位。物料通过库存策略与采购策略进行控制，资产管理依赖于能力管理。

这些变化，已经在如火如荼地进行着，部分领域甚至已经完成了迭代工作。

伴随着业务的变化，当前以公司制为主体的企业组织形态也在发生变化，"经典意义上的公司将逐步消失，公司的价值将只是一个基于税制的财务组织，社区、社群及家庭将成为经济力量的主要组织方式，个人成为经济活动的核心力量"，我们所熟悉的组织将具有新的特性。具体来说是这样几个方面：

（1）组织的类别。组织分为业务组织和财务组织两种类别。它们互相交叉，为不同的工作逻辑所控制。财务组织是为了出账而设计的法人组织，由若干个结算单位组成。业务组织有两类，一是为业务价值链而存在的各类能力单元，它们直接创造价值，二是由一个或者多个能力单元所组成的管理单元，它们为直接价值创造者服务。组织是演化的，在基于组织组分最小粒度的前提下，以"标签"方式进行归结，如之前的一个部门的一部分被重组为另外一个部门。只需要按照时间区间"打标签"，启用新的策略来采集数据，并切入新的组织体系。能力供应商与客户自然成为系统的组成部分，并履行其工作，归属于不同的法人组织。

（2）组织的细分。业务组织包含能力供应商、材料供应商、装备供应商、能力管理单元、计划管理组织、销售团队、研发团队、服务团队、管理与业务支持团队、合作伙伴等。

（3）组织的利益。组织的利益通过价值链活动来体现，参与价值链活动的各个组织分别按照交易费率获得收入。核心的法人组织往往就是平台的服务者，它的利益通过业务流量的费率获得。

从组织的变化趋势及未来的形态来看，分布式还是集约化，事实上已经不再是我们关注的主要矛盾，或者说，它只是"马其诺防线"的内部矛盾。这一点非常重要，也是网络经济为什么被催生的终极原因。集约化的实体意义将被锁定在单一能力单元内部，集约化的逻辑意义将体现在价值链的韧性与投入产出比上。现在及以后，分布式的含义也只是地理上的区别，远隔千山万水的资源被异地指令瞬间激活或者响应已经是一个不需要当作话题的话题了。

并行、串行与插单问题

在对网络关系计划的争论中还有一个重要问题是订单的并行、串行问题。

表面上看这的确是"网络关系计划"的一个"硬伤",但仔细思考,这的确是已经解决了的问题。基于网络关系计划的网络联结生产系统对订单是随到随排的,而且总是一个一个去排的。这是我们一贯坚持的"一次砌好一块石头"的原则在计划模式中的体现,这是因为无论订单多么集中,总是有先后的,只要把时间单位进一步化小,就不存在真正的"并行",而 IT 技术擅长这一点。这样一个订单一个订单排下去,整个网络中的能力单元的"时间"就被一点点地占用(要控制一定的使用率,保留一定的时间冗余,以便维持网络的响应速度,怎样以最小的冗余获得最快的响应速度,则是基于网络关系计划的运营水平的体现)。

王甲佳对这个问题进行了更细致的解答:

网络关系计划强调的时间链是以时间作为活动的主轴来主导活动的进程,任何活动都由小段的时间构成,全部活动则构成一个时间链。

以时间链为主导,将对计划提前期的概念做出重大修正,即并不存在某个确定的提前期。因此提前期在时间链计划中没有特别的含义,例如某个订单必须在某段时间内完成,企业要做的话,不是按以前的提前期来计划,因为按提前期来做,可能达不到要求。在时间链计划中,企业必须从策略上做出改变,以满足时间链节点时间的要求。这样的策略包括拒绝超出自己能力的订单,大

189

量调用外部资源。总之，为了满足时间链的要求，企业可以用一切手段保证时间链的稳定。

（1）任何活动所占有的资源量、资源状态及活动时间需要准确计量。

（2）并行活动和串行活动要有明确界定，为缩短时间链长度，并行活动是必需的。

著名的信息化博客博主在评价时间链的时候，进行了如上的细致分析。事实上在单体企业那里，它是永远存在瓶颈的，也就是说很难保持独特的韧性，客户的需求在多次因为你的能力限制而被拒绝后，企业很有可能拿不到更充裕的订单，但是在供应网络中按照时间链的逻辑来设计，将可能产生近乎取之不尽、用之不竭的加工资源，这确实是我的兴奋所在。

我们通常会将供应链计划等同于采购计划，因为在事实上只是关注了一个"黑箱交付"，也就是说，是向供方提出要求之后，按此要求收货，丝毫不关心在供方内部是如何履行的。这是一个非常严重的问题，由于在订单履行过程中，供方的作业过程不可见，如果透过其他众多的间接条款来控制它，就会形成过高的交易成本。我在仔细地分析了时间链的计划特性后发现，基于单体企业的时间链计划完全可以扩张到供应链管理中，也就是说，在具体的订单履行上，我们可以将供方的内部作业视同发包方的内部作业一样进行监督和控制。这是符合各个主体利益的。

在时间链计划的操作细节上，我们还必须看到一个事实，就是一个订单在整个实现过程中，本质上就是对每个能力单元的"小段"时间的占用，我们不仅要把这些占用的时间进行"矢量连接"，还需要保持大批订单在运转过程中的节拍和谐。这就需要我们在"预置"上下功夫，将来自不同客户不同产品的不同需求，按照能力单元的供给规模进行供给周期设计，将外部的高度不确定性通过这样的秩序与内部的确定性连接起来，达到一个"外圆内方"的效果。

依据时间的不可逆性，从逻辑上看一个产品的实现过程一定是串行的。串行是产品实现过程的元逻辑，并行是工序级的工作诉求。时间链的启发源泉之一是高德拉特在《关键链》一书中描述的"关键链"，有兴趣的读者可以再翻翻这本书。按照产品实现过程的工艺路线，网络关系计划会按照实际的工序作业秩序（工序并行、串行混排）进行任务分配与广播。

在很多没有通过网络关系计划整顿的企业里面，事实上存在着大量具备并行条件但是实际上处于串行状态的业务过程，时间链恰恰成为将串行改并行的重要工具。当然这个改变并不是工艺性质的改变，而是根据前置或者后置活动的模式来改变这个活动的状态，甚至性质。比如，很多时候我们最后拿到订单的时候，其中的大部分需求已经在相当长的时间之前确定了，这些早已确定的需求，就可以提前让相关能力单元做准备，从而实现并行。网络关系计划的价值之一就是在这些方面的解析。

还有一个争论的焦点是关于大客户的急单、插单对系统秩序的干扰问题。

"大客户"是系统秩序的稳定器，但也可以成为系统秩序最大的破坏者。关于这一点，实践积累了深刻的教训和成功的经验。因此，对于所服务的大客户，一定不能"被动接单"，而要主动研究大客户的"活动"规律，总结出动态需求发生规律，形成可供双方遵守的"课程表"。这样，对于大客户就不需要设定"优先级"，而是直接占用相关能力单元的时间段。这是网络关系计划的一个有机部分。

而"急单"问题就简单多了，因为订单占用能力单元是倒排的，无论能力单元是否空闲，都不会安排提前生产，而是恰当时间的生产。这就保证了下单的波动性不直接影响生产的平滑性，同时也保证了早到订单的成本最小化。而随后而来的订单只能寻找能力单元的时间空挡建立自己的"虚拟工厂"。这样每个单子都是急单，也都不是急单。同样的单子下单前后成本就有可能不同，如果把这个因素体现在价格体系中，则可以对订单起到自发的调节作用。这个系统也是允许插单的，插单不过是让系统重排尚未履行的能力单元占用时间而已，但插单是有成本的，这个成本应该由客户承担，也就是让客户知道，除非必要，不要插单。和谐生产方式中预订机制是一个重要机制，而插单不能是常态，不应受到鼓励。

王甲佳对这个问题提出的解决方案是：

大量的急单、插单问题，首先要考虑它们的源头是哪里？如何消除？也就是要通过练习去改变环境。关于大客户订单的优先级处理则转化为它对能力单元的占用时长估算。

对于具体企业来说，我们在供应链上的角色，不会因为是供应商而逆来顺受，也不会因为是客户而趾高气扬。一切都以尊重各环节的基本规律和客观环境为前提。

在企业实际运行体系中，大客户与急单、插单的矛盾其实是相对的。很多时候我们对大客户持放纵态度，这样造成了内循环的不平衡，我们会眼睁睁发现急单、插单在增加。下面举例说明如何解决这类问题：

例 1：一个合金生产企业的计划体系改良建议。

（1）分析不同系列产品（最终要分析出所有细分产品系列）的能力单元经济产出批量。包括客户要求的安全库存量、实际发货量、客户生产线（客户能力单元）一个生产周期（一天）的最大消耗量；包括后道各个工序的最低生产批量（生产起点，如不少于 500 个单位起步）、最大批量（综合能力来看，最大的生产量极限，以不影响特定能力单元被某一单占用过长而影响其他订单、不增加"额外"库存为测量标准）、前道的规模批量（比如一个熔炉的最少批量是500KG）；还有采购的最小批量、最大批量，等等。

（2）销售内勤、六个制造公司乃至客户、供应商的计划节拍特性。比如销售内勤是确定好订单信息之后就立即传递给制造公司，还是每天集中几个时段输出，制造公司向另外的制造公司采购的"订单"输出的规律，供应商在我们的采购订单落实后进入它们第一道工序的时间间隔，客户仓库收货后发给车间的时间间隔，等等。

（3）一个制造公司内部订单分解、任务分解、任务分配的基本策略。这些策略包括为什么这样的产品选择那样的能力单元，而且还一定要绑定这样的操作工？来料的预见性与实际来料的差异，能力单元的均衡生产保障方法，异常情况下的处理预案，等等。

例2：王甲佳对一个大客户的业务改良。

这个大客户是温州排名前列的电气企业，一个月的需求是 20 万~30 万只瓦楞纸箱，当时已经进行了包装整合，包装材料的规格已经大规模减少了，但是产品交付不及时，急单、插单比例在 20% 以上，客户不满意，生产部门更是叫苦不迭，对其他客户订单的交付一样也造成了严重影响。

具体的改良措施为：

（1）将大单改成小单。如例 1 的第一条所说，分析某一品类在各个环节的经济产出批量之后，再评估实际订单的情形。对于平均订单量为二三百只纸箱的车间来说，来了四万只的订单，那可是意外的惊喜。我们果断地将这类订单的单次生产批量的上限定义为 9999 只，大致相当于 6~7 天的需求量，减少对关键能力单元的一次性占用时间过长，为其他订单留出时间，同时在流转空间、其他工序的能力占用上寻求平衡。解决大客户的大单是整肃现场秩序的重要任务，也就是"擒贼先擒王"。

（2）将产品按照需求节拍划分为四种类型。分别安排一周生产一次，两周生产一次，三周生产一次和随机生产一次（完全按单生产，一个月内 1~2

次），让生产现场形成规律，借此在几乎完全订单化个性化的前提下，变安全库存为"移动仓储"，每周的实际生产量按照 S&OP（销售与运营计划）的法则进行动态运算。

（3）各能力单元作业规律透明，互相尊重。

（4）逐步将现场的计量单位统一，最终统一为时间。

网络联结生产系统
——运行网络关系计划的信息平台

和谐生产方式研究与榕树型企业构建方式的探索，一直与这个被我们称为"网络联结信息系统"的信息平台开发联系在一起，这个系统每天的运行都在无声地验证着网络关系计划的合理性——如果这个计划模式不合理，则依据该计划逻辑架构的信息系统不可能在实际业务中持续运行。

前些天有朋友问是否可以在没有相应信息系统支持的情况下架构榕树型企业。我想，原则上不能说不可以，如果你架构的榕树型企业关系足够简单，手工计划也是可以做到的。但是，手工计划的结果可能是"被迫"将关系简单化，而不得不赋予能力单元更多的"职能"，从而使榕树型企业滑入供应链管理的老路上去。

目前市面上的确还没有完全满足榕树型企业建立信息平台的商品化软件，但已经比王甲佳开始构架网络联结信息平台的时候情况好多了。据我所知，目前国内至少有几家软件企业在朝着这个方向努力，并且已经取得了阶段性成果。目前也有一些开发平台类软件支持企业自主开发，由于有了王甲佳在架构原型系统过程中积累的经验和总结出来的基本原则为参照，就算再有企业自主开发这一系统，也不用重新摸着石头过河了。当然，并不是在榕树型企业构建之初就要有网络联结信息系统，在心中装有榕树型企业清晰愿景的情况下，甚至都不需要宣称自己是在构建榕树型企业，只需要一次砌好一块石头，等雏形显现出来的时候，业务需求"倒逼"过来的时候，再上信息系统也不迟。或许，那时候已经有成熟的商业软件或者更适用的开发平台可供选用，或者会出现针对榕树型企业的云服务供没有经济实力上系统的企业租用。

下面介绍王甲佳架构的网络联结生产系统原型。网络联结生产系统的基本结构如图：

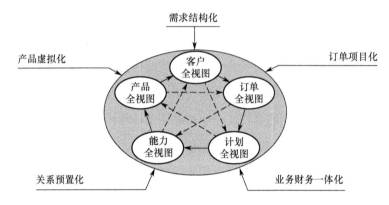

网络联结生产系统的"五化"关系图

根据系统总架构师王甲佳的描述，这个系统的构成要素为"五化"：需求结构化、产品虚拟化、关系预置化、订单项目化、业务财务一体化。

需求结构化：需求是客户对自己相关活动的物料、服务支持。包装用户的需求规律是与其产品制造活动、仓储运输活动、市场销售活动直接关联的，同行业包装用户的需求结构具有"产品家族"类似性。我们将这种关联加以抽象，内置于系统中，让看似杂乱的需求具有让供应商可以把握的规律。

产品虚拟化：不管是否为定型的产品，都可把行业内各种工序能力加以梳理，一种类型的能力就是可以完成某种工艺活动的人、机、料统一体（能力单元）类型，几十种类型的能力单元建立起不同的组合关系，就成为一个个临时流程，可生产出不同类型的产品——我们把这种标识生产能力与订单相匹配的概念产品称为"泛产品"。

关系预置化：泛产品在让个性化需求与标准化能力单元相匹配的同时，还是履行个性化订单的关键知识积累的载体。而履行每个具体的客户订单，除了首先与相应泛产品匹配，找到相关能力单元组合模式，还需要根据订单的具体特性选择最佳能力单元组合，这些具体的能力单元组合与客户的个性化订单匹配（包括针对一个客户个性化订单的机器匹配、熟练工人匹配、作业模式匹配），就能形成完全满足客户个性化需求的即时客户化定制能力。将这些已形成的匹配关系再预置到系统中，就使系统成为大批客户的"专属工厂"。

订单项目化：具体履行一个订单，等于组织相关能力单元执行一个项目，要具体安排每个能力单元的能力时段，基于预约的负荷水平进行任务确认并执行任务。同时预置多种异常模式下的响应方式，以保证订单履行的正常秩序。

业务财务一体化：根据作业成本法，系统可以即时计算出履行每个订单各工序的人工成本、材料成本、固定成本等，可以完成平台与各能力单元之间的即时结算，基于这些数据，可以便捷地对供应链中各个法人单位进行财务数据提供与分析。包括具体能力单元的利润水平、客户的价值贡献、平台运营商及供应链管理者的赢利水平等。

客户需求的结构化本质上是要落到具体能力单元的具体活动上的，否则不可谓结构化；产品的虚拟化是对一个"固化"关系的描述，包含了多层的产品属性，最为重要的是工艺活动的属性与工艺活动承担者的属性；关系预置化是对虚拟化的再落实，它根据历史的经验值测算出能力单元具体承载哪些泛产品的具体转化任务。这些经验值除了对实际能力与需求的匹配，还有一个规模经济的批量与需求批量的耦合，它是 S&OP 的细化与操作性保证，所有预置过的关系是通过论证评估的，完全可以信赖的，可以按照契约进行激活的，同时在可预知的多种异常模式下可调度的。

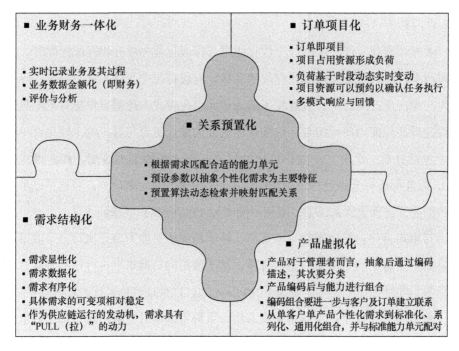

网络联结生产系统以"关系"为中心

需求结构化、产品虚拟化、关系预置化这 "三化"以"泛产品"为中心，一起构造了订单履行的基础。而订单项目化则是一个"激活"动作，产品的数量和参数做了调整之后，立即按照契约驱动各个能力单元进入待命状态，"先头部队"则立即展开行动。订单项目化的核心是时间链，时间链是基于网络计划基本思路设计的，每个能力单元所承担的各种工艺活动所需要的流转时间、准备时间、作业时间已经在基础数据中预置了，时间资源在计划驱动后立即成为刚性的控制指标。

业务财务一体化则是基于商务交易依据、法人利益测量、雇员绩效考察而展开的业务数据"自然"加工的过程。因为有了最原始的、最小粒度的基础数据，任意策略下的财务工作将是有秩序的、简便的数字运算。

第七步

设计分配机制

不同型号的打印机需要不同的驱动程序。榕树型企业作为企业家族中的一个新"物种"，也必须设计新的分配机制来驱动其运转。

分配机制的设计不但关系到榕树型企业成员的积极性，也关系到榕树型企业的凝聚力。榕树型企业将能力单元分离之后，信息对称性降低，分配机制的设计更担负着激励能力单元维护整体利益的使命。作为榕树型企业的知识资源基础的载体——专家团队的分配问题也是比较新颖的课题。

本章专门探讨这些既敏感又棘手，但又不能回避的问题。

"坐地分赃"

沈善增先生写过一篇《"乱"字考》，他认为象形字"乱"描绘了"分配的场面"，"乱"的原始意义是"分配权"，帝王拥有"乱"权，官员拥有"治"权。"乱"权是最高权力，任何人不得觊觎，否则就是"犯上作乱"，是杀头之罪。于是"乱"字又派生出"动乱"这层意思，今义是"动乱"及其引申义。

> 金文"🐾"中间的"8"，如金文🐾（卿）字中间的"食物"，如金文🐾（畜）字上部的"谷物"，可视作象形一般的物品。中间的一横，应表示分割。上下两只手，中间是被分割的物品，周围是众人或代表众人的众器具，这不是分配的场面吗？而分配权，不是由一个社会组织的首领才能拥有的吗？
>
> 而"亂"字，不过在"🐾"旁加了个"乙"字，是象形一个大人。在"🐾"字中只出现了正在进行分配的两只手，到"亂"字中就整个身体都出现了。一个是特写，一个是全景，都是分配场面的象形字。所以，"乱"的本初义应该是分配权，君主的专有权。

沈善增《还吾老子》一书截图

"乱"字的古义说明，自古以来分配就是一个组织最重要的事情，只有组织的首领才能拥有。甚至可以理解为，如果分配问题解决不好，组织就会发生混乱甚至分崩离析。一位国内知名企业家说：做企业就八个字——"拦路打劫，坐地分赃"。本书前面所讲的算是"拦路打劫"部分，现在谈的这个分配问题，这个"乱权"，就是"坐地分赃"的学问。

如果说分配问题对任何企业都非常重要的话，那么对榕树型企业来说就尤为重要。我们知道，榕树型企业的"资本纽带"并不占主导地位，是一个聚集的有机体，如果分配机制设计不好，不同资本主体的能力单元就难以聚集；如果分配机制执行不好，聚集起来的能力单元也会四散而去。

在榕树型企业中，资本已经不再享有绝对的控制权，部分资本甚至大部分资本由能力单元所有者分散持有，并且不像股份制公司那样把分散的资本汇集成为一个虚拟整体，很多时候平台经营者被称为所谓"轻公司"，即实物资产很少的公司、虚拟企业等。而榕树型企业的生存、发展是由"资本""知本""劳本"（有时候一个劳动者就是一个能力单元）和加入供需网络的具有全新意义的"消费者"共同合作决定的，因此再由"资本"担当组织的"君主"掌控"乱"权已经不合适了。何况"资本"贪婪的天性很容易对已经结成的网络造成毁灭性破坏。

不同资本主体能力单元之间的利益冲突会导致已经建成的网络快速崩溃。如果把因市场疲软以显得不足的订单完全归于自有能力单元，可以暂时提高资本收益，但市场好转、订单激增之后想再次结网时，"外部"能力单元已经不会"被忽悠"了。

既然榕树型企业的分配权不能完全交给"资本"代表者，特别是不能完全交给经营平台的"资本"代表者，那么是否可以交给管理团队？法国政治家克列孟核·G 说过："战争太重要了，不能完全由军人决定。"我们也有理由说，分配权太重要了，"完全不能"由职业经理人决定。如果由职业经理人决定分配，就是集"乱权"与"治权"于一身，可以想象，这样做的后果还不如由"资本"专权好些，因为稍有远见的"资本"代表人多数时候要维护系统的持续运行。因为这与资本的长远利益息息相关，而委之于职业经理人，其立场结构已经决定了他们会怎样做。

无论是代表"资本"的"君主",还是作为职业经理人的"宰相",我们也不能完全把希望寄托在其远见、自省、道德水准之上,就像那个"分粥"的故事那样,必须依靠一种机制。

我们需要给"资本""知本""劳本"和"消费"一个磋商、谈判、争吵、妥协的博弈机制。在一个制度框架内把各方利益摆到桌面上(这个制度框架尚需实践者共同探索),在与贡献相权衡的基础上形成大体公平的分配方案,在出现不平衡的时候大家能够再回到会议桌前来进行新一轮磋商,而不是"不行就不玩了"。要形成一个各方认可的框架性的以利益分配为核心的"总协定",大家都在这个框架下博弈,为自己争取正当利益,而不做"硬把橡皮筋扯断的人"。

在榕树型企业开创并有了一定起色之后,多样化的能力单元、多元化的利益主体出现在榕树型企业之中,经常会出现变幻莫测的历史性变故,各种利益主体都有争夺控制权——特别是"乱权"的冲动。但是一旦经过反复博弈、争斗、妥协,形成一个稳定的利益格局之后,各方又会在很长一段时间内相安无事。多数情况下,也会出现一个相对的权威,其因为对榕树型企业的发展做出了决定性的贡献而被大家认可,这个"盟主"可能是"资本"或"知本"代表者,甚至也可能是"消费"嵌入榕树型企业中而获得主导话语权。譬如消费者组成消费合作社/联合社,这完全可以作为榕树型企业"产权"与"治理"结构的一个选项。不推荐榕树型企业构建者选用过分强大的能力单元,以免尾大不掉,成为榕树型企业发展的破坏因素。整合如广东温氏的养鸡户那样大量的小规模"能力单元"是最理想的。

共同认可的"总协定"成为榕树型企业各利益主体的固定参照点,大家围绕总协定组织工作、维持关系、保护大家的共同利益。在一定时间内,总协定是权威的、固定的，是榕树型企业的"宪法"，是轻易不能改变的。事实上，任何试图改变总协定的行为，都会被依赖于榕树型企业的人看成对共同利益的破坏。在榕树型企业的成长发展期，客户处于不断增长的态势，大家的利益也会不断增长，大家遵守共同规则并无困难；相反，出现个别违规行为还会受到各利益主体的自发制止，监督成本会很低。问题会出现在成熟期、衰退期等转型环节。

评价"分赃"是否合理的标准，既不是公平优先，也不是效率优先，标准只有一个，那就是"可持续"。与任何生命有机体一样，榕树型企业的可持续生存与可持续发展，是评价分配是否合理的"唯一标准"，其他都是二三级标准了。

分单与工序任务定价

榕树型企业的分配问题，集中体现在接到客户订单之后向各能力单元分配订单的环节，这个问题在传统企业中并不存在，是榕树型企业特有的问题。

分单环节最容易出现的问题是厚此薄彼、亲疏不一。任何企业的订单都不会是一直均衡的，吃不饱和吃不了的情况都会发生。一般说来，供需网络越大，订单的均衡性就越好，就像电网越大，负荷越趋于均衡一样（这是榕树型企业与单体企业相比较的优势所在）。但即便如电网一样巨大的网络，也不能确保完全均衡。特别是当订单不足的时候，就非常容易出现掌控接单平台的企业对自有资本的能力单元与其他资本主体的能力单元不能一视同仁的情况，形成亲生儿子与上门女婿的区别。

"区别对待"的另一种稍轻一点的表现形式是把"好做"的订单与"不好做"的订单分配给亲疏不同的能力单元。这个问题比较"灰色"，也容易用许多冠冕堂皇的理由加以掩饰，但长期如此，吃亏的能力单元是会感觉到这种不公平的。

这种"区别对待"对榕树型企业来说是致命的（切记！切记！），为此日本管理学家大前研一在他的《创意的构想》一书中主张网络平台运营者不应该拥有自有资本的能力单元（原话是"中立无所属的网络"），这是一种釜底抽薪的解决问题的思路。但我认为，网络平台运营者是否拥有自有资本的能力单元还不是解决问题的关键，因为即便所有能力单元都由其他资本主体投资，没有良好的机制保障也不能确保对所有能力单元一视同仁。或者反过来说，如果有良好的保障机制，即便平台运营者拥有自有资本的能力单元，也能够做到一视同仁。何况为了补充可整合能力单元的不足，运营平台不得不对某些瓶颈能力单元进行投资。

造成榕树型企业接单分单平台分单不公平的还可能不是"资本"的意志。作为君主专有的"乱权"也好，作为榕树型企业最重要的"开关权"也罢，最终实施和体现这些权力的并不是规则的制定者，而是具体的执行者。在分单问题上，真正能够操纵订单分配的很可能就是一名低薪的计划员。如果我们不能在榕树型企业构建阶段就设计出良好的对策，这个职位很可能会成为一个"肥缺"，并且还需要付出很贵的"腐败"与"反腐败"成本。

解决这个问题首先需要制定明确的分单规则。第一，在开发泛产品的时候，就明确定义每个分解出来的任务（工序）最匹配的能力单元标准，以及应急情况下可替代能力单元的标准，最好在制定标准后能够认证每个具体能力单元。平台只能在这些认证能力单元范围内选择。第二，严格按照网络关系计划的时间链原则倒排具有相同功能的能力单元。第三，在仍然有多个相同条件的能力单元可供选择的情况下，依据能力单元的"执行力"指标由高到低依次分配（参看第二步"能力单元的性能指标"一节）。

在明确规则之后，要把这些规则内置于信息化的网络联结生产系统之中，并且是负责分单的计划人员所不能改动的。信息化是降低监督成本的很好的工具，要充分加以运用。要使网络关系计划基本上实现自动化，需要人工干预的情况越少，规则被不走样执行的概率就越高，也就越能够建立起能力单元对运营平台的信任。而从信任到信赖，是榕树型企业具有凝聚力的标志。

利丰公司对一个供应商下单维持在其产能的 30%～70%，利丰认为低于30%，供应商不会重视利丰，高于 70%，则供应商对利丰依赖度太高，给供应商带来过高的风险。利丰这个 30%～70%的经验数据对榕树型企业对各能力单元的订单分配应该有一些参考意义，当然要根据榕树型企业自身订单获取能力与稳定性才能做出具体决策。

榕树型企业分配问题中另一个显著问题是能力单元承担的工序任务的定价问题。王甲佳架构的网络联结生产系统根据作业成本法，可以即时计算出履行每个订单各工序的人工成本、材料成本、分摊的固定成本等，可以完成平台与各能力单元之间的即时结算。基于这些数据，可以便捷地对供应链中各个法人单位进行财务数据提供与分析。包括具体能力单元的利润水平、客户的价值贡献、平台运营商及供应链管理者的盈利水平等。榕树型企业要利用软件系统的这一便利条件，制定规则明确、计算透明、管理方便的工序任务定价方法。

作业成本法是以作业为基础，通过对所有作业耗用资源的确认和计量，将耗用资源的成本计入相应的作业，然后选择成本动因，将所有作业成本分配给成本计算对象的一种成本计算方法。作业成本法的计算对象主要有资源、作业、作业中心等，要确认作业成本动因，按照产品消耗作业的多少计算产品成本，提高了成本核算的准确性，能够提供各项作业耗费的成本信息，因此展开作业管理、改善作业链成为可能。对于营销、产品设计等领域发生的成本，只要这些成本与特定产品相关，则可通过作业分配至有关产品（或其他成本对象）中。所有成本都是变动的，有利于分析成本产生的动因，进而降低成本。为设计出合理的工序任务定价机制，榕树型企业首先要引入新型成本核算技术，并在信息系统的支持下做到如下几点：

（1）严格区分能力单元的成本和利润，并做到完全透明。做到完全透明的方法是对承担不同工序任务的能力单元设立样板工厂，由相关专家对样板工厂进行细致研究，形成先进透明的作业成本标准。

样板工厂可以由平台经营者投资，也可以在加盟的能力单元中选择。样板工厂同时还对各项作业活动、动作进行精细研究，形成最佳作业模式，开发"防呆"方法，从而不断降低成本、保证质量、提高效益。因此，我们并不完全赞同大前研一关于"中立无所属的网络"的思想。

（2）通过对能力单元实际成本与利润的区分，为实行灵活的价格策略，吸引客户"抢占"能力单元空余时间段提供基础数据。

（3）能力单元承担工序任务的成本与利润分离（而不是一个笼统的"工价"），便于把能力单元所得利润明确地摆到谈判桌上，为通过总协定和个别泛产品、个别工序任务价格谈判提供基础数据，并通过集体谈判等方式确定工序任务的基础价。能力单元的谈判能力远远高于个体工人，因此榕树型企业中工序价格的确定要比一体化企业中计件工资的工序价格的确定合理得多。

（4）在执行基础价的同时，引入执行相同工序任务的能力单元降低成本竞赛机制，某能力单元通过细化管理、改进工艺、提升作业人员技能等降低了作业成本，向系统明确申报降低的成本额度，作为能力单元"执行力"评价指标之一，从而使得主动降低作业成本的能力单元有资格获得接单优先权。这一机制如同公交公司开展公里油耗节约竞赛，从而不断刷新标准油耗指标。这是榕树型企业内部能力单元之间竞争与持续改善的内在机制。设计这一机制要考察能力单元主动申报降低成本的额度所得与不报所得之间的比值，确保该机制实际发挥作用。在这个竞赛过程中，某个能力单元创造出能够显著降低成本、提高质量、提升速度的新方法、新模式，并确有推广价值的，要给予荣誉奖励、一次性激励及长效激励。

计"事"工资制

榕树型企业的知识工作者（专家和准专家）的薪酬问题，是分配问题上需要特别用心的第二个重点。

知识工作者的工作可以分为两种类型，一种是解决问题，另一种是完成常规任务。

解决问题类的工作是创造性劳动，需要大量的沟通交流，很多时候需要团队协同，这类工作被称为"项目"，已有成熟的项目管理技术，现代项目管理包括范围管理、时间管理、费用管理、质量管理、人力资源管理、风险管理、采购管理、沟通管理、整合管理等自成体系的知识领域，有大量的出版物可供参考。笔者推荐两本比较通俗的项目管理读物：一本是保罗·B.威廉斯的《圆满完成项目要诀》，是一本非常通俗的入门读物；另一本是詹姆斯·刘易斯的《项目计划、进度与控制》，刘易斯对项目管理做了非常深刻又通俗易懂的阐述，文笔也很优美。项目成员的分配与奖励制度在项目型企业中发展得很成熟。

但是，榕树型企业的知识工作者有"专职"的专家，有在能力单元中工作的"兼职"专家，还有与网络联结平台对接的外围"注册"专家，因此并不与项目型企业完全相同，具有一定的社会化网络的性质，或者可以看成一个内部的智力资源市场，因此可以仿照企业利用互联网将工作分配出去，发现创意和解决问题的"众包"模式。建立榕树型企业的"内部众包"机制，利用那些具备解决问题的能力、愿意利用业余时间工作、满足于对其服务取得小额报酬的志愿者员工的创意和能力。会有很多人乐于通过这种方式被"发现"其才能，从而获得进入较正式的项目组和得到更多报酬的机会。这样可以形成一种开放创新模式，因为世界上的知识太多，分布太广，有用的知识实际上存在于许多人的头脑中，需要一种机制使其得到更好的利用。"内部众包"的实践还可能逐步发展出更成熟的方法，成为解决问题的主要模式。

榕树型企业中的大量知识性工作是常规化的，这类工作任务是重复发生的，已经形成了成熟的工作分解结构和标准流程，这类工作无论是按照不同时间频率定时发生的，还是受服务请求驱动的，都已经明确知道谁是买单者、谁是活动的承担者、成果的验收标准等。依照网络关系计划原理在信息平台的支撑下，这类任务从"下单"到分配任务再到成果交付全过程信息都可以完整地记录在信息系统中，其中谁、什么时间、什么地点、应谁的请求、完成了什么任务、工作质量得到何种评价等都可以在信息系统中进行统计，这就给支付这类工作的劳动报酬提供了真实、具体的依据。在这种条件下，我们可以给从事相关活动以完成这类任务的知识工作者设计一种计"事"工资制度。

计"事"工资制度的设计可以从计件工资制度中得到启发。大家都很熟悉，计件工资是一种工人自己监督自己、自己激励自己，提高劳动生产率的有效工资制度，有企业做过劳动生产率的对比试验，在同样条件下，技术再好的计时工资工人最多只能完成计件工人的 70% 的产量。所以，目前我们可以看到的绝大多数制造企业的工人都实行计件工资制。知识工作者的工作成果不同于工人生产的产品，处于"无件可计"的状态，因此实行岗位固定工资加奖金，奖金分配的依据是"绩效考核"，而绝大多数企业"绩效考核"的现状是不能令人满意的。随着信息技术在企业应用中的日益普及，知识工作全面依托信息系统已经变得很容易实现，这就为知识工作者的实行计"事"工资制创造了"记事"的基础，而有了"记事"，也就不难"计事"了。

实行计"事"工资制，首先要有"计事单价"。这个"单价"看上去似乎很难制定，但是类比计件单价的制定方法，也不难找到定价依据。在制定计件工资的"计件单价"时，需要考虑四种因素：订单的价格、最低工资、工资指导价位、劳动力市场价格。在企业有利润，并能留住劳动者这两个基本前提下，综合考虑这四个方面的因素，就可以倒推出"计件单价"来。譬如在服装企业，拿到订单后，订单价格减去面料、水电等成本，再扣除一定利润，最后剩余的就是工资成本。这个工资成本分摊在一件服装的不同部位，如领子、袖子等，按不同部位的加工难易程度，加工时间多少来分。在这个计算过程中，"扣除一定利润"参照的是行业平均利润，而这个平均利润是以劳动力市场价格为前提的，因此倒推出来的"计件单价"不会与劳动力市场价格形成太大的背离。如果出现某一订单价格太低，则根据劳动力市场价格进行调整，通过挤压利润寻求平衡。模仿确定"计件单价"的方法不难制定出"计事单价"，首先每个任务都要有价格，这里的"任务"具有"泛产品"的性质，是有内部"客户"的，并且也能测算出这个任务的"作业成本"，为任务定价并非难题。那么扣除完成该任务所消耗的物料、能源等成本后，根据该任务的客户类型，如外部客户、内部能力单元、运营平台等，可以设定"一定利润"，也可以是零利润，再把剩余的总额按照所需活动的难易和所需时间进行分配就可以得到"计事单价"了。对于这个"计事单价"要进行以"劳动力市场价格"为重点的检验，检验的方法是假定某项活动是持续进行的，可以设置一个专门岗位，那么，这个专门岗位上的员工在劳动力市场上多少钱能够招聘到，再看这个专职人员做满 8 小时能够完成这一活动的次数，就可以得出每次活动的劳动力市场价格了。再考虑非连续活动的熟练程度会降低、准备时间会变长等，就可以给非连续活动定出劳动力市场价格了。或许企业还有全体员工工资高于同行业多少百分比的要求，就再把这一因素计算进去。这样，以任务价格倒推活动价格，以劳动力市场价格修正倒推出来的价格，就形成了基础的"计事价格"。在实际运行中，只要设定一项活动的工资水准有足够的人乐意干，就算是成功的，如果没人肯干，或者具有相应技能的人不愿意干，就需要继续调整。然后引入适度竞争机制，形成一项活动越是模式化、标准化程度高，工资越低的良性循环（对提高工作效率的新模式创造者要给予足够奖励）。

有了"计事价格"之后，还要有活动时间定额。时间定额的确定是在现有工具、设施、材料条件下，按照规定的工作模式，平均熟练程度或者不同等级熟练程度的员工完成该项活动的准备时间、布置工作时间、工作时间、必要休息时间。时间定额需要实际测定。

除了每项任务要有标准流程和工作分解结构，还要针对每项活动总结活动模式。进一步，对于活动还可以细分到"动作"，研究"动作"的最佳模式和所占用的时间，很多"动作"是具有通用性的，那么这些"动作"的模式与时间定额就成为"零配件"，可以"组装"新的活动，并由新的活动组装成新的任务。如果能够下这个功夫，完成常规任务也就变得简单了。这时候，就可以给从事每项活动制定出资格标准，鼓励大家考取从事多项活动的资格。这就可以把各种任务所需活动预告出来，由具备资格的员工来"竞拍"工作机会。慢慢地，企业中岗位的概念就开始消失，一些从事创造性工作的人也可能去"竞拍"一些相对简单的工作机会，达到既换脑子休息又能够增加收入的双重收益。

这样做差不多该算是知识工作的"泰勒制"了，目前还没有成功的实践。媒体记者等工作目前有"计件工资"制的倾向，也有一些弊端显现出来，因此也不能走极端，笔者倾向于在相对简单的常规工作中进行实验，对于创造性的知识工作，还是以项目管理比较稳妥。

计"事"工资制度还可以配合从事某项活动的技术等级制度、能够获得机会优先"执行力"计分制度、相同活动中依据绩效名次设置差异工资等，以增强其激励作用。

"解决问题"的项目运作中，也要充分利用信息技术，及时记录每个项目组成员所做的"事"，并在项目的里程碑阶段和项目结束时及时总结评价，为项目组内部分配提供明确的依据。项目组内部分配即便做不到"计事"分配，也要做到"记事"分配。项目组工作中除了能够明确每个成员所做的事，很重要的一个方面就是项目组成员对解决问题、达成项目目标的智慧、创意贡献，并且往往不体现为规范的文案，而更多的是在各种沟通交流过程中迸发出来的，因此对于项目组成员会议要进行认真翔实的记录，并在项目管理系统中保存好原始记录，及时梳理和总结各成员的创意贡献点，并由参与者确认。这些记录在项目结束时就可以看到哪一些被采纳了，可以评估对解决问题发挥了什么作用，"秋后算账"就有了依据。

德鲁克总结了决定知识工作生产率的 6 项主要因素，分别为：

① 知识工作者生产率要求人们提出"任务是什么"。

② 知识工作者生产率要求人们把这一生产率的职责加诸知识工作者本身，后者必须具有自主性，管好自己。

③ 不断创新是知识工作者工作、任务与职责的一部分。

④ 知识工作者要求自己持续学习。

⑤ 知识工作者生产率不只是（至少主要不是）产品数量问题，质量至少同样重要。

⑥ 最后，知识工作者生产率要求不但把知识工作者"看成资产"，而且"当作资产"对待，而不是成本。

德鲁克的这些告诫，是我们设计、试验有关知识工作者的分配机制时需要认真对待的。在这个领域，还需要大量的探索。

及时兑现——收紧反馈环

王甲佳曾有感于奥运会上的"及时颁奖"写过一篇杂谈——《即时激励可以提防投资变负债》：

奥运会给我们的总是振奋与惊喜、遗憾与忧伤，现代奥运会能延续百年，从一个地方影响到全球，不仅让运动员感受到归属与荣耀，更使那些商贾与政要趋之若鹜，超越国家边界。这是为什么？

回答起来或许不轻松，也不是一个千字散谈能承载的。但是通过几个细节我们可以看到很多在经济组织中值得借鉴的东西。

在 2008 年 8 月 17 日，72 公斤级的女子摔跤决赛开始之前，细心的观众发现比赛场地边上已经摆起了领奖台。或许是这个决赛过程只有 1 分多钟，工作人员准备起来来不及？其实我们注意到几乎所有的场次，从决赛结果出来，再到颁奖仪式，间隔时间往往不会超过 15 分钟，这里不去分析组织者的准备效率，而是这样的即时激励机制让运动员感受到荣誉的荣耀，是即时的！

有一年在海洋馆看海豚表演，那确实精彩！我发现饲养员兼教练腰间都有个小袋子，有点纳闷。后来发现只要海豚做好一个动作，饲养员就会从小袋子里拿东西给它吃。想想小时候看马戏也是这样的情形啊，有意思。

或许这是来自自然世界的激励方式，有它的道理。当然一些企业在这个方面做得很好。有一家公司在刚刚创业的时候比较困难，有一次一个技术人员发明了一个新产品。老板看到样品，非常高兴，就想立即奖励他。当时办公室里面没有什么可以拿出来奖励的东西，只有一只香蕉，他就把这香蕉奖励给他了。技术人员很受鼓舞。公司人员一起努力，最终将这款产品投放到市场，获得成功。后来公司发展了，就用金子做的金香蕉做最高创新奖的奖励了。

但也有的企业没有即时奖励，把投资变成了债务。前几年看到一位老总写的一篇"忏悔"文章。文章里面说，他的企业有一项非常好的政策，就是每位新进公司的大学毕业生都有 2000 元的安家费，刚推出的时候，大学生们很高兴，后来大家都埋怨这个政策了。这位老总想，我都偏心为他们花了钱为什么不高兴呢？原来不知道是谁，把以前的"到岗后一周内可以领这笔费用"的政策，变成"1 年后领这笔费用"。结果本来安抚人心、投资人力资源的好事情，变成了没有人情味的"债务"——大学毕业生们都将这笔钱视为公司欠他们的了。

在现代信息技术的支持下，榕树型企业对能力单元和知识工作者不但可以做到及时奖励，也可以实现及时分配，甚至可以做到"即时分配"。这将极大地提升分配的激励作用。及时兑现的分配原则拉紧了利益反馈环，让人们在最短的时间内体验到自己的行为所带来的利益，这样分配这根指挥棒才会发挥最大的效用。很可惜的是，很多公司在这个问题上都会犯一个错误，就是努力推迟对既定分配利益的兑现时间，实际上是算小账，把该分的钱多留在公司手里一段时间，不但降低了财务成本，还能够备不时之需。这是典型的赚小便宜吃大亏的做法，极大地降低了分配的激励作用。

分配是否及时以什么为标准？标准只有一个，就是客户对交付物认可之后立即兑现，包括对能力单元的分配和对知识工作者的分配。

一个健康的榕树型企业首先应该有能力吸引客户为享用所提供的产品、服务在其账户上预付一定额度的款项，而不是像现在大多数客户对供应商所做的那样——拼命延长货款支付周期，这是信任机制缺失与供应商产品和服务缺乏对客户的吸引力造成的后果。榕树型企业不能延续这一惯例，即便客户或者能力单元需要金融支持，那也需要从供应链金融业务的角度给予满足，而不是拖欠。王甲佳曾主持将瓦楞纸板这类最不稀缺的产品销售从有账期成功地转为预付款，就说明客户预付款也不是很难做到的事情，关键在于客户是否从中获得了足以吸引他的利益。

在客户预付款的基础上，客户可以通过网络联结生产系统监控自己的订单履行情况，通过网络传感、视频监控等甚至可以直接看到能力单元对自己订单的作业情况。产品质量方面除上下道工序能力单元之间的相互检查、向客户交付之前的检验外，要等到客户验收确认，确保没有问题之后，系统则自动从客户账户上扣除相应款项，并立即按照预定标准划入能力单元的账户，各能力单元也能够通过系统即时看到自己获得了这笔收入。而一旦出现客户投诉或者被专业检验人员检验出问题，则通过质量追踪系统在最短时间内查出责任者并按照规定给予惩处。并且所有收入和奖罚都要公开透明，形成群众监督与竞赛机制。

客户对最终产品确认付款后才能对能力单元进行分配，与客户确认付款后及时分配是相辅相成的，强调"客户对最终产品确认付款后才能对能力单元分配"是为了形成整个供应网络关注客户及供应网络各工序能力单元之间相互监督的机制，直接把客户压力传导到每个能力单元，让每个能力单元都懂得只有服务好客户，自己才能够有收入。这一机制可以形成客户与能力单元之间双向追踪、关注订单履行情况的动力。

对知识工作者的活动收入也可采取相同原则。

二次分配与长效激励

事情总是有两个面，及时兑现分配能够极大地激发能力单元与员工的积极性，但也有把榕树型企业与能力单元和员工的关系引向单纯交易关系的危险性，有可能导致能力单元、员工忽视榕树型企业的整体利益，而在自身利益上无限度地讨价还价，而且还会出现只愿意利用共享，不愿意风险共担的问题，实行二次分配是解决这个问题的一个办法。

二次分配机制可以从几个层面进行设计：

一是单一订单的利润分享机制。榕树型企业对能力单元的工序工价一般是按照作业成本法进行核定的，这种方法有利也有弊，弊端是各能力单元的得失与榕树型企业整体利益不相干，各能力单元不关心榕树型企业的整体利益。弥补这一缺陷可以将每单利润进行再分配，分配方式体现各能力单元在履行该订单过程中的贡献。

二是年度利润分红。榕树型企业实现年度利润增长，可以制订与能力单元的分享计划。

三是为市场竞争需要，不同泛产品之间有交叉补贴的需要，这需要在获得相关能力单元理解的基础上形成若干二次分配方案。

二次分配的目的是让各能力单元不但为自身利益而努力，也能够为达成共同目标而努力。某能力单元为榕树型企业整体利益而发生的额外成本支出也必须得到补偿。

　　榕树型企业内部各能力单元不但需要利益共享，也需要风险共担。能力单元需要承担的风险要与其对风险的控制权相匹配，任何能力单元只要参与了控制风险，就应当承担风险。

　　还有，能力单元有权通过自身的单独努力获得独享利益，但不得损害其他能力单元利益和共同利益，严禁相互挖墙脚。

　　对为榕树型企业整体利益做出贡献的承认与长效激励方式，还有"内部专利"制度。榕树型企业之所以将能力单元进行分离，一个深层原因是企业资源基础发生了逆转，由过去以物质资源为基础向以信息和知识等非物质资源为基础的发展。这就需要对知识工作者及各能力单元为整体贡献的有效知识在分配上给予激励。激励的方式可以仿照专利制度，制订内部专利激励方案。对于知识工作者和能力单元创造的有助于提高整体效益的新方法、新技术、新模式可以通过评估其价值，授予不同年限等级的"专利"收益权。对于能够为其他能力单元共享的新方法、新技术、新模式则可以通过内部"专利转让"的方式给予创造者以鼓励。

　　分配机制不限于经济方面，荣誉鼓励同样重要。对于为榕树型企业整体发展做出各种贡献的人要给予荣誉奖励。榕树型企业要设立不同活动领域的首席专家、资深专家等荣誉岗位，以表彰其有长效意义的贡献。

三个共同体与股权分配

表面上看，榕树型企业与企业战略联盟、供应链管理等新型企业组织形式具有家族类似性，实际上它们之间还是有着本质区别的，甚至可以说已经走过了一个否定之否定的"轮回"。

供应链管理的兴起是因为随着用户需求的不确定和个性化增加、技术迅猛发展、产品生命周期缩短和产品结构越来越复杂等环境的快速变化，使中央控制型纵向一体化企业模式显现出因企业本位、单方面制造标准化产品而带来的对消费者个性化需求反应迟钝、力不从心的疲态。企业开始放弃纵向一体化模式、通过与上下游企业建立合作伙伴关系，将不具备竞争优势的业务从企业中分离出来，委托给伙伴关系企业。也有些企业将自己高度成熟的标准化业务流程在满足输出规范、标准的条件下进行外包，让自己的企业"减肥"，并把企业内部单位与节点企业看作整体来进行协调。有号召力的企业往往可以充当商业生态系统的领导者，形成一个横向一体化商业生态群落，通过协同进行市场开拓。

供应链管理的初衷是实现高质量、低成本、个性化和及时性这些在大规模工业化生产中相互矛盾的目标，但在实施中人们很快发现，鉴于供应链本身的复杂性，并不能实现供应链的整体协调，出现了难以克服的供应链效益悖反。如供应链反应能力与成本悖反，订单批量与固定成本悖反，同类产品生产时间合并与响应速度悖反等，同时参与供应链企业之间的信任缺失、隐瞒、信息歪曲等都会导致供应链无法达到整体最优。

供应链管理模式建立起了分散化、小型化的企业结构，降低了企业集中化程度，的确有效提升了生产的敏捷性、服务的灵活性，但协作难题始终难以克服，造成了"碎片化"的企业组织结构，也必然导致对客户服务的碎片化，既在总体上抑制了供应链效率的继续提升，也与向客户提供低成本、及时性、高品质、个性化服务的初衷相违背，供应链管理再次陷入困境。

榕树型企业与供应链管理的最大区别是，它并非去中心化的纯粹网络，而是有平台依托的、统分结合双层经营（能力单元层的分散经营与平台层的统一经营）的、中心辐射型的网络，是整体性与分散性、网络化的统一体。榕树型企业的核心技术被命名为"网络关系计划"，是说不仅有"网络关系"，还需要有"计划"，是对分散生产的集中计划。形象地看榕树型企业，它不是一体化的苹果，也不是分散开来的一串香蕉，而是分散的橘子瓣包裹在统一的橘子皮里。

榕树型企业向客户提供的服务不是碎片式的，而是通过纵向计划与横向协调实现的"整合服务"，从而真正实现低成本、高质量、个性化和及时性服务目标。榕树型企业排除了相互抵牾造成的供应链效益悖反，吸引能力单元在共享平台上一起工作而产生协同效应，更好地利用稀缺资源，为客户提供无缝的整合服务。

榕树型企业致力于组织整合与工作协同，重视对能力单元内部平台支持与外部支持资源的有机结合，以保证各能力单元在保持主体分离性的前提下，为着共同目标一起工作，分享回报，从而极大深化和改造了供应链管理、柔性生产、网络组织理论的内涵和实践意旨。

榕树型企业也不同于阿里巴巴等电子商务平台，它们与利用其平台的广大企业之间是平台与客户的关系，而榕树型企业本质上还是一家企业。因此，榕树型企业可以被看作以平台运营为中心的、有多个层次的"洋葱"，其中最重要的三个层次的成员形成了三个共同体。

第一个是平台运营层的经营者，这是榕树型企业的核心，也是榕树型企业的中枢神经系统，是一个命运共同体。

第二个是专家团队的成员，这是榕树型企业知识基础的承载，是一个事业共同体。

第三个是能力单元的经营者，这是榕树型企业的"身体"，这是一个利益共同体。

当榕树型企业形成了这三个层次的共同体，就会比较稳固。

鉴于现行公司法以资本为所有权的法理基础，因此这三个共同体建设也要借助股权的名义进行（榕树型企业也可以探索合作制而非公司制的所有制形式），作为命运共同体的成员必须切实拥有股权，而不是纯粹的"职业经理人"。因为，在榕树型企业中，只有这个层次的人才拥有整个网络的"开关权"，或者掌握着整个网络的"核按钮"，甚至可以启动整个榕树型企业的"自毁程序"，所以必须实际结成命运共同体，不是名义的、虚假的，老板口头上说说的那种。

榕树型企业形成拥有开关权的命运共同体，可以避免榕树型企业内部无谓的权利争端，还为榕树型企业不同参与主体的博弈提供了一个缓冲机制。本章第一节"坐地分赃"中说过，在榕树型企业中拥有话语权的权威可能是"资本""知本"乃至"消费"的代表者，而平台股权也就成为博弈中各方追逐的"标的物"，有这样一个"标的物"存在，有利于博弈过程与榕树型企业运作适度分离，从而确保在榕树型企业在博弈中持续、稳定地运营。榕树型企业创始团队也能够有一个能够维护自己合理利益的正常退出机制。

专家团队是榕树型企业的最重要的资产，是被主题"旗帜"召唤来完成一项共同事业的，因此也需要分享股权。分享股权的形式多种多样，但都要与正确评价其对榕树型企业长远发展的贡献相关联。万万不可如一些投机心较重的老板所做的那样，越是已经做出了突出贡献的专家越要尽快"劝退"，以尽可能降低其分享成果的可能性。

各能力单元以单元经营者自主投资为主，平台可以对其投资，对于影响整个榕树型企业的关键能力单元、瓶颈能力单元、创新与实验性能力单元，平台可以直接投资，同时对已经标准化、"平凡"化的能力单元，要尽快分离。

从上面的分析可以看出，榕树型企业建立的并不是一个平等的网络关系，而是主从型的网络关系，就像广东温氏集团与养鸡户的关系那样——榕树虽有很多的支柱根，但它是有主干的；能力单元也不要求是全能的，而是有所长、有所短的，有功能欠缺的。构建榕树型企业更倾向于去改造"落后"能力单元、鼓励新人创建能力单元，而不是如供应链管理者所喜爱的，寻求"强强联合"。

结　语

祝你成功

如果你是从头读到这里的，那么你已经和我一起走完了榕树型企业构建的七个步骤，现在，你的商业概念可能已经被"永久性刷新"，并且没有"反悔按钮"。或许，从此你眼里的商业世界图景再也不会与从前一样了。

对你来说，这不见得是什么好事。也许你并没有感到醍醐灌顶、经络畅通的畅快，很可能还增加了困惑。因为，榕树型企业是一个全新的事物，它的探索者在享受发现新天地乐趣的同时，不可避免地要承受不时袭来的"山重水复疑无路"的痛苦。假如你是 MBA 或者 EMBA 的好学生，可能痛苦会更大些。但你千万不要如那几个主张废除中医的院士说中医是"伪科学"一样，把本书所表达的思想说成是"伪 MBA"，其实它本来就是"非 MBA"的，不属于一个思想体系。你不能到 MBA 路灯能够照亮的那点地方去找榕树型企业的"钥匙"，那里肯定没有。

如果你是一位真正的企业家，可能会受到另一种"折磨"。本书初稿写作过程中，有几位企业的老板同步阅读了手稿。其中一位老板读到第五步"开发泛产品"的时候，就感觉需要重新思考自己的事业了。另有一位老板凌晨三点还在读电子版的文稿，眼睛受不了电脑的长时间刺激，实在没法看了，躺在床上却不能入睡。一位从北京市属国企退休的原党委书记花了一周时间读文稿，读后给我打电话说："我被你害苦了，这一周什么事情都没干成，就读你这玩意了。"

更重要的一件事是，现在可能要开始构建"你的"榕树型企业了，为了你的成功，我还有几点叮嘱，作为本书的结语。

描绘愿景

由马克斯威尔·马尔兹开创的自我意象心理学认为，人的反应、感觉和行动永远是依照他对自己和环境的真实想象来进行的。因为人的反应、感觉和行动并不能直接依照事物的"本来面目"，而只能依照对事物所持的意象。这是人类认识能力的局限性所在，也是一切成功学的"核心技术"。我们并不能因为成功学被其传人败坏了名声而拒绝利用这一心理机制。拿破仑曾经说过，"想象力统治着世界"。格林·克拉克认为，"人类所有的才能之中，与神最相近的就是想象力"。杰出的苏格兰哲学家杜格尔德·斯特华特说，"想象的才能是人类活动最伟大的源泉，也是人类进步的主要动力……毁坏了这种才能，人类将停滞在野蛮的状态之中"。亨利·凯瑟尔则把他在事业上的成就归功于创造性想象的建设性的、积极的利用。任何一项任务，只有当它变得可以想象的时候，才可以被完成。而且，一旦对一项任务最终完成的情景有了清晰的想象，人的潜意识就会自动寻找完成这项任务的方法，并最终完成这项任务。

构建一个榕树型企业，是一项需要众多人参与的事业，这就需要榕树型企业的构建者在众多参与者心中建立起共同的关于你要构建的那个榕树型企业的真实、具体、生动的未来景象，变成如圣吉所说的"共同愿景"。真实的、具体的、生动的"共同愿景"的功能在于在每个参与者心中唤起一种"成功感"，因为成功一定是建立在成功感之上的。

一个寓言故事说，一个进京赶考的举子考前做了一个梦，梦见在墙上种白菜，找人解梦，解梦人说，你在墙上种白菜，不是"白种"吗？！你考不上的。那个举子回到旅店就收拾东西准备回家，店老板看见问明情况，说我对解梦也有研究，您做的梦太好了，墙上种白菜，就是高中（种）。于是举子信心十足地去考试，结果中了榜眼。信心——相信之心，在任何事业中都意义重大，你要通过真实、具体、生动的想象为你的事业伙伴建立其"相信之心"。

在前些年的实验过程中，我也做过类似的工作，对包装行业的榕树型企业的未来景象做过一个描述。这个描述曾经在长三角包装论坛上讲过，会上反应良好，但由于诸多原因在公司内部没能把这个故事讲好。或者我的故事不够好，更可能是因为我当时的顾问身份并不是适合讲这个故事的人。这也提醒我们，如果榕树型企业构建团队中设计师与领导人不是同一个人，至少也要如本书第三步"共同工作"一节所讲到的那样，形成默契的"智慧圈"。团队成员的思维不在同一个频道上，是成功构建榕树型企业的最大障碍。

现在还是把这个故事在这里提一下，做个示范。

我们可以设想一下我们的包装服务模式成功实施后的景象：

一家处于经济较不发达的中部地区的纸箱企业，这家企业与大多数国内企业一样，是一家成长型企业，管理体系并不完备。他们新开发的一种产品准备上市，由于早期专注于产品本身的研发、试验和生产准备，到这时才想起包装问题还没有解决。企业内没有负责包装的部门和职位，老板就把这个活派给了销售部门。

销售经理对包装知识知之不多，他赶紧上网查找这类产品的包装，在这个稍显闭塞的小城里，上网是获取相关知识最便捷的方式。搜索后发现有几十篇介绍这类产品包装要领的文章，而且这些文章无论转载还是原创，来源都是同一家包装管理网。他点击了这家包装管理网站的链接，才知道这是一个包装管理平台，集中了包装设计、测试、解决方案、供应链管理的全部功能，更让销售经理喜出望外的是，在他身处的这座小城中，就有这个平台的加盟包装设计工作室。他看完这家工作室的地址、设计师介绍之后，顺手点击同一个页面上的QQ按钮，就与该设计师在线聊上了。

经过一番即时沟通，销售经理决定到这家并不太远的包装设计室探探虚实。他开车来到这家包装设计室时，看到的并不是他经常见到的个体设计室那样的随意和混乱。不太宽敞的工作室整洁有序，正面装饰着那家包装管理平台网站统一的标志。设计师是一位笑容可掬、长得颇为清秀的小伙子，看上去也就二十二三岁的样子，但墙上挂着包装设计师证书，参加全国性培训班的合影照和设计作品获奖证书等，让人感觉他还是很专业的，销售经理感到有些放心。特别是当小伙子设计师向他介绍并不是一个人在独立做设计，他的背后有一个设在某大城市的拥有多方面一流包装设计师队伍和国内一流测试设备的包装设计院。设计师现场给销售经理展示，他可以与设计院的后台支持专家共同看到他眼前这台电脑屏幕显示的内容，并通过语音即时通信系统和后台支持专家讨论设计方案，难度较高的设计都是由设计院专家级设计师亲自来完成设计方案，再由他呈现给用户。销售经理已经对这个平台完全信任了，决定把这个产品包装的设计方案交给这家包装设计室试一试。

接下来那位年轻的设计师开始询问准备待包装的产品性状、装箱、堆码、运输和销售环节的各种情况，其专业化的操作方式让这位销售经理大为佩服，他过去使用过的本城几家设计室就显得有些"老土"，他现在心里已经在庆幸自己找到了这家设计室了。他决定请设计师到厂里现场调研。

设计师随同销售经理来到厂里，对有待包装的产品进行了规范的测量、称重，对包装车间和仓储运输情况作了实地考察，征得销售经理的同意，还对产品、包装作业现场、仓储运输现场拍了照。

一个小时之后，这些表格和照片已经传到了中心设计院的电脑里，一个行业包装设计小组正在分析其产品特征，拟定包装方案。方案的拟定是简单的，因为从相应产品包装模式库很快可以找出丰富的包装模式，针对用户的个性化需求，这些训练有素的设计师很快就拿出了整体设计方案。提交给客户的文案也有标准化的模板，相应的数据库中可以查到各种经验数据，这里的设计工作简直就像一间工厂一样，实际上，这里就是一个知识工厂、方案工厂、设计工厂、创意工厂，而且是"原材料"越用越多的工厂。

第二天早上，小城里的设计师就把一份设计报告交到了那位销售经理的手上。销售经理翻开一看，这里面不但有设计图纸、效果图，更有详细的参数，还有装箱方案、堆码方案、装车方案、销售展示方案等，让人不得不信任其专业能力。更令这位销售经理闻所未闻的是，报告中还有一个包装成本设计方案，并且替他安排好了某个合适运输距离内的这类包装制造厂中几家质量、交期、价格最合理的制造厂商，并且是具体优化到工序的方案。还告诉他登录包装供应链管理平台登记本公司的资料在平台开户，就可以直接下单。

销售经理很快就把报告转到老板那里，老板对这样的服务也非常满意，但为了慎重起见，他还是召开了一个碰头会，和几个左膀右臂讨论了一下，决定今后的包装服务和供应就全面托付给这家平台了。小城的设计师拿出一份合约，双方愉快地在合约上签了字。

这就是设想中的包装服务模式下纸箱业务情景。

前面说过，由我开发的这个"愿景"说不上成功，只是做个解说的样品，而你一定能开发出更好的愿景。

构建信任

里海大学艾柯卡研究所曾做出《21 世纪制造企业研究：一个工业主导的观点》的研究报告，报告指出：在市场变化加快、全球化竞争日益激烈的情况下，单个企业仅仅依靠自己内部资源的整合已经难以满足快速变化的市场需求了。为解决这一问题，企业应将有限的资源集中在自己的核心业务上，并与其他企业建立合作伙伴关系，通过不同企业之间的合作和分工，进行优势互补以获得集体竞争优势，提高竞争力。由此美国工业界掀起了一股"横向一体化"浪潮——供应链管理。

供应链管理的热潮也波及中国。但总的来说，在中国，供应链管理是讲得多，做得少，叫好不叫座。阻碍供应链管理在中国落地的重要原因则是"信任"问题。前些年，一份中国企业信用调查结果表明，在购买原材料和生产设备上持不放心态度的企业占 77.9%，62%的企业担心受骗，63.6%的人认为企业存在欺骗、造假问题。企业间信任严重缺失的问题是尽人皆知的，"坑蒙拐骗"几乎成了"商人"的同义词。在这样的商业环境下，即便大家都懂得横向联合的好处，供应链管理也只能在学者的书本里、会议的报告中，如水中月镜中花一样可望而不可及。

榕树型企业采取一种不同于传统供应链管理的方式，将分散能力单元集聚在共享平台之上、更"内部化"一些的联合方式，就是为了规避企业间信任关系的缺失问题，从而以新的机制实现"横向一体化"。

　　既然解决信任问题是榕树型企业存在的理由之一，也因为榕树型企业没有中央控制型企业那种牢固的资本纽带，它具有企业与市场的双重属性，是看得见的手与看不见的手的"握手"方式，那么成功的榕树型企业，就必须把构建信任作为一项重要工作来做。由信任到信赖，是榕树型企业走向成功的标志之一。

　　榕树型企业的信任构建，有三个方面：

　　（1）过程信任。

　　过程信任也就是"日久见人心""久经考验"形成的信任关系。这也是我们日常生活中形成信任关系的最常用的方式，它是自然发生的。但它也有一个重要缺陷，那就是建立信任关系必须假以时日，没有多次打交道的"实践检验"，信任关系建立不起来，而信任关系建立不起来，又阻碍了打交道，这就形成了一个怪圈。我们需要主动突破这一怪圈。

　　有学者对此提出的建议是：

　　① 共同参与决策。能够参与决策，相互知情，建立信任关系就比较容易。

　　② 平台运营者需要主动发挥自身优势给予能力单元实际的、具体的帮助。这是打破信任怪圈的艺术。早些年笔者曾写过一篇杂文《谈合作》，其中有这样一段：

　　　　有个故事想必你早就听到过（只是你并没在意）：有个人（不是我）在同一天里参观了天堂和地狱，他发现天堂与地狱各种环境、条件都是同样的，大家都是围绕着一张大桌子吃饭，桌上放着的都是一样的美味佳肴。但奇怪的是，天堂里的人都吃得白白胖胖，地狱里的人却一个个饿得骨瘦如柴。这人仔细观察，发现问题出在吃饭用的筷子上。地狱里的人都用一种非常非常长的筷子，用这样的筷子夹起饭菜，难以送到自己的嘴里，因此守着上好的饭菜做饿鬼。天堂里呢？

其实用的也是这样长的筷子，唯一不同的是，天堂里的人用长筷子夹起饭菜后，不是努力地送到自己嘴里，而是轻松地送到大桌子对面的人嘴里。这样相互帮助，就人人都能吃得饱饱的。这不，把地狱变成天堂的办法就这么简单——学会与人合作即可。

你又说了，我很想与别人合作，但是我又担心，我帮助别人以后，别人不给我回报。对了，这就是问题的关键所在。这个问题的根源是，所有的人都生着同样结构的大脑（也不分是进化来的还是上帝造的），你这样想、我这样想、他也会这样想。这就是地狱里的人挨饿的原因所在。事实上，并不是天堂里的人比较聪明，才想出一个相互帮助的好办法，地狱里的人愚蠢，不懂得相互帮助就能吃饱饭。实际情况恰恰相反——据互联网报道，上帝最近掌握了由人类发明的智力测验方法，对天堂和地狱的人进行了普测，发现地狱里的人智商普遍较高，只是聪明反被聪明误。看来，"使人成功的因素，不是相对聪明，而是相对愚蠢"这句话是非常正确的。难怪南街村王宏斌说："这个世界是傻子的世界。由傻子去支持，由傻子去创造，最后是属于傻子的。"据说这叫"二百五"精神——南街村的人吃得就比临近村好，证明这个"二百五"精神不赖。

解决合作难题，或者说突破合作"瓶颈"的唯一办法，就是你先带头"傻"一点，你先给别人一些他们需要的东西，别人也会给你一些你需要的东西，先别担心人家不给你怎么办？吃亏是福。你如果有在公共浴室洗澡的经历，就会熟悉这样的场景：大家各自忙着，但搓干净自己的背却不容易。这时你如果主动提出帮助你身边的一个人搓背，他一定也会帮你搓背。我想，当年的天堂里，也一定有一个不怕吃亏的人，率先夹起饭菜送到别人口中，从此大家相互效仿，才创造出了天堂。

这就是诀窍，这就是为人处世的最根本的艺术。你给别人一些他们需要的东西，别人也会给你一些你需要的东西。很简单，是不？不要因为它简单，就轻视它。当你真正掌握了它的精髓之后，你的生活就会完全改观。但是，这么简单的规则，实际上大多数人不懂（或者不愿意懂）。甚至，多数人恰恰把这个公式反过来用了。我们经常可以听到 "如果他对我……我就会对他……" 这样的话。老板说："如果我的员工再努力一点，我就给他们加薪。"员工说："如果工资再高一点，我会努力。"妻子说："如果我丈夫对我多关心一点，我会好好照顾他。"丈夫说："如果她对我好一点，我就会多关心她。"在火车上相对而坐的两个陌生人各自想着："如果对方对我表示一点友好，我就会同他一路上愉快地交谈。"你看，完全把这个诀窍给弄颠倒了。我们把合作的诀窍再简化一些：你先给别人，别人再给你！（找一支笔，把这句话抄下来，贴到你一起床就能看到的地方，每天看一看，让他印到脑子里。我向你保证，完全值得这样做，而且不是小题大做，因为，像这样能够影响你一生的话并不是很多。）种瓜得瓜，种豆得豆，耐心一些，你会看到收获。

（2）相互理解产生信任。

相互懂得对方在做什么，为什么这样做，是建立信任的重要机制。模式语言管理具有让各能力单元做事方式透明化的功效，每人面前都是瓢，就不用担心别人的葫芦里装什么药了。

（3）建立强化信任的制度。

博弈论中有一个著名的 "一报还一报" 策略：

一位学者用电脑模拟了一个不知道长度的囚徒困境博弈序列，请参赛者提交最佳对抗策略（电脑程序）。在多轮竞赛中，都是一个命名为"一报还一报"的程序获胜。

这个"策略"是这样的，采取该策略的人首先选择合作，然后继续选择合作直到有对手选择背叛。如果发现任何对手背叛，那么在下一回合面对该背叛者的时候，就选择背叛作为还击。这个策略证明了不需要外部权威，也可以维持秩序。《合作的进化》一书就是专门探讨这一合作策略的，可以作为榕树型企业构建信任机制的教科书来读。

因为榕树型企业内部不存在"一锤子买卖"，因此建立对损人利己者的"立即"惩罚制度，就是构建信任的重要保障。对偶尔欺骗者的强硬处罚能够更好地建立起稳定的信任机制。

榕树型企业构建信任机制的核心思想是中国那句著名的古话——"己所不欲，勿施于人"。或者这句话的反面说法——"以其人之道，还治其人之身"。

创造"信仰"

"信仰"一词有两个词素，一个是"信"，一个是"仰"，直观的理解，就是相信并仰望着。这样理解其实并不算错，信仰的确是高高在上的东西。

在榕树型企业弱化了传统企业的资本纽带作用之后，需要尽全力增添那些能够增强成员凝聚力的东西——"信仰"就是其中之一。这里所说的"信仰"并没有宗教色彩，顶多可以看作某种类似宗教的心理机制。增强榕树型企业的凝聚力，包括对能力单元、专家团队和客户的凝聚力，不能靠建立对构建者个人的崇拜，必须靠一个能够让大家共同"崇拜"的东西，这个"东西"就是诸如"××生活方式"之类的能够体现核心价值观念的东西。

目前的市场营销学基本上可以称为"媚俗营销学"。最"媚俗"乃至"恶俗"的说法莫过于"消费者是我们的上帝"这句营销口号了。其实，无论谁声称消费者是他的"上帝"都是骗人的鬼话。生产者嘴上说着"消费者是上帝"，眼睛盯着人家的腰包，心里盘算着如何宰他一把，消费者也是心知肚明。

话又说回来，就算你真心实意为消费者着想，消费者仍然不是"上帝"。"上帝"是什么？上帝是宗教所信奉的神灵形象，这种形象集合了人的外观、情感、意志等本质特征，体现出现实之人的精华，而且超越众人、超越时空，是"无限""伟大""永恒""全在""全知""全能"的"神圣者"，是宗教信众顶礼膜拜、敬畏信仰的对象。消费者作为芸芸众生，没法担当起"上帝"的角色。如果一定要拿宗教"结构"来类比市场"结构"，那么，消费者最恰当的"角色"应该是"信众"。

那么，生产者可以成为上帝吗？也不能。上帝虽然有人格化的形象，却不是现实中的人。现实中的人总会有这样那样的缺陷，难以成为"信众"的共同信仰。

实际上，"上帝"的人格化形象不过是一种表现形式，是宗教以其形象化和感情化来吸引大众，触发宗教崇拜的激情和冲动，享受善男信女所供奉的人间烟火。从本质上讲，它是人生信念特别是生活方式的体现，是人们的终极关怀，是人类精神生活的底层、基础和根基。

生产者可以扮演的最恰当的角色，应该是传经布道的"牧师"或者"教会"。

如此看来，在市场"结构"中，"上帝"是缺位的。

我们从市场"结构"与宗教"结构"中来类比，似乎看到了生产与消费从分离最终走向"同一"的一线希望之光。

希望确实存在。

自然经济条件下，生产与消费是"同一"的，人们想吃馒头种小麦，想吃大米种水稻，不存在"给别人挠痒"的尴尬。进入工业社会之后，麻烦就开始了，生产与消费进入分离和对立状态，生产者与消费者开始了"百年战争"。但是，从事物发展的根本规律推断，从"分离""对立"走向更高层次的"同一"是完全可能的。

这种"希望"，隐含在市场"结构"与宗教"结构"的类比之中。

市场经济带给生产者的难题之一，就是以自己的"一"来应对消费者的"众"。俗话所谓"众口难调""一人难称百人心"。古诗曰："做人难做四月天，蚕要温和麦要寒。出门望晴农要雨，采桑娘子望阴天。""市场细分"就是生产者面对这一难题时的一种应对措施。当代生产者最重要的营销决策是选择一个或几个即将进入的细分市场，比起无差异地服务于"大众"，在一个需求存在明显差异的细分出来的"小众"市场上确实能更好地满足消费者的需要。虽然市场划分得越细，生产者提供的产品越容易接近消费者的真实需要，然而，市场又不是可无限细分的，市场分得越细，细分市场的规模越小，服务于该市场的成本越高。和谐生产方式的推广可以降低成本，但也不主张对市场的无限细分，而是有主题的整合。

生产者如何才能在市场上赢得一定的支配力和影响力，宗教的"结构"确实能够给予我们一些启示。

在对付"大众"的问题上，宗教确实是最出色的"营销专家"。任何宗教信仰都是某个特定的群体所共有的，这不仅指每个成员都信教，更重要的是，他们的信仰已经成为整个群体生活不可分割的一部分，以至于大家感到你我不分，同属教会。宗教信仰及其实践所带来的是群体的"同一性"。

最原始的宗教萌芽——图腾崇拜，就已经反映出了凝聚"大众"的特性与潜力。图腾既是"神"的外在形式，又是某个氏族社会的鲜明标志，是"氏族的旗帜"或"氏族的符号"，作为崇拜对象融入氏族社会的生活，并作为"社会力量的外在化"和"社会力量的个体化"，成为氏族成员自身不可或缺的一部分，对氏族成员发挥着"同一"作用。

宗教信仰像一个强磁场，对信众的心理"铁棒"进行"极化"或"磁化"，使其整个生活都彻底改变。"有些抽象的观念能绝对地决定我们的心理，这是人的性格中的基本事实之一"（詹姆斯《宗教经验种种——人性研究》）。

我们可以相信，被信仰"同一"的"大众"，一定具有"同一"的消费观念。

价值哲学的研究也支持这一信念。人们对于价值的评判，是受评价主体心理背景系统制约的。评价主体心理背景系统最核心的东西，则是价值观念体系。评价主体的价值观念体系的深层结构是评价者关于客观世界的基本信念或者说信仰。价值观念体系中这一深层内核，是以其基本的公理为起点的。对于这一观念体系，这一公理是自明的，也是不可证明的。同时也是价值观念持有者不加怀疑也不感到需要证明的信仰。这一深层结构是较为稳定和较为单一的，他决定着价值观念持有者的基本生活方式。触动这一深层结构，需要在消费者心中发生一场"格式塔转换"，需要改变他们基本的心理意象。价值观念的中层结构是各种规范和准则。这些规范和准则构成了评价的基本取向、基本标准。价值观念的表层，是许许多多具体的评价标准。这些评价标准一方面受价值观念体系内核和中层的制约，另一方面又受情景的影响，带有较大的境遇性、易变性。我们可以把价值观念体系的三个层次对应于市场营销的三个层次。最表层的是以"境遇价值"为重心的商业投机经营，极端的说法就是"如果有人落水，就向他推销救生圈"。这种投机经营必须面对评价的易变性，一个典型例子就是对于一个饥饿的人，第一个馒头最有价值，第二个馒头价值降低，第三个馒头可有可无，第四个馒头可能白给都不要。价值观念体系中层对应着以消费者"偏好"研究为代表的营销方式。价值观念体系的内核则对应着"信仰"营销。

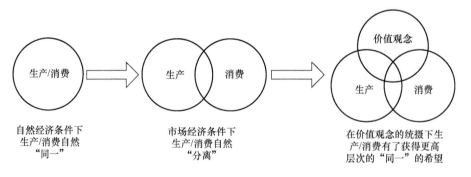

"生产&消费"的关系演进

我们终于找到了可以平息生产者与消费者"百年战争"的"抓手"了——依据宗教"结构"模式改造市场营销"模式"，填补缺位的"上帝"。这个"上帝"就是"价值观念体系"！

有了价值观念这个生产者和消费者共同信仰的"上帝"，就容易确定一个稳定的"同一"点，这就是图中三环重合的部分。三环重合的部分越多，"同一"性就越强。不管我们是否"发现"，支配生产和消费行为的价值观念是一直存在着的，并且无时无刻不在发挥着作用。只是在我们没有清楚地认识它之前，它的作用是自发的。如果生产者开发的商品"碰巧"落入了三环重合的部分，就会取得极大的成功（然后把成功归因于其他因素），如果没有落入重合的部分，就会失败（并且不知道为什么会失败）。我们的任务，就是要研究将这种"同一"的可能变为现实的方法，就是研究把"碰巧"发生的成功变为生产者自觉的努力，把偶然的成功变成必然的结果。从而使生产者在市场上赢得一定的支配力和影响力，从而减少一些不确定性。

而基于共同价值观念的"信仰"不仅仅可以起到号召消费者的作用，也对提升榕树型企业成员的认同感、归属感具有重要作用，共同价值观念等于给了大家一个"意义系统"，让人们可以从中找到某种精神"图腾"，因此而产生的凝聚力将是巨大的。

掌握平衡

构建与经营榕树型企业如同在狭窄的山脊上散步，掌握身体的平衡非常重要，为确保成功，你需要注意如下 6 个方面的平衡：

（1）压力传递与减少不确定性。

榕树型企业与传统企业的不同之处在于能力单元带有自身的经济动力，而这种动力来自准市场化的类竞争压力，因此不能把能力单元当成养在温室里的花朵，必须采取适当机制让能力单元感受到来自客户、竞争者的外部压力，譬如完成每张客户订单的分解任务后，都必须经过客户确认并付费，能力单元才能实际得到相应收入。

但是，榕树型企业又不能把能力单元等同于外部协作者、外包者，不能让能力单元如自己在市场上独自打拼一样自生自灭。榕树型企业是一个聚集有机体，它不会如人这种有机体用恒温保护自己的内脏一样，但也必须努力减少不确定性对能力单元的冲击——不然能力单元凭什么要聚集在一个榕树型企业的旗下，"从信任到信赖再到信仰"又如何实现？其实，家族群体、社区和社会组织都具有保护人们免受环境反复无常造成侵害的功能，这也是成员努力维护一个组织的动力所在。任何一个社会组织都必须对组织成员提供实力的证明，提供"保险服务"，提供"增值服务"，不然，这个组织存在的理由就不充分。对于新创、弱小能力单元的适当帮助扶持，也是体现榕树型企业看得见的手与看不见的手"握手"特性的举措，榕树型企业内部是有"温暖"的，不是冷酷无情的。

（2）专精与开拓。

榕树型企业专精于某一产品、某一市场领域，可以建立起更顺畅的联结，以更高的质量、更低的成本赢得竞争优势。但这枚硬币的另一面则是在一个领域停留太久，也就减少了对其他领域的了解，从而降低了榕树型企业适应性改变的灵活性。因此榕树型企业在专精一域的同时，至少对周边领域的情况要有所关注、了解并偶尔进行尝试性探索，并对这种尝试可能带来的惊奇抱有期待。这种尝试在环境发生重大变化的时候，就可能成为挽救榕树型企业的一根重要的支柱。据说有个很火的社区，当年在公司内部根本没人把它当回事，只是几个热心玩家玩玩而已，没想到就玩火了，后来成了公司的重要业务。

（3）同质化与异质性。

保持能力单元和客户群体的同质化对榕树型企业发挥最大效率和效益有良好的作用。如广东温氏的大量同质化的养鸡户就有效地降低了指导成本，发挥出了复制专家的效益。但榕树型企业中所聚集的"物种"过于单一，也降低了抵御环境灾变的能力。

让榕树型企业具有适度异质性，包括不能过分依赖大客户，保持战略客户、利润客户、大客户、非利润客户的适度平衡；不能过分依赖约束性（瓶颈）能力单元，如果一个榕树型企业系统的正常运行存在这样的能力单元，也要掌握在平台经营者手中。

（4）一体化与模块化。

榕树型企业为提高自身凝聚力考虑，必须让能力单元"专精""省心"，依赖于榕树型企业平台才能充分发挥自己的功能。但过分地"整合"则会变得与一体化企业并无二致，对适应复杂的、不确定的环境没有好处，也失去了构建榕树型企业的意义。适度的模块化、区隔化能够如航母的密封舱一样增强抗灾、容灾能力。区隔的方法有重点泛产品供应网区隔、区域区隔、重点客户群供应网络区隔等。这种区隔在榕树型企业构建之初并不明显，是在发展过程中逐步形成的。

（5）提高绩效与保持冗余。

我们已经知道，让网络内的能力单元达到高效率、低成本的"饱和临界点"，发挥整个供需网络的最大潜能，是网络联结生产系统运营的重要任务和关键绩效指标，但这一点也不是做得越彻底越好。为保持榕树型企业系统的稳定性，能力总量的适度冗余是必要的，如 CPU 保持一定的冗余度才可使系统可靠性达到实用要求。究竟保持多大的冗余度为好，还必须依靠特定系统的经验数据。保持冗余的另一层意思是保持能力单元功能的冗余，以便必要时进行功能替代。

（6）整体承担与责任追究。

榕树型企业对于客户来说还是一家企业，它将对整个供应网络中任何能力单元的行为所造成的问题承担责任，这才是榕树型企业区别于产业集群、工业园区或者淘宝、携程等平台的地方。但是，榕树型企业又绝对不能放任能力单元损害共同的品牌、声誉，尤其对质量问题，要坚决收紧反馈环，及时让造成质量问题的能力单元尝到被追究责任的苦头。

顺便交代一下榕树型企业质量管理的三个要点：

① 统一关键原材料供应；

② 统一作业标准；

③ 建立可追溯性质量管理体系。榕树型企业在很多方面都要持一种中间力场，在秩序与混沌的边缘寻求生命的活力，也就是一种"混序"。

完善结构

　　采用"一次砌好一块石头"的方法构建一个榕树型企业，不会一开始就有一个完善的结构，在不同的条件下构建的榕树型企业也不会长着同一张面孔。榕树的品种虽然众多，但它既然能够被识别出来并被统一用榕树命名，它们一定有着家族类似的面孔。在即将叙述完榕树型企业的构建全过程前，还是应该给榕树型企业画一张"一般性"的画像，这会给榕树型企业的构建者一个参照，帮助他们不断完善自己构建的榕树型企业的结构。

榕树型企业结构

我画过一张榕树型企业的一般结构图，现在看还没有不妥之处，现在就把这张图当成榕树型企业的一般模型吧。

这个模型的主要部分在书中已经解说过了，下面再简单地分条总结一下：

（1）同态客户群。

"同态"一词来自四川大学陈雨思老师的"同态学"，可以采用望文生义的办法理解为"共同状态""同一种状态"（愿意深究的读者可以读陈雨思老师的原著）。榕树型企业以客户为中心组织，不同于以产品为中心组织起来的企业。以产品为中心的企业可以采取"来的都是客"的态度，只要对我生产的产品有需求，你就是客户。而以客户为中心就不得不首先界定客户，不然就找不到榕树型企业构建的逻辑起点。因此就要找"同态"的客户群了。

（2）客户深度支持。

找到了为其提供服务的"同态客户群"，就要对这个客户群进行深入的研究，当然是从"同态"的角度进行研究，也就是你把他们归类为"同一种状态"的原因，这才是你研究的内容。譬如构建一个专门为糖尿病人服务的榕树型企业，"患糖尿病"就是他们的"共同状态"，而不是男女、老幼、身高、相貌等。针对这个"共同状态"，榕树型企业要成为专家，要做到比你的客户更懂得客户，能够为他们提供诸如解决方案之类的"深度支持"产品。

（3）预定机制。

预定机制与能力延迟整合、深度支持是和谐生产方式的三大主模式，预定机制是实现"分离与调用"的三根支柱之一。网络联结生产系统的一个重要职能就是作为一个预定平台，而以泛产品为中介的预定能够归并需求，让需求结构化，成为需求的不确定性与供应网络所需要的确定性之间的过滤器。这在航班、火车售票机制上体现很清楚，如果不是通过售票把旅客归并到航班、车次，那么飞机和火车就只能当出租车开了。预定机制也为供应网络提供了缓冲

244

时间，使低成本满足客户个性化需求成为可能。

（4）网络关系计划。

网络关系计划是榕树型企业的"核心技术"，是创造秩序、绩效的那个"纲举目张"的纲。本书第五步开发泛产品、第六步运行网络关系计划都在讲这方面的内容。榕树型企业的日常运营工作的中心就在这里。

（5）能力延迟整合。

这是和谐生产方式主模式之一，本书已有详细介绍。

（6）能力单元深度支持。

榕树型企业对所联结的能力单元进行深度支持，是榕树型企业区别于市场，又不同于中央控制型企业的一大特色。对降低能力单元的运作成本、提高整个供应网络对客户的服务水平，增强榕树型企业自身凝聚力，都具有重要意义。

（7）能力单元提供者群。

这是榕树型企业的"身体"，是作为一个企业的"转化"能力的来源。榕树型企业要"对接"的就是能力单元提供者群与同态客户群之间的关系。

（8）基础工作统一化。

前面专门探讨过这个问题。基础工作统一化对榕树型企业的质量、成本、效益都有重大影响。

（9）管理支持。

与基础工作统一化一起实现能力单元管理水平的低成本提升，也体现管理即服务的榕树型企业管理原则。榕树型企业的内部管理问题是一个很有潜力的研究领域，尚需实践者与研究者共同探索。

（10）管理支持产业群。

当榕树型企业的规模足够大的时候，它就能吸引外部的咨询、培训、软件、专业服务机构等管理支持产业从业机构和个人介入，而榕树型企业的平台则成为管理支持产业从业者与能力单元提供者群、同态客户群对接的接口、守门人、认证者和协调者。

（11）主题标识。

榕树型企业的"旗帜"，也是榕树型企业吸引和筛选能力单元提供者群、同态客户群的机制，还是榕树型企业的品牌。

（12）理念支持。

主题背后的理念，是榕树型企业的灵魂，是品牌的内涵，是凝聚力的精神因子。

（13）共同生活方式文化圈。

一个为百姓生活服务的榕树型企业会自觉成为一个共同生活方式文化圈的成员，甚至成为领导者。为企业客户服务的榕树型企业也存在类似的产业文化圈问题。展开论述会有太多内容，这里点到为止。

在对榕树型企业的基本结构有了一个轮廓性的认识之后，附带说明一下这样一个结构能够带来比传统企业结构更好的经济效益的原因。初步总结有三个方面，我们称之为榕树型企业的三大主要经济引擎（应该还不是全部），分别是：

（1）共享价值。共享的价值在电网的形成、云计算的兴起中都发挥了决定性的作用。

在一次关于网络关系计划与 TOC 理论的讨论中，为了验证"网络关系计划"是否可以提高产出，是否仅仅扩展了能力，我做了一个简单的思想实验。下文中引用了当时讨论的原文，语境上略有不同，但不影响对"共享价值"的说明。

假设某行业有甲、乙、丙 3 家企业，生产同样的产品，也只有 3 道工序 A、B、C。为了让结果明显起见，我们假设：

甲企业的产能状况是：A-3；B-1；C-3

乙企业的产能状况是：A-1；B-3；C-1

丙企业的产能状况是：A-3；B-1；C-3

（当然现实中不会有哪家傻瓜企业这样配置产能，只会存在不太明显的产能瓶颈。这样夸张的假设是为了使得思想实验的结果更明显一些。）

按照 TOC 理论，"瓶颈"决定整个生产系统的产出。那么：

A 的最高产出为 1；

B 的最高产出为 1；

C 的最高产出为 1；

合计最高产出为 3。

现在，甲、乙、丙三家企业将自己每道工序的产能进行"能力单元化"改造，组成网络企业，那么，仍然按照 TOC 理论推算，网络企业的产能状况就是 5（见图示）。

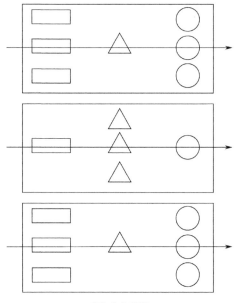

实体企业产出

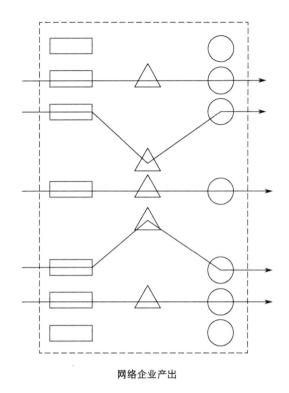

网络企业产出

从图中可以看出，在资源不变的情况下，网络企业产出增加了。

这个思想实验可以无休止地做下去，设想出各种可能的情况，但基本结论不变：

第一，通过"网络关系计划"组成网络企业，可以比单体企业提高"产出"，而非仅仅扩展能力（其实能力并没有扩展）。

第二，在网络企业中，TOC 理论仍然有效，仍然是"瓶颈"决定最高产出。所不同的只是"共享"之后瓶颈变小了。这就是"网络关系计划"提高"产出"的原因。

第三，在网络企业中，仍然要按照 TOC 理论"围绕这个瓶颈去组织非瓶颈的工作"，但同时也要寻求联合更多的"瓶颈"能力单元。这就得出了网络企业的能力管理法则：

——围绕瓶颈组织非瓶颈的工作；

——寻找闲置资源（他人能力单元的闲置时间段），扩展瓶颈能力；

——假如没有闲置资源，就等于发现了最好的投资机会，可以建设该种能力单元。

通过上述分析，"网络关系计划"没有"颠覆"TOC 理论，而是将 TOC 理论在网络企业中做了创造性应用，或者说是"反看 TOC"的结果。

（2）交易成本降低。市场交易中的信任缺失、信息传递障碍等，使得很多行业的交易成本居高不下，在某些行业甚至远远超过了生产成本。榕树型企业把同态客户群与能力提供者群联结到同一个平台之上，信息透明，建立信任关系，提供品质保障，可以使交易成本极大降低，甚至消除交易成本。

很多时候交易成本的支付是很"冤枉"的。例如，由于供需双方信息不对称、时间节拍不相吻合，就会出现供方赶工、需方压库的状况，为此支付的"急单"成本和"库存"成本都是不必要的。这里面的运营空间非常大，王甲佳对此进行过深入研究。

（3）基础管理成本摊薄。这是基础工作统一化与共享管理支持的结果。

这是榕树型企业能够与传统中央控制型一体化企业竞争的主要优势和砝码。同时也说明，假如某个行业的企业中还存在暴利来源，将不会被这样的经济引擎所启动，因此也就不大可能产生榕树型企业。而越是产能过剩、竞争激烈，企业利润微薄的领域越有可能产生榕树型企业。

对话的邀约……

到了该说再见的时候了。可是，我的书写完了，你要做的事情才刚刚开始。研发过程中有原理样机、工程样机、验证样机、量产产品、转产产品等成熟度级别划分，套用这个划分，本书对"榕树型企业"的"研发"成熟度顶多达到"原理样机"的程度，接下来的艰苦工作都是你的了。

很多时候，一个主意从抽象的、一般的层面看来是合理的，但具体落实的时候就会发现存在极大的不合理。

有一个公主要出嫁，王公大臣前来议事，一致决定要嫁就嫁给邻国某位王子。这个决议"一般来说"是正确的，既促进了睦邻友好关系，又保障了公主的幸福。但是前往邻国物色适合公主嫁的王子的大臣回来报告，周围几个邻国他都跑遍了，共找到三个王子。但是，其中一个是傻子，一个是残废，一个得了一种没人能治的重病，可能不久于人世了。现在再来看"嫁给邻国王子"的"一般来说"正确的决策就不可以具体实施了。这就叫作"具体化窘境"。在读了本书之后，你试图把榕树型企业这个"一般来说"是正确的思路落实到一个具体领域，难保不会碰到这种窘境。虽然我从一个具体实验抽象出"榕树型企业"这个"一般性"的概念费力不少，我相信你把这个"一般性"的概念再落实到具体环境中，也不会轻松，尤其是涉及企业管理学的东西，很少看到如物理学中一个公式把一类问题全部搞定的情形。所谓"管理科学"实际上是依靠处理简单系统的方式处理企业这个复杂系统，处理不了的问题就让"管理艺术"来承担了。

德鲁克认为："管理是一种实践，其本质不在于'知'而在于'行'；其验证不在于逻辑，而在于成果；其唯一权威就是成就。" 再进一步想，其实管理学本来就不是什么"科学"，是管理学家们硬要往科学的门里钻。谁见过物理学自称"物理科学"吗？管理应该是一个多姿多彩的学域。

第一，管理学是有关经验的学问，或者如德鲁克所言是"实践"的学问。没有受过系统的教育，很难成为一个工程师，然而多数管理者却没有专门学过管理学，但仍然管理得不错，有些人甚至管理得非常好。这是为什么？因为他们可以总结经验，总结自己的经验，学习他人的经验，也就学会了管理。

第二，管理学也是"科学"。用客观的、逻辑的、系统的分析方法对管理实践进行研究，不但是可行的，而且是必要的。

第三，管理还是"艺术"，管理学也就应该是研究管理艺术的学问。管理本身是艺术，艺术有艺术的特质，管理者（也许包括管理学家）本身也应该是一位艺术家，也就是必须有艺术家的心态和气质，缺乏艺术感悟的人，很难成为一流的管理者（或者管理学家）。艺术的境界是比较微妙的境界。科学的目的是为掌握知识，艺术的目的是为创造能力。所谓创造能力就是智慧，就是"天才火花"。智慧当然是以经验与知识为基础的，但是仅有经验和知识，还不能达到艺术境界。

第四，管理还应该达到哲学境界，管理学家同时应该是一个哲学家。而哲学境界是难以言说的，不但是"无形"的，而且是"无言"的，要靠个人的"悟性"。硬要言说，也只能是"强"为之名。达到哲学境界的管理者应该如庖丁解牛一般，"以神遇而不以目视"，依其天理，因其固然，天人合一，"恢恢乎其游刃必有余地矣"。哲学境界，还要追求一种价值理想（乌托邦），建立一套价值体系，并竭力避免价值体系的混乱。要成为一个优秀的榕树型企业构建者，我们都还走在这样一个步步攀登的路上。

构建榕树型企业没有现成的公式可以套用，这会增加工作的难度，但也带来一样好处，那就是你构建成功的榕树型企业也难以被别人克隆。

我更愿意把这本书看成一个模型，一个可以引起对话、交流的模型，而不是一个完美、僵化的、没有生机活力的理论体系。MIT 媒体实验室研究主持人许拉吉说："快速发展模型，以模型作为讨论的基础，（可以）大幅度缩短创新的时间和成本。"模型的重点不在于我要创造什么样的模型，而是我要运用这个模型来刺激什么样的对话。很多公司的主要问题是，他们把模型当成创新的结束；事实上，是模型启动了整个创新流程，是它在驱动沟通。

我对模型的描述是：对创新的邀约（innovation invitation）。什么样的模型可以激发比较多的对话？"未完成的模型。如果你的模型做得很好，老板或顾客会觉得它很棒，他们不想改。但如果你做得有点粗糙、尚未完成，他们就会觉得想要参与。小时候，当我有个想法告诉别人，别人会说：很棒，但是你有没有想过……正因为我没有想过，现在我有了更好的想法，而且别人也有兴趣，因为他们觉得增加了价值。所以，模型就是要请别人参与对话的一种工具。"本书正是这样一个未完成的模型，作者期望的正是与读者的"对话"。

相关文献

[1] 王甲佳. 5G 中国制造新力量[J]. 企业管理，2020，1：33-35.

[2] 王甲佳. ERP 理想主义者的创新之路——访上海博科董事长兼总裁沈国康[J]. 企业管理，2018，11：96-98.

[3] 王甲佳. 5T 与 CIO 的技术认知新课题[J]. 信息化建设，2018，6：41-43.

[4] 王甲佳. 重新定义你的产业互联网[J]. 信息化建设，2018，6：43-45.

[5] 王甲佳. 创业反思录[J]. 软件和集成电路，2018，4：102.

[6] 王甲佳. 华住"胖线上，快线下"背后的 IT 架构秘密[J]. 企业管理，2017，5：110-111.

[7] 王甲佳. "蚂蚁雄兵"策略有效吗？[J]. 软件和集成电路，2015，10：71.

[8] 王甲佳. 红领的秘籍：工夫在诗外[J]. 软件和集成电路，2015，9：72.

[9] 宗鑫. 王甲佳：O2O 主题私塾——与其培养人才，不如挖掘欲望[J]. 中国传媒科技，2015，9：39-41.

[10] 王甲佳. O2O：从销售到生产管理[J]. 软件和集成电路，2015，6：32-35.

[11] 王甲佳. "互联网+"的价值在于能力互联[J]. 软件和信息服务，2015，5：60.

[12] 余俊，王尧佐，王甲佳，等. 绝味"20 厘米奇迹"年 40 亿元销售额背后的信息化故事[J]. 信息与电脑，2014，23：22-24.

[13] 王甲佳. 轻店为什么应该成为 O2O 的新载体？[J]. 信息与电脑，2014，23：56-58.

[14] 王甲佳. 活动是 O2O 的灵魂——谈依托移动互联网展开的活动策划[J]. 信息与电脑，2014，17：44451.

[15] 张西振. 顾客私有化[J]. 企业管理，2014，9：44.

[16] 殷向晖，张西振. 时间链上的计划逻辑[J]. 企业管理，2014，8：38-39.

[17] 王甲佳. O2O 经营的是生活方式不是商品——初谈品牌商以终端为载体的 O2O 策

略[J]. 信息与电脑，2014，15：57-60.

[18] 张西振. 从企业信息化到信息化企业[J]. 企业管理，2014，6：24-25.

[19] 王甲佳. O2O，如何有效部署你的销售动作？[J]. 信息与电脑，2014，11：54-57.

[20] 张西振. 异地改制打造成长型企业——访中冶天工集团有限公司董事长张培义[J]. 企业管理，2014，5：72-75.

[21] 张西振. 用信息技术重塑管理[J]. 企业管理，2014，5：1.

[22] 张西振. 盈利原理——透视商业的本质[J]. 企业管理，2014，4：70-72.

[23] 张西振，王甲佳. 对话：从航海到挖井[J]. 企业管理，2014，3：44387.

[24] 王甲佳. 现代零售，要移动，更要互联[J]. 信息与电脑，2014，5：55-57.

[25] 王甲佳. 粉丝乃云烟 会员则永恒[J]. 信息与电脑，2014，Z1：44-46.

[26] 王甲佳. 零售企业并购中的系统融合三部曲[J]. 信息与电脑，2013，23：30-31.

[27] 王甲佳. 移动互联网，我们应如何迁徙？[J]. 信息与电脑，2013，21：20-24.

[28] 张西振. 企业管理逻辑的起点[J]. 企业管理，2013，11：42.

[29] 张西振. 涅槃中的凤凰——访菲尼克斯（中国）投资有限公司总裁顾建党[J]. 企业管理，2013，10：92-95.

[30] 张西振. 全面价值管理——中国水电甘肃能源以管理提升保增长纪实[J]. 企业管理，2013，8：68-70.

[31] 张西振. 和商模式[J]. 企业管理，2013，8：82-83.

[32] 张西振. 新商人与"爱的生意"[J]. 企业管理，2013，7：78-79.

[33] 王甲佳. 武装到牙齿还是骨髓？[J]. 软件和信息服务，2013，7：71.

[34] 张西振. 信任红利[J]. 企业管理，2013，6：84-86.

[35] 张西振. 从垄断红利到规则红利[J]. 企业管理，2013，5：85-87.

[36] 王旗，张西振. 守住管好天下粮仓——访中国储备粮管理总公司董事长包克辛[J]. 企业管理，2013，5：40-43.

[37] 张西振. 多角色生意网络的构造技术[J]. 企业管理，2013，4：80-83.

[38] 王甲佳. 熟悉的陌生人[J]. 软件和信息服务，2013，4：66.

[39] 张西振. 生意的经络[J]. 企业管理，2013，3：78-81.

[40] 王甲佳. 闭环还是闭关[J]. 软件和信息服务，2013，3：66.

[41] 张西振. 看不见的手与"看得见的手"握手[J]. 企业管理，2013，2：74-77.

[42] 张西振. 联成一条线，控制一个点——网络关系型企业的基本模式[J]. 企业管理，2013，1：80-83.

[43] 王甲佳. 企业资源整合新范式[J]. 企业管理，2012，12：52-56.

[44] 张西振. 网络社会的生意逻辑[J]. 企业管理，2012，12：62-65.

[45] 张西振. 能力单元的分离与调用[J]. 企业管理，2012，11：58-61.

[46] 张西振. 泛产品：生意构造的逻辑起点[J]. 企业管理，2012，10：62-63.

[47] 张西振. 建立商业游戏中的平衡机制[J]. 企业管理，2012，9：60-61.

[48] 王甲佳. 瓦楞纸板生产企业如何进行物流管理[J]. 包装财智，2012，8：47-48.

[49] 张西振. 狼狈为"利"[J]. 企业管理，2012，8：73-75.

[50] 张西振. 一次砌好一块石头[J]. 企业管理，2012，7：62-63.

[51] 张西振. 合理配置不完美[J]. 企业管理，2012，6：68-69.

[52] 王甲佳. 传统零售业的第三条道路[J]. 信息与电脑，2012，11：44385.

[53] 张西振. 怎样为商业游戏树立旗帜？[J]. 企业管理，2012，5：64-65.

[54] 张西振. 如何建立商业游戏规则？[J]. 企业管理，2012，4：66-67.

[55] 王甲佳. 如何借助信息系统帮助加盟商管理客户[J]. 信息与电脑，2012，7：47-48.

[56] 张西振. 玩转一个商业游戏需要哪些条件？[J]. 企业管理，2012，3：60-61.

[57] 张西振. 怎样让一个商业游戏运行？[J]. 企业管理，2012，2：60-62.

[58] 王甲佳. 一个特产供需网络平台的运营机制[J]. 企业管理，2012，2：50-54.

[59] 王甲佳. 什么软件能满足我们的"镜像店"需求？[J]. 信息与电脑，2012，1：87-88.

[60] 王甲佳. 企业间的财富[J]. 企业管理，2012，1：54-57.

[61] 张西振. 怎样构造利益关系？[J]. 企业管理，2012，1：62-64.

[62] 王甲佳. 自我迭代总比被人革命好——不要漠视小户的"那抹眼神"[J]. 软件工程师，2011，12：21-23.

[63] 王甲佳. "订阅"铁观音[J]. 企业管理，2011，12：54-57.

[64] 张西振. 怎样才能长久赚钱？[J]. 企业管理，2011，12：63-64.

[65] 王甲佳. 在闲置时间中淘金[J]. 企业管理，2011，11：60-64.

[66] 张西振. 怎样才可能赚到钱？[J]. 企业管理，2011，11：69-71.

[67] 王甲佳. 茶馆模式 做个数字化产业集群服务商[J]. 企业管理，2011，10：54-56.

[68] 张西振. 谁将获取财富？[J]. 企业管理，2011，10：57-58.

[69] 王甲佳. 发现隐性利润源——一个义乌商人开创的"齿轮衍生"型盈利模式[J]. 企业管理，2011，9：52-55.

[70] 张西振. 企业的利润是从哪里来的？[J]. 企业管理，2011，9：62-63.

[71] 王甲佳. 基于"微地址"构想的物流新时代[J]. 信息与电脑，2011，15：81-82.

[72] 张西振. 虚拟"专属"服务[J]. 企业管理，2011，7：1.

[73] 王甲佳. 网上线下比翼双飞 零售电商融通渗透——以名味清坊电子商务架构设计与展望为例[J]. 信息与电脑，2011，9：16-18.

[74] 王甲佳. 看电商的物流与供应链规律[J]. 信息与电脑，2011，7：48-51.

[75] 张西振. 传承，还是变革？[J]. 企业管理，2011，3：1.

[76] 王甲佳. 见微知著, 物联人联互成网[J]. 软件工程师, 2011, Z1: 36-37.

[77] 王甲佳. 现代电子商务必须基于稳健供应链之上[J]. 信息与电脑, 2011, 3: 19-20.

[78] 张西振. 瓦楞纸箱企业如何成为客户的"包装保姆"[J]. 印刷技术, 2011, 2: 23-26.

[79] 李宗安, 王甲佳. 河东河西三十年——中国企业信息化回顾与展望[J]. 企业管理, 2011, 1: 97-99.

[80] 王甲佳. 初为零售业 CIO 的感悟[J]. 信息与电脑, 2010, 23: 56.

[81] 王甲佳. 未来的决战还在生态链的另外一端[J]. 软件工程师, 2010, 11: 20-21.

[82] 张西振. 包装服务业务的运作模式[J]. 包装世界, 2010, 5: 22-25.

[83] 王甲佳. 物联网的世界到底需要突破哪些边界?[J]. 软件工程师, 2010, 8: 21-22.

[84] 王甲佳. 实名制与互联网之下的新商业生态的主动构造[J]. 软件工程师, 2010, 5: 20-21.

[85] 王甲佳. 像卖飞机票那样卖动车票?[J]. 中国经济和信息化, 2010, 6: 73.

[86] 王甲佳. 核心算法如何放进系统?[J]. 中国计算机用户, 2010, Z2: 32.

[87] 王甲佳. 包装设计中平面美与结构美的冲突与和谐[J]. 包装世界, 2010, 1: 88.

[88] 张西振. "和谐生产方式"简介[J]. 包装世界, 2010, 1: 89-90.

[89] 王甲佳. 如何实现供应链上的统一意志?[J]. 中国计算机用户, 2010, Z1: 34.

[90] 王甲佳. 免费背后的买单人是谁?[J]. 软件工程师, 2010, 1: 20-21.

[91] 丁红萍, 王甲佳. 管理信息系统的创新革命——关系计划 PK 企业资源计划[J]. 物流技术, 2009, 12: 13-15+76.

[92] 王甲佳. 如何做皮革行业的 SaaS 平台?[J]. 中国计算机用户, 2009, 23: 18.

[93] 王甲佳. 没有 MRP 小批量订单也能履行[J]. 软件世界, 2009, 12: 37-38.

[94] 王甲佳. 系统实施遭遇机构调整[J]. 中国计算机用户, 2009, 22: 21.

[95] 韩洋. 王甲佳: 从理论走向实践[J]. 信息方略, 2009, 22: 39.

[96] 王甲佳. 订单管产品还是库存管产品?[J]. 中国计算机用户, 2009, Z2: 25-26.

[97] 张西振. 张西振 一个"外行"的非典型探索[J]. 中国计算机用户, 2009, 17: 22-24.

[98] 王甲佳. 如何提升物业公司的增值服务?[J]. 中国计算机用户, 2009, 16: 22-23.

[99] 王甲佳. 如何配置虚拟产品管理供应链?[J]. 中国计算机用户, 2009, 14: 28-29.

[100] 万小青, 王甲佳, 张西振. 企业如何跨越这道坎?[J]. 软件世界, 2009, 7: 94-95.

[101] 王甲佳. 时间链及其五大特性[J]. 软件世界，2009，6：70-72.

[102] 王甲佳. IT 资源如何部署？[J]. 中国计算机用户，2009，10：24-25.

[103] 张西振. 坏上司是一所好学校[J]. 人才资源开发，2009，5：76-77.

[104] 王甲佳. SOA 能否从业务领域开始实施[J]. 中国计算机用户，2009，9：22-23.

[105] 王甲佳. 两化融合，突破最后一毫米[J]. 软件世界，2009，5：57-59.

[106] 王甲佳. 谁做企业信息系统的当家人[J]. 中国计算机用户，2009，7：23-24.

[107] 赵恒. 艰难的探索：纸包装网络联结生产系统自主开发之路——IT168 网站记者赵恒采访东经集团总裁助理张西振[J]. 包装世界，2009，2：40-45.

[108] 张西振，王甲佳，杨芳. "积木式"企业内训课程开发模式与方法[J]. 中国培训，2009，3：13-14.

[109] 王甲佳. 构建网络模型 解决库存积压[J]. 中国计算机用户，2009，4：29-30.

[110] 张西振. 用网络联结方式聚集智力资源[J]. 中国计算机用户，2009，Z1：53.

[111] 张西振. 创办榕树型企业，化解包装行业基本矛盾[J]. 包装世界，2009，1：51-53.

[112] 王甲佳. 能力延迟整合：不确定环境下的企业能力管理策略[J]. 包装世界，2009，1：54-55.

[113] 王甲佳. 2009："和谐生产方式"元年[J]. 软件工程师，2009，1：39-40.

[114] 王甲佳. 集团管控：从整合资源做起[J]. 信息系统工程，2009，1：34-38.

[115] 张西振，王甲佳，杨芳. 追求和谐生产方式[J]. 企业管理，2008，12：84-86.

[116] 张西振. 个性化浪潮中的榕树型企业[J]. 软件世界，2008，12：56-58.

[117] 王甲佳. 问题订单如何与知识管理耦合[J]. 中国计算机用户，2008，39：28-29.

[118] 张西振. 网络联结支持系统[J]. 中国计算机用户，2008，39：32-33.

[119] 王甲佳. 管理软件模式如何借鉴？[J]. 中国计算机用户，2008，32：28-29.

[120] 王甲佳. 善于挖掘战略资产[J]. 中国计算机用户，2008，31：28-29.

[121] 张西振，王甲佳，杨芳. 如何用 IT 压缩运营成本？[J]. 软件世界，2008，9：62-64.

[122] 王甲佳. 对"80 后"员工只能理不能管[J]. 软件工程师，2008，8：44-45.

[123] 张西振. 管理软件的未来[J]. 软件世界，2008，8：46-48.

[124] 王甲佳. 软件即服务的三重境界[J]. 软件世界，2008，8：60-62.

[125] 王甲佳. 如何改善内部物流管理[J]. 中国计算机用户，2008，25：40-41.

[126] 王甲佳. 企业管理随想两则[J]. 印刷经理人，2008，7：76-77.

[127] 王甲佳. 系统如何转向时间逻辑？[J]. 中国计算机用户，2008，24：37-38.

[128] 王甲佳. 员工与客户如何扁平化？[J]. 中国计算机用户，2008，21：37-38.

[129] 王甲佳. 何以破解个性化服务难题？[J]. 软件世界，2008，11：53-54.

[130] 张西振. 问题即财富[J]. 中国计算机用户，2008，18：45-46.

[131] 王甲佳. 构建和谐的劳资关系需要一个成长的心态[J]. 软件工程师，2008，4：38-39.

[132] 王甲佳. 难切的"阑尾"[J]. 软件世界，2008，7：14-15.

[133] 张西振. "融合"的使命[J]. 中国计算机用户，2008，10：47-48.

[134] 张西振. 依据用户需求量确定包装规格[J]. 包装世界，2008，1：47.

[135] 王甲佳.《中国计算机用户》读者俱乐部会员点评——IT 如何解围经营困境[J]. 中国计算机用户，2008，3：39-40.

[136] 张西振. 不确定环境下的和谐生产方式[J]. 中国计算机用户，2008，3：41-42.

[137] 蒋恒熠. 温州的嬗变[之六] 系统在羽化[J]. 中国计算机用户，2007，13：43-44.

[138] 蒋恒熠. 温州的嬗变[之五] 虚拟企业现雏形[J]. 中国计算机用户，2007，12：46-47.

[139] 蒋恒熠. 温州的嬗变[之四] 平台整合从鞋跟开始[J]. 中国计算机用户，2007，11：46-47.

[140] 蒋恒熠. 温州的嬗变[之三] 从不确定性中寻找确定[J]. 中国计算机用户，2007，10：54-55.

[141] 蒋恒熠. 温州的嬗变[之二] 系统存于现场[J]. 中国计算机用户，2007，9：48-49.

[142] 蒋恒熠. 温州的嬗变[之一] 博里村的温州经济学[J]. 中国计算机用户，2007，8：54-55.

[143] 王甲佳. 知识生态系统[J]. 中国计算机用户，2007，46：67-68.

[144] 王甲佳. CIO 如何与 CFO 和谐共舞？[J]. 中国计算机用户，2007，44：58-59.

[145] 张西振. 珍珠串式企业设计[J]. 商界（评论），2007，11：42-43.

[146] 张西振. 除了"活动"一无所有[J]. 中国计算机用户，2007，39：66.

[147] 张西振. 从梳理商业模式入手[J]. 中国计算机用户，2007，38：60-61.

[148] 张西振. 企业存在的惟一理由[J]. 中国计算机用户，2007，38：65-66.

[149] 张西振. 分离与调用[J]. 中国计算机用户，2007，34：65-66.

[150] 张西振. 除了区别还是区别[J]. 中国计算机用户，2007，28：59-60.

[151] 王甲佳. 做研究式的学习[J]. 软件工程师，2007，Z1：90-91.

[152] 王甲佳. 利益下的"烟雾弹"[J]. 信息系统工程，2007，3：18-21.

[153] 王甲佳. 和而不同 边破边立[J]. 中国计算机用户，2007，7：60-61.

[154] 张西振. "力场"决定"立场"[J]. 中国计算机用户，2007，6：69.

[155] 王甲佳. 业务模式决定项目命运[J]. 中国计算机用户，2007，3：71-72.

[156] 王甲佳. 聚焦与秩序形成系统力量[J]. 信息系统工程，2006，12：103.

[157] 张西振. 订单执行"移步换景"[J]. 中国计算机用户，2006，49：37.

[158] 王甲佳，李冠强，绎明宇，黄迪生. 发货时间 何时一目了然？[J]. 中国计算机用

户，2006，48：17-20.

[159] 王甲佳. 协同是信息化的背景音乐[J]. 信息系统工程，2006，11：103.

[160] 张西振. 管理是"懒人"的事[J]. 中国计算机用户，2006，45：61.

[161] 王甲佳. 在落差中实现价值[J]. 软件工程师，2006，10：45-47.

[162] 王甲佳. CIO 是系统使者[J]. 机械工业信息与网络，2006，5：22-23+25.

[163] 张西振. 应用自动化设备应立足于"省人"[J]. 中国计算机用户，2006，42：26.

[164] 王甲佳. 有秩序的奋斗才是速度最快、效果最好的奋斗[J]. 软件工程师，2006，
9：41-42.

[165] 张西振. 竹笋和榕树的管理学[J]. 财富智慧，2006，9：88-89.

[166] 张西振. 从"卖票论"到"预定经济"[J]. 中国计算机用户，2006，Z2：56.

[167] 张西振. 做一个名副其实的CIO[J]. 中国计算机用户，2006，36：25.

[168] 王甲佳. 设计渐进演化的知识结构[J]. 中国计算机用户，2006，27：21-22.

[169] 张西振. 企业生命螺旋的动力在哪里？[J]. 中国计算机用户，2006，26：63.

[170] 王甲佳. 第三路线——做研修生[J]. 软件工程师，2006，5：45-46.

[171] 王甲佳. 系统莫走精英路线[J]. 信息系统工程，2006，5：99.

[172] 张西振. 平台之上项目管理的六大原则[J]. 中国计算机用户，2006，3：21-22.

[173] 王甲佳. 内在秩序支撑管理优化[J]. 中国计算机用户，2006，1：55.

[174] 王甲佳. 信息化跟着业务走[J]. 中国计算机用户，2005，50：31.

[175] 张西振，王甲佳. "管理支持产业"的商业逻辑[J]. 中国计算机用户，2005，47：
62.

[176] 李庄，佟伟楠，郑国超，王甲佳，匡凤池. 这个"烂摊子"该如何收拾？[J]. 中
国计算机用户，2005，45：25-28.

[177] 蒋孟有，张西振，王奎，梁海英. 精益包装管理探析[J]. 包装工程，2005，5：
44323.

[178] 王甲佳. CIO：知识经济的"催生婆"[J]. 中国计算机用户，2005，40：62.

[179] 李晓爽，李晋，徐凯江，滕海兰，张西振. "平台"之惑[J]. 中国计算机用户，
2005，Z2：27-30.

[180] 王甲佳，陈继东，余进，庄伐，寇力. 坚持还是放弃？[J]. 中国计算机用户，
2005，34：34-37.

[181] 王甲佳. 企业经营管理系列漫谈 "小人物"大权力 淀粉的"难言之隐" "各自
为营"还是"合署办公"？[J]. 机械工业信息与网络，2005，4：54-56.

[182] 窦彦莉. 王甲佳聊 IT 家常[J]. 信息系统工程，2005，6：36-38.

[183] 张西振. 标准化软件时代的终结[J]. IT 时代周刊，2005，10：68-69.

[184] 张西振，王甲佳，刘玉龙. 模式语言管理[J]. 企业管理，2005，4：100-102.

[185] 王甲佳. 信息化：渐进过程的三个为什么[J]. IT 时代周刊，2005，Z1：118.

[186] 王甲佳. 演进的蓝图[J]. 中国计算机用户, 2005, 7: 31.

[187] 王甲佳. 框架流程控制与支撑型流程跟进[J]. 软件工程师, 2004, 12: 42-43.

[188] 王甲佳. 信息化的香港视角[J]. 软件工程师, 2004, 9: 38-39.

[189] 王甲佳. 企业文化 VS 业务流程重组[J]. 软件工程师, 2004, 8: 42-43.

[190] 王甲佳. 信息化语言的困惑[J]. 软件工程师, 2004, 6: 43-44.

[191] 王甲佳. 内部物流与虚拟仓库[J]. 软件工程师, 2004, 4: 48-49.

[192] 应丽君, 张西振. 浅论中国会展业的发展战略重点[J]. 经济师, 2004, 1: 54.

[193] 王甲佳. 先项目经理, 后 CIO[J]. 软件工程师, 2003, 12: 58-59.

[194] 应丽君, 张西振. 浅析"会展经济"对浙江专业市场创新的三大作用[J]. 经济界, 2003, 5: 83-84.

[195] 何小川. 听 CIO 王甲佳讲企业信息化的故事[J]. IT 时代周刊, 2003, Z2: 82-84.

[196] 卞洪玉, 祁军, 王甲佳. 威特的信息化[J]. 企业管理, 2003, 2: 102-105.

[197] 王甲佳. 网络营销在疑惑中行走[J]. 企业管理, 2002, 11: 69.

[198] 应丽君, 张西振, 杜艳. 重庆市城乡结合部旅游消费需求与趋势研究[J]. 重庆工学院学报, 2002, 5: 87-89.

[199] 王甲佳. 我搞企业信息化的五年[J]. 企业管理, 2002, 7: 86-91.

[200] 应丽君, 张西振. 重庆市会展产业现状分析[J]. 重庆工学院学报, 2001, 6: 43-46; 58.

[201] 王甲佳. 协鑫光伏 渐进自动化中孕育出的智能制造[N]. 中国信息化周报, 2018 (18).

[202] 王甲佳. 分销模块要不要推倒重来[N]. 中国信息化周报, 2015 (16).

[203] 许娓玮. 王甲佳: CIO 应该深入业务第一现场[N]. 中国信息化周报, 2014 (6).

[204] 王甲佳. 制造业: 向产业云方向演变[N]. 计算机世界, 2011 (43).

[205] 王甲佳. 流程管人, 还是人管流程? [N]. 中国计算机报, 2008 (B01).

[206] 王甲佳. 业务流程改善中的加减乘除[N]. 中国计算机报, 2008 (B05).

[207] 窦彦莉. 王甲佳. 从 CIO 到 COO[N]. 中国计算机报, 2008 (B08).

[208] 王甲佳. 从"一刀准"看业务耦合[N]. 中国计算机报, 2008 (B01).

[209] 王甲佳. 流程最终应向业务逻辑妥协[N]. 中国计算机报, 2008 (B07).

[210] 王甲佳. 现实的 CRM 不相信 2.0[N]. 中国计算机报, 2008 (B06).

[211] 王甲佳. 用时间来管理内部供应链[N]. 中国计算机报, 2008 (B03).

[212] 王甲佳. COO 是 CIO 的第一客户[N]. 中国计算机报, 2008 (B03).

[213] 张西振. 与战略学家面对面[N]. 中国包装报, 2006 (1).

[214] 王甲佳. 谁是信息化的主人? [N]. 中国高新技术产业导报, 2003.

[215] 张西振, 应丽君. 主题会展, 要研究人和商品的文化属性[N]. 国际商报, 2002 (7).

[216] 张西振，应丽君．主题会展，要创造一个观念市场[N]．国际商报，2002（7）.

[217] 张西振，应丽君．主题会展是一种整合[N]．国际商报，2002（7）.

[218] 张西振，应丽君．主题会展的特征[N]．国际商报，2002（7）.

[219] 张西振，应丽君．会展主题要创新[N]．国际商报，2002（7）.

[220] 张西振，应丽君．什么是主题会展？[N]．国际商报，2002（7）.

[221] 王甲佳，张西振．轻店掘金［M］．北京：中华工商联合出版社，2016.

番外篇

如何让 200 只蚂蚁停下来听你讲故事？

李　莉

上海交通大学管理学博士，上海对外经贸大学副教授，
广东工业大学可拓学与创新方法研究所兼职研究员

我是放下了自己书稿的修订工作去推动张西振老师的《榕树型企业——设计和复制组织基因》(以下简称《榕树》)一书的出版。

在我的职业生涯中，从 2002 年到 2013 年，我用近 10 年的时间，参与了一些企业战略转型和信息系统的项目，读了一堆系统科学、经济学、管理学及社会学的名著和文献，搭了一个在社会网络中如何提供解决方案的框架。概括地讲，算是栽了几棵树，在组织创新、传播和风险传染等方面结了几个果。我有理由相信自己能够读懂《榕树》一书，能够与张西振老师来一场心灵层面的哲学对话。

然而，当整理完书稿准备交付出版社时，我又细细咀嚼了一遍"榕树型企业"的核心思想，突然发现这些内容能帮助我与相熟的企业家顺畅地交流；当面对陌生的企业家时，则需要一段时间的引导性交流，从"都云作者痴，谁解其中味"到"老妪能解"还有一定的距离。这一距离的产生，有思想来源、写作风格方面的原因，而根本原因是缺乏实践浸润和对更多实践的梳理。如此奥妙的"榕树型企业"思想，只有在企业实践中才能更好地品味到它的芳香与鲜美。

从一个学者和企业"旁观者"的角度而言，无论是张西振老师和王甲佳老师等人最初在温州推动的生产方式数字化转型，还是在传统的包装行业前瞻性地启动的"网络关系计划"，抑或《榕树》一书提出的系统理论，"始作俑者"都需要极大的勇气和胆魄，至少要忍受"知音难寻"的孤独。

无论是理论界还是实践界，把一个正在运行的组织"解散"后再重新组织起来，是一件非常困难的事情。"科学管理之父"泰勒 100 多年前在《工厂管理》一书中指出：

"……要特别注意的是，在试图很快地把原来的管理制度变革为新的管理制度时，管理者要冒一定的风险……"

这样的案例比比皆是。其中一类典型的例子是"空降高管，水土不服"：一些民营企业发展到一定阶段，引进职业经理人来使企业由"家族式企业"转型到"现代企业"，结果是高管自己没扎下根，更不用说把企业养得根深土肥、四处生根了。

另一类典型的例子是企业实施信息系统之痛，早年间流传一句"不上 ERP 是等死，上 ERP 是找死"。不少实施了 ERP 的企业，在完全实现生产调度管理和物料清单的信息化方面是望而却步的。当今的各种信息系统、云服务和数字化转型工具，令甲方眼花缭乱，乙方苦撑或靠融资活着，年年难熬年年熬。

这些源自欧美文化基础的管理理念和信息系统数字化方式，被囫囵吞枣般引进本土企业之后，碰到了"水土不服"的窘境。相较之下，来源于温州这个纸箱企业的生产数字化项目——"网络关系计划"，因其更加接地气而显得弥足珍贵。本书的作者和实践者们深知这一价值，为实践借鉴、反思和学术研究提供了鲜活的素材。

《榕树》一书直面不确定性，从"道"的层面重新定义了企业组织的新形态和企业运行的新动力；在"术"层面以"能力单元" 的分离、调用，勾勒出满足智能化、个性化柔性制造的新方案，从而自然"生长"出企业发展的新战略。在实际业务操作层面，面对多样化、小批量的个性定制需求，企业首先把每张订单分解成恰当粒度的能力单元，以相容和共存的方式"插入"已有的生产网络中去，确保订单按质按期完成。

在"能力单元"分离与调用的视野下，企业的各个部门、各个环节的职责，就是围绕能力交付，帮助客户实现他们的目标，为此匹配实现自身目标所需要的资金等"能力"。重复这一过程，企业各能力单元自组织性地推动企业间的人、财、物、信息等资源不断流动，形成"无限的游戏"，使得中观和宏观层面的社会经济活动得以持续运营下去。

"能力单元"的逻辑不仅在组织内部和组织间起作用，放到更为广阔的产业链或产业网络上也是相通的。这是未来移动互联网、物联网和 5G 创造的新的生产力和生产关系场景——在更广泛的时间、空间和范围内调用能力单元，组织起来以实现目标。此时，云服务、劳动力、物质、信息、知识等泛产品都会作为能力单元频繁地被分离、被调用。人们尽可能去想象、去创造各种场景——这也是数字化转型的一种途径，而我们正走在这条路上。

无论叫不叫"榕树型企业"，数字化时代的企业都将像这本书所描述的那样生长着、运行着。选择了"榕树型企业"的模式，各种"能力单元"将有平等的权利去审视、去结网，将在"前所未有之大变革"中更好地找到自己的新位置。

张西振老师曾经说："我能'命令'200 只蚂蚁半个小时之内来听我讲故事……"期待《榕树》一书的出版，吸引更多的企业家和相关人士来分享自己的故事，"停下脚步，等等灵魂"，既抬头看路，又埋头拉车，深扎根，广结网，再出发……

　　本书的出版，特别感谢电子工业出版社缪晓红老师的慧眼识珠，实际上，书稿到她这里的时候，我们已经联系过另外两家出版社了。在后续几轮的修订中，她提出了非常宝贵的修订意见，始终以读者的视角和我们一起推敲叙事的结构、概念的辨析和场景的推演。缪老师贴近时代，洞悉组织之道，通过与各方共鸣，在本书所叙之事、作者和读者之间建立起了一座桥梁。

企业数字化就是"一次砌好一块石头"

代泽美

贵州万象宝洞酒业有限公司董事长

长期摸爬滚打于企业经营一线,一把汗两腿泥遍体鳞伤。对我而言,企业管理著作只是束之高阁的装饰品;彼得·德鲁克、迈克尔·波特和凯文·凯利等著作等身的大家,无非是在书本上偶尔相遇的名号。

不久前,我偶然收到企业管理杂志社原首席编辑张西振老师的书稿——《榕树型企业——设计和复制组织基因》。我与张西振老师素昧平生,只因他是我的一位合伙人的挚友,就顺便礼节性地翻看了几页。除了油绿如贵州山水的"榕树型企业"书名的观感,也让我想起了温州的市树——小叶榕,想起了温州企业家"白天当老板,晚上睡地板"的艰苦创业精神,再多只能联想到榕树的别名"菩提树",联想到"菩提本无树,明镜亦非台,本来无一物,何处惹尘埃"的慧能名言。

直到有一天,我与这位合伙人在经营策略上发生了严重分歧,他的结构化、理想主义的思维模式,让人忍无可忍。我重新拾起这本书,试图从中寻找合伙人"僵化"思维模式的蛛丝马迹,寻觅着说服合伙人的"斯矛斯盾"。该书的编撰框架和独创概念没有给我留下太多印象,唯有《一次砌好一块石头》的小标题,吸引着我直接跳到"黄金分割点"的章节。

1. 应对复杂系统的方法是顺其自然

张西振老师应该是一位实践经验丰富、享受文字乐趣的著者，开篇就亮出观点——"当一班人发展出一个清晰的榕树型企业的愿景之后，最大的诱惑就是进行'总体规划'，以便'分步实施'。这看上去合情合理，但实践证明，这很可能是最糟糕的做法之一"。除此之外，他用小小的故事丰满着这短短的章节。

作者曾参与的一家企业将"榕树型企业"作为公司战略转型的基本策略，并邀请国内外数家咨询机构和多名专家教授着手规划。其中不乏某国际著名咨询公司的战略专家、某国际著名大学的教授，但收效甚微。传统战略规划方法擅长模块化思维，擅长以成熟的工具处理关系简单但规模庞大的系统问题，而榕树型企业着眼于耕耘关系网络、识别和建立相互交织的关系、从网络关系中涌现价值的复杂系统。榕树型企业的特征与传统战略规划方法有着内在的冲突。

换句话说，传统管理咨询的总体规划、分步实施假设企业生存在相对"确定性的"环境中，应对这种简单系统的方法就是"复杂化"，去计算、操控每个参量。在数字时代，榕树型企业面对无穷的"不确定性"，应对复杂系统的方法则是"简单化"，或者说是更顺其自然的方法。

2. 艺术珍品都是自然"生长"的

作者引用了一个通俗的故事：1971 年，迪斯尼乐园的路径设计获得了"世界最佳设计"奖。设计师格罗培斯说："其实那不是我的设计"。原来，迪斯尼乐园在主体工程完工后，格罗培斯暂停修筑乐园里的道路，而是在空地上撒上草种。随后，乐园宣布提前试营业。五个月后，乐园里绿草茵茵，草地上被游客踏出了不少宽窄不一的小路。沿着行人踏出的不规则小路，格罗培斯铺就了乐园的人行道。因其"优雅自然、简捷便利、个性突出"的设计，被评为"世界最佳"。

格罗培斯的方法是撒草种，而不是规划设计。如同我国江南的园林遗存，小桥流水，曲径通幽，青苔绵延，枯木廀石，大多是在建造过程中自然"生长"出来的。其实，二十世纪六七十年代，"三线建设"也留下了许多工业遗存，同样不乏因地制宜、因陋就简、"自然"生长的建筑精品。比如，为防核冲击波而建的"落地拱"厂房，为节约非生产性投入而建的"干打垒"宿舍，还有按照"靠山、分散、隐蔽（进洞）"方针而改造成研发车间的天然溶洞。这些遗存与迪斯尼乐园的人行道一样，对后人的馈赠远超过"世上本来没有路，走的人多了便成了路"的名言。

3. 一次砌好一块石头

作者曾经在温州一个村落里拍摄到两个农户的院墙，一个用规则砖块垒成的、很"现代"的整齐院墙，一个用石头垒起的、彰显生命力的错落墙体。作者好奇，请教了后一面院墙的主人。得知主人每天用闲暇时间捡一些天然的石块砌墙，一次砌好一块石头，再根据前一块石头形成的空间，有意挑选适宜的石头，稍加敲打，放妥当即可。

由此可见，一次砌好一块石头，是一个连续的、渐进的甚至不可预测的过程，没有人能够根据一粒种子画出一棵榕树十年、二十年后的具体模样。采用一次砌好一块石头的方法砌成的具有自然涌现之美的石头墙，远比模块化的、削足适履的砖墙，更符合绿色生产生活方式，更能形象地体现榕树型企业复杂的网络关系和连续的、自适应性的结构。

故事讲到这里，作者轻描淡写地总结了构建榕树型企业的七项原则，有兴趣的读者可以翻阅原文进行阅读。我借此"东施效颦"二三个小故事。

1. 与大自然交朋友

我们所从事的酱香型白酒行业，从美酒河畔、独特气候和特色红缨子高粱

271

等自然环境，到"端午制曲，重阳下沙"的天时地利人和理念；从"12987"酿造工艺（1 年酿造、2 次投粮、9 次蒸煮、8 次发酵、7 轮取酒），到窖藏或洞藏陶养，看似物的场景过程的描述，无处不晃动着活生生的人的身影，其中最核心的、联结一切的就是匠人匠心，就是"天人合一"的思想。哪怕陶养于酒窖或天然溶洞里五年、十年、二十年或更长时间，都是生产过程的延续，是人的智慧、心血和汗水与天然溶洞或酒窖恒温恒湿、活性水分之间的有机融合，是人与大自然交朋友的生动体现。

供给侧如此，需求端也如此。一瓶好酒联结一群志同道合的好友，构成了心往一处想、劲往一处使的复杂关系网络。在生态文明和绿色生产生活方式等共同价值观的指引下，无论是"科技创新的星辰大海"，还是"未来的无限可能性"，都将在复杂的网络关系中产生。这正是"一生二，二生三，三生万物……"的自然生长。

2. 群体智慧大于个体之和

梅拉妮·米歇尔所著的《复杂》（*Complexity:A Guided Tour*）一书，开篇是这样描述的：在巴西亚马孙热带雨林里，几十万只行军蚁正在行进中。"没有谁掌控这支军队，不存在指挥官。单个蚂蚁几乎没有什么视力，也没有多少智能，但是这些进行中的蚂蚁聚集在一起组成了扇形的蚁团，一路风卷残云，吃掉遇到的一切猎物。不能马上吃掉的就会被蚁群带走。在行进了一天并摧毁了足球场大小的浓密雨林中的一切食物后，蚂蚁会修筑夜间庇护所——由工蚁连在一起组成的球体，将幼蚁和蚁后围在中间保护起来，天亮后，蚁球又会散成一只只蚂蚁，各就各位，进行白天的行军。"

看到这段描述，有密集恐惧症的人会想到遮天蔽日的"蝗灾"，管理学者会提到"世界上最大的番茄加工商"——晨星（Morning Star Company）——管理是组织中效率最低的活动。我跟张西振老师一样，看到的是榕树型企业中每个具体项目、每个经营者，正围绕如何健全整体感的网络关系在思考，在运转。

3. 设计一道生态风景线

有这么一个段子：多年前一名记者在建筑工地上遇到三个忙碌的工人，就好奇地问他们：你们在干什么活？

A 工人回答说："我在砌一堵墙。"

B 工人回答说："我在盖一栋房子。"

C 工人回答说："我在建造一个漂亮的家园。"

若干年后，砌墙的工人仍然在做建筑工人，盖房子的工人荣升为设计师，而建造漂亮家园的工人现在是一家房地产公司的老板。

类似的段子也曾经在欧洲流传。传说设计师们为火车车厢设计大伤脑筋，既要考虑材料和成本，又要照顾艺术和安全，争论不休。这时，一位设计师说，我们不是设计冷冰冰的车厢，而是为乘客设计一次轻松愉快的旅行。设计师们瞬间明白过来了，于是欧洲火车就成为多国多样性自然和人文美景的代名词。

一瓶有生命的酒，其价值同样不止于"五花马，千金裘，呼儿将出换美酒，与尔同销万古愁"的豪迈，不止于"明月几时有，把酒问青天。不知天上宫阙，今夕是何年"的缠绵，更应该有匠人匠心和科技创新、生态文明、绿色生产生活方式的深刻内涵。因为匠人匠心和科技创新孕育着我们的希望和力量，因为生态文明和绿色生产生活方式谱写着我们的故事和诗篇。

日本著名杜氏农口尚彦曾有一段话——"我不是在做所谓的'日本酒'，而是在用自己的想法和自己的设计在做'自己的酒'，所以实在是太难了。从入这行已经 55 年了，还没有做出让我自己满意的酒。"酿造酱香型白酒如同经营一家数字化企业，千变万化，全都要靠做酒人（经营者）的一颗心、一双手。这也许是张西振老师借"榕树"之名的言外之意。

榕树组织是一种有根据地的生态系统

邵宏华

中国对外经贸统计学会副会长，贸易数字化专委会主任，环球慧思董事长

张西振先生所著的这本书从实践中探索企业的组织形态和运营机理，虽然书中大多数内容来自工业时代制造型企业的实践，但非常符合数字时代各类企业的组织模式和运营模式，对大多数企业进行数字化转型有非常多的借鉴意义。

在数字技术和数字经济突飞猛进的今天，互联网、大数据、人工智能对我们的生活和生产方式带来了巨大的变革，数字技术不断解构现有的生产要素，同时解构后的要素又被重新链接和组合，实现了新的飞跃。企业的管理和企业的组织形态也需要进行相应的变革，以适应数字化时代的发展。

企业除了供应链、研发设计、生产制造、营销销售和售后服务需要进行数字化转型，企业的思维、组织、运营、人才和文化也必须同步进行数字化转型，否则数字化转型很难成功。不同于工业化时代的思维方式，数字化时代的思维方式强调去中心化、利他思维、赋能思维、链接思维、开放思维、共生共赢、激发激活。在这样的思维模式下必须建立相应的企业组织结构，适应数字化环境，变"火车头"模式为"动车组"模式，变"金字塔"模式为"扁平化"模式，变"串联模式"为"并联模式"。这样的组织架构同时也是一种敏捷型组织，能够快速感知、瞬时决策和迅速行动，提高组织的快速反应能力和执

行能力。因为外部环境越来越复杂多变，企业必须具备快速反应能力才能快速做出决策，果断采取行动。榕树型企业架构和当前非常受推崇的"大中台、小前端"的组织架构有异曲同工之妙，企业需要强大的支持系统，同时让支持系统积木化和模块化，也就是和书中所说的能力单元可以让前端的业务随时被调用，既有力支持了前方的业务，同时也让各模块能最大限度地发挥协同效应，这样既增加了效率，又节约了成本。

根据地和统一战线，在中国革命史上具有举足轻重的地位。在微观层面上，无论是"泛产品"还是"网络关系计划"，都证明了未来榕树型企业既要有核心产品，又要有科技能力，还要有共生的生态系统。榕树组织其实就是一个生态，未来企业组织的发展方向就是通过建立一个生态系统，以实现共生共赢。共生是未来企业的常态，也是未来企业组织发展的进化路径。

协同也是未来企业的发展方向。效率来自协同，而不是分工，通过企业内外协同，企业的组织边界也会不断扩大，可以最大限度地利用社会资源和企业内部资源。通过企业内外部的协同和共享，知识和经验不断裂变，企业的能力和效率会得到极大提高。

数字化最重要的特征是在线化、数据化和智能化。在线化就是通过互联网和物联网连接员工、连接客户、连接设备，让产品在线、客户在线、员工在线、设备在线。连接后一定会沉淀出海量数据，要让数据在企业内外部流动起来，让所有业务都数据化，再通过算法实现智能化应用，比如定制化设计、智能制造和精准营销。本书中提出通过分离能力单元及能力延迟整合来实现个性化定制，个性化定制是智能制造的核心。现在小批量、多品种的订单将成为常态，如何通过柔性化生产满足个性化需求是每个企业都面临的一个问题，本书也对此提出了自己的思考，这也非常符合数字化时代制造业的发展方向。

企业数字化转型很重要的一个方面就是需要建立数字化运营体系，数字化运营包含数字化管理、阳光化治理、微粒化绩效、科学化决策四个方面。企业可以运用比较成熟的管理系统或内部信息化系统提高效率，使所有员工行为数据化、指标化、透明化，沉淀的员工行为大数据能最大限度地激发和激活企业的每个人，这样才能实现以奋斗者为本，资源向贡献者倾斜，完成企业管理蝶变，这和书中提到的企业运行新动力基本一致。

对当前的企业来说，数字化转型已经不是一个加分项，而是一个必选项，未来十年最大的确定性就是数字化，也是传统企业进行数字化转型的最后十年。企业数字化转型是一个一把手工程，通过小步快跑，快速迭代的模式，不断摸索，不断前进，所有企业都需要进行升级，把自己进化成适应数字时代的新物种，以适应数字化时代的生存。这本书关于企业数字时代的生存有很多的思考，也值得很多传统企业借鉴和学习。

温州企业家精神的"传教士"

华芝

中国技术经济学会中小企业分会秘书长，

温州源大企业运营管理集团有限公司 CEO

因为新冠肺炎疫情的原因，在创业路上奔跑了十余年的我，不得不放慢脚步，静心复盘自己的人生经历。恰逢收到了张西振老师的书稿，我的复盘便找到了方法论、切入点和主线索。

早在 2007 年，我专心于一个纯互联网平台的创业项目。在王甲佳老师的引荐下，我来到一家包装工厂，去参观由张西振老师组织的 IT 创新项目。张西振老师以平和的语言、鲜活的例证和穿插的实践故事向我讲述着正在实施的 IT 创新项目和项目背后的网络联结思想。他的脸上洋溢着兴奋，语速中流淌着自信和坚韧，有一种王阳明先生妙悟"心即理""致良知""知行合一"之后的豁达感。我当时只是一个 IT 爱好者，对制造业的创新性互联网平台还很陌生，张西振老师娓娓道来，不知不觉中将外行的我引入了他搭建的场景。直到今天，翻看张西振老师的新作，脑海里依然浮现初次相见时他的神色。

他们的实验让我联想起"科学管理之父"泰勒有关"经济人"的实验，联想起美国哈佛大学教授梅奥在芝加哥郊外的西方电器公司霍桑工厂组织的"人群关系运动"实验，甚至想起欧文在英国新拉纳克村纺织工厂组织的后来成为世界著名工业遗产的"空想社会主义"实验。直觉告诉我，这场实验有完整的思想体系和行业逻辑，必将对制造业运用信息技术、互联网技术降本提效发挥不可估量的引领作用。

出于好奇，我开始持续关注张西振老师的思想实验，对他发表在报刊、内部刊物或互联网上的文章产生了浓厚的兴趣，收藏他的文章，与他就一些概念、思想不断在线上探讨。每当我在创业中遇到战略困惑和管理困境时，我都会第一时间电话咨询张西振老师，每次他都在略加思索后，用极简的语言点开迷糊的我。张老师的习惯动作是赠送我一些辅导类的管理书籍，而王甲佳老师则用更详细的语言做案例分析，提供切实可行的解决方案。他俩在思想和实操方面的默契充分展现了他们之间深刻的"伟大的友谊"。得益于他俩如此默契的指导，我在 2003 年白手起家创建的互联网公司能够持续地在温州存活至今，虽未基业长青，也算枝繁叶茂，就像榕树一样，根枝并用，根系发达。

伴随着十几年的创业人生，我有幸见证了张西振老师、王甲佳老师的思想与实践的进化过程。从最初的网络联结信息平台思想到模式语言，从和谐生产方式到榕树型企业……忽略掉思想碰撞和实践试错的细节，这一思想理论的成长阶梯清晰可见。然而，被"忽略"的是作为实践者的血汗和心酸，是作为思想者的孤独和煎熬。

记得张西振老师在温州工作几年后，就去了北京企业管理杂志社任首席编辑。我与他见面的机会少了，网上和电话的联系反而频繁了。每次出差北京，我都会约张西振老师见面聊聊创业，交流一下他的思想实验。有一年中秋节，我带着温州传统的桥墩大月饼到杂志社看他，他特别高兴，当即与杂志社同事分享了这款传统月饼，并以此为道具，现身说法讲述网络联结思想中的联结、分离、调用等功能，进而引申到温州一些特色小吃整合型酒店、产业链整合模式。他对榕树的领悟，他对温州精神的认知，让我和他的同事们享受了远远超出这款月饼的管理美餐和思想盛宴。

　　有人说，人世间总有一些事物是超越时代的、超越物化财富的，一个是艺术，另一个是思想。在我的理解中，在张西振老师的灵魂深处，已经将温州的市树——榕树——艺术化了，并赋予了一套系统性的、自然"生长"的思想体系，即"榕树型企业"。我从中得到的不仅是"榕树型企业"的智慧和构建方法，还有他执着于这套思想的实践精神。正是这种执着的精神，如同榕树的主干，支撑着我的创新项目战略升级与转型，引领着我们的投资项目驶向数字化的"无人区"。

　　思想实践的进化如是，创新创业也如是。犹如登珠峰，未到峰顶前最大的风险是在半路睡着，只要坚持价值导向，坚持朝目标前进，终有成功之日。这本书的出版是张西振老师思想的一个阶段性总结，也将带动我的实践升华。未来将有更多的人会实践此书中的思想并受益，相信会有更多精彩的故事。

我们需要"白开水式"的管理理论

侯象洋

山东国威智能设备股份有限公司总裁

和张西振老师的第一次见面，是在 2005 年年底。当时我刚刚辞去公职到上海，来愿景管理研究所应聘包装管理研究员。推开石库门房的门，里面站着两个人，其中一位就是张老师。乌黑的头发，爽朗的笑容，略显瘦小却硬朗的身材。我刚介绍完来意，他便说，就是你了。天呐！我的这份工作竟是这样定下来的！就这样，从上海到温州，从武汉到寿光，开始了我们近二十年的亦师亦友的交往。

张老师爱爬山。记得去温州的第一个周末，正逢元旦，便约王甲佳、俞伟一起去梅雨潭。那种温润如凝脂般的绿，让我莫名将之与张老师联系在了一起，并伴随近二十年。俞伟爬山快，噌噌噌，就不见了踪影。过了半晌，当我们赶上他了，他已休息半天，说这段路一共 3201 阶。张老师、王老师总在聊系统构架，我呢，则在专心辨别山石的构成是二氧化硅还是碳酸钙。

张老师跟我说，眼中没有美，是无药可救的，于是他把他的数码相机送给了我，让我每天四点钟起床拍公司花园里的月季花。这段经历对我影响甚深，之后我的工作经历从技术到管理，从包装到设备，从打工到创业，全由这段际遇开启。

张老师曾是体制中人，长期担任莒南县粮食局局长、物资局局长，长期负责所隶属国有企业的运营，以及后来的国有企业改制。长期的管理经历，使得张老师深谙企业的发展之道。2000 年，张老师到中国矿业大学进修管理学硕士，毕业后到上海愿景管理研究所为企业讲授发展之道，开启了他的开挂人生。

张老师的企业发展之道，说起来很简单，就是有无互通之道。也就是说，你有什么，你缺什么，别人有什么，别人缺什么，通过有效的协作，实现双赢。张老师的理论说起来甚是浅显，让人感觉不是理论。这些不是理论的理论，确实是商业社会的基础。因为商业在本质上，就是互通有无。张老师的理论，就是从企业外部和企业内部实现这种有无互通。

2002 年，莒南一家农药厂资金困难。他们千辛万苦把农药批号审批完毕后，发现连最起码的生产资金都没有了。无奈之下，向昔日好友张老师求救。张老师告诉他，你有批号，经销商没有批号；经销商有钱，你没有钱；你有场地、设备，经销商有销售渠道。那么问题很简单，你让经销商把你的厂当他们的厂，让他们安排生产不就行了吗？这个提议石破天惊。资源共享，这个理念在共享经济高度发达的今天，这不难理解，但在二十年前就不可思议了。老板无计可施，只好依此而行。谁知，成绩斐然，三个月后彻底走出资金短缺的危机。五年后，现金流超过 2 个亿。短短几年时间，这家农药厂成为国内最大的除草剂生产厂家之一。

2005 年，张老师去了温州的一家纸包装公司做顾问。这家公司当时最大的问题是价格战严重，客户欠款非常厉害，公司现金流也非常紧张。经过考察，张老师说，客户要的是价格低廉、质量稳定的纸板，我们要的是现金。恰恰是，我们有纸板，客户有现金。那么，通过让客户支付预付款，给客户不同级别的低价，客户就有了价格低廉的纸板，我们也有了现金。这个系统推出之前，公司炸了锅。很多人认为这将造成客户的大量流失，公司将面临灭顶之灾。但推出后，公司的老客户空前稳定，并有大量的不稳定客户变成稳定客户，将公司业务推向了一个新的高峰。后来这个公司以相同的方式，推进了CPS（整体包装解决方案）业务、网上纸板业务、物流外协业务、生产外协业务……构建了一个个具有明确有无特征的能力单元，将这些能力单元构建成网，形成了网络型生产管理模式。

很多人称张老师为草根思想家。其实，张老师并不是草根。要文凭有文凭，要资历有资历，但这个人太低调。低调到让人感觉是一个邻居大爷。他经常说，写东西，就要向孟浩然写诗一样，先读给老太太听，她们听懂了才能发出去。他称这种风格为白开水风格。文如其人，就这样一位邻居大爷，在慈眉善目中，闪耀着哲学的光辉。

走向未来的中国企业基业长青之秘诀

应丽君

民建中央文化委员会文创组副组长、北京旅游衍生品协会副会长，

北京和君咨询文旅产业顾问，商务部研究院原中国会展经济研究中心副主任、

中国会展经济研究会创会人

王甲佳快递来电子工业出版社即将出版的《榕树型企业：设计和复制组织基因》样书，请我写段书评，说在他认识的人里面，我是最早了解西振先生的人，也是了解最深的人。我深不以为然，业缘西振先生二十载，我俩一向不问东西，分合无期，其思想成书，岂敢妄评，仅从点滴往事，素描此人此书。

一、张西振其人

初识西振先生，他说自己的笔名叫"愚顽"，意思是他这个人就像河床里捡起来的那块被冲刷磨砺的顽石，有"价值中国网"专栏为证：管理学者，张西振，笔名愚顽。依我看，这"管理学者""愚顽"，便是西振先生其人最好的写照。

千禧年，触网人极少，MBA 正热，刚刚从国家旅游局公派德国留学归来的我，某日发现有人留言找我学工商管理，他的梦想是要做中国的德鲁克，这人便是西振先生！

说来有趣，我俩业缘，不拘一格，从不问东西。他在山东、我在重庆。他生于斯长于斯，我游历地球东西。他是政府官员，我是大学教师。起初，他热情洋溢地邀我参与其兴致勃勃做的"三农项目"，后来，我热情洋溢地邀他观摩我兴致勃勃投身的中国会展启蒙运动。大约在 2001 年初夏，西振先生突然说他来重庆了，原来他发动的机构改革要率先从县物资局下手，作为副局长的他最后一次带队考察，"过三峡"去湖北，路过重庆来拜访我这从未谋面的"网友"。这次见面之后他发来一段话，大意是：见面之前，好似洪水撞入夔门汹涌徘徊，现在将冲出三峡直奔大海！于是乎，把"创建"视为生命之源的我俩，在人生征途上成了战友，那年他正好是 40 不惑的年纪！

二、张西振其事

之后，西振先生出任国内第一家专业会展研究机构·中德合作"重庆海钠研究所"（CEi）副所长，我俩一路开挂，投身中国会展业第一轮大潮，创建了业内 N 个第一：作为唯一的学术机构首次亮相第三届"展中展"、首创"主题会展"系统理论、出版首部学术专著《21 世纪会展经济与会展产业》、率先发起中国会展经济研究会……可是，正因为创建中国会展经济研究会，反转了我俩的命运！

2003 年的"非典"时期，我第二次逆行进京，邀了几位会展大咖聚会，包括商务部商业改革司服务业发展处徐敏博士、商务部研究院副院长沈丹阳博士、贸促会机械工业行业分会副会长陈泽炎先生、贸促会展览部长孙刚先生等人，后者因故未到。沈丹阳院长问及此行目的，我说计划筹备成立"中国会展研究会（现名"中国会展经济研究会"），并将事先起草准备提交贸促会的一叠材料拿出，沈院长看后说："来商务部研究院，我们一起创造一个全国第一!"此话一出,直击心灵,我明白,海钠研究所要成就中国会展事业"七个一工程",最难的"工程"是建成一个全国性会展行业组织。纵然使命所然,毕竟事关重大,何况前有上海外贸学院所发之邀,全所计划秋季迁至上海参与创建全国第一个中外(德国)合作本科会展专业,于是我星夜兼程赶往山东,与西振先生拜过孔庙去登泰山,在泰山之巅做了抉择:我去北京,到商务部研究院做中国会展事业;他去温州,落地一家企业实操做中国企业管理的德鲁克……

六七年后,西振先生来京,受聘国内唯一面向企业的全国核心期刊《企业管理》杂志,以其产业一线的深厚底蕴,成为在该刊发文最丰、最接地气的企业经营管理思想观点著述人之一。

三、张西振其书

当下,时过信息化、境迁智慧化,人类环境更加复杂多变。然而,有关生产方式的创新,永远是全球企业管理界的新命题。

这就是在温州的六七年中,西振先生吸引了长于信息技术架构的王甲佳等人,围绕"生产方式"变革这一命题,以钉子般的精神扎根在中国企业管理原生态第一线,基于一家地方性传统包装公司成功地转型的企业管理实践,通过"精益包装管理"信息化技术革命与商业模式创新,使之快速成长为一家规模化的科技型集团公司,进而重构了市场定价模式,改变了传统中国包装行业的游戏规则,创建性地探索出了中国企业基业长青的秘诀,即"网络价值公式:网络价值=吸引力×开关权"。2011 年夏季,即以《心得:榕树战略的中国土壤》一文,首次对上述实践思想做了简要阐述,沉淀出了具有典型"中国本土"特征的现代企业管理思想,即 2021 年将出版的本书《榕树型企业：设计和复制组织基因》中的核心思想：榕树战略思想，或者称为"和谐生产方式"。

从 2000 年到 2020 年，刚好二十年，西振先生与我总是各自东西，感谢互联网，我们习惯性地把彼此的思想观点用邮件分享，比如"榕树战略思想""和谐生产方式"，我算最早的热心学习者、拜读者，偶尔也会充当评判者。鉴于西振先生津津乐道于各类管理现象研究，用自创的"模式语言"产出思想、观点之多，好似满天繁星，令人目不暇接。

本书犹如一轮月亮，翻开目录，七步走下来，足以洞悉来龙去脉，因此，读此书，可了解一个根植于本土原生态产业实践的中国式"管理学者"20 年来，做了什么样的探索，形成了什么样的思想。

西振先生去温州之后在企业的所作所为，不同于美国的德鲁克先生选择在世界百强企业 GE 做研究，他承袭自古张氏乃谋士一脉，以国士之胆肝、比干炼剑之精诚，做"中国式企业管理创新实践"，与其"能力单元"团队在温州的试验案例和工信部的示范模板，取象比类、以小见大、近身缠斗、施以辩证、自成一体，并一以贯之十余年，经受市场验证、产业挑战，当属当代中国企业管理界罕见的现象级实践。

西振先生创建的"榕树战略思想"或者"和谐生产方式"的时代价值，假设不以学术角度，单从企业存在价值在于产生组织 "三效"（效益、效率、效果）角度而言，面对"规模化生产与个性化需求"这一困扰全球企业经营管理界的"哥德巴赫猜想"，尤其在当前，面对愈加变幻莫测的世界，类似互联网、5G、人工智能等技术，不以人的意志为转移，总是向更高级别迭代的趋势下，在产业链向产业生态化进程中，中国企业如何解决数字时代生存问题，基于榕树战略思想的"和谐生产方式"，无疑可视之为指导新时代企业管理实践的有效理论武器之一。

实则，对西振先生本书思想的评价，我早已写在 2012 年给王甲佳的信函中，现稍作改动，权作本次书评："和谐生产方式"（榕树战略思想、榕树型企业）应该最终在中国形成一个新的生产方式，成为《哈佛商业评论》杂志上的中国式创新组织理论——这才是和谐生产方式的终极目标！

于重庆理工大学四校门

2020 年 12 月 13 日

找回企业的"元逻辑"

张建设

苏州悦果互动信息技术有限公司联合创始人，钦州市政府咨询顾问，

北京工商大学客座教授

张西振老师关于"榕树型企业"的论述，有诸多实践和理论创新，比如能力单元、泛产品、网络关系计划，等等。这么多年来，触达灵魂深处的、支撑我连续创业的，当属"元逻辑"概念。

每个成功的品牌都拥有一个朴实的故事，每位成功的企业家都怀有一颗赤诚的初心，每家持久经营的企业都源自一套元逻辑。榕树型企业更是如此。张西振老师说，元逻辑很有可能肇始于企业家的一点感悟、一个困惑，或者一个经历。它基于企业家的切身感受，根植于企业的灵魂深处，甚至是可遇不可求的直觉，或者是稍纵即逝的灵感导致的洞见。正是这一惟妙惟肖的、一以贯之的元逻辑，使得人与事业融合、知与行合一，赋予了企业人格化的魅力。

张西振对元逻辑概念的执着，得益于他频繁"两栖"于实践与理论界的从业经历。记得张西振老师和王甲佳、侯象洋等人结缘于温州一家包装企业，当时他们正值青春少年，网络经济在全球滥觞，信息化与工业化融合刚刚孕育。在平凡的岗位上，他们"自编自导"了一场"和谐生产方式"的试验，核心工作是借助某软件厂商的开发平台，上线"网络联结生产系统"，依托能力单元"分离与调用"的原理，搭建一个能够履行个性化订单的生产体系。

放在数字化蓬勃发展的当下，他们的这场试验完全可能会被冠以"智能制造""共享经济""柔性制造"甚至产业数字化、数字产业化、数字经济与实体经济深度融合等诸多新概念、新名词。当时他们没这个"远见"，只能自嘲为"摸到'两化'融合石头的井底之蛙"。功夫不负有心人，他们的小小试验引起了广泛关注，他们也成了很多地方"两化融合"论坛的座上宾。借此，他们把"和谐生产方式"的两个核心要素——泛产品和客户订单——做了进一步的细化，以众包、共享的模式，动员越来越多的制造业同行广泛试验、认真总结，形成了非系统性的"和谐生产方式研究"。接着，怀抱着"将'分离与调用'实践升华成理论"的初心，他们纷纷"弃商从文"，或投身企业管理咨询，或从事期刊编辑。

后来，我到某电商企业做政策研究，本想请几位老师当智库专家，共同研究供应商"和谐生产方式"的案例和解决方案。而几位老师已"弃文返商"，在苏州创办了"悦果互动"。他们参照孟买达巴瓦拉 120 余年的经验，用"分离与调用"原理，创办了供应链数字化的"轻店"模式。因为对"轻店"的好奇，我不自觉成为"悦果互动"旁观的投资者。我们坚信，与其总结别人的案例，不如亲手创造一个案例，从实践中提炼解决方案。遗憾的是，由于创始团队的书生意气和微薄资金，"轻店"成了一段美好的记忆。让"榕树型企业"在实践中验证、在理论中升华，也成为创始团队继 "轻店"之后的元逻辑。

从元逻辑出发，我们作为"榕树型企业"理论的拥趸者，在各自的创业项目上，尝试建立基础模型、多维度分离能力单元，组建专家团队，培育共同的管理模式语言，开发泛产品，以及运行网络关系计划、设计分配机制……以我为例，在零售端的创业中伤痕累累，却一心不忘自有品牌商品。做自有品牌商品，完全依赖于张西振老师的"泛产品"机制。所谓"泛产品"，就是联结企业或供应链多个能力单元与多个客户个性化需求之间的"中介转化器"，或者说是用一个界面来联结两者。"泛产品"是实现能力单元分离与调用的关键机制。比如我们以"酒·良器"作为"泛产品",目的是分离可调配的能力单元开发"液态",进而组合成多样性的"业态",为合作伙伴个性化的创业需求赋能。

正如张西振老师在本书导言中说:"榕树的花瓣从不示人,只有居住在花苞之内的那些榕小蜂才知道这种花的芳香和果的鲜美。"我们每个人的心中,同样隐藏着一个类似于榕树之花的"元逻辑"。它不是来自深思熟虑的意图或者安排,甚至没办法与别人交流和分享;它或许是对知遇之恩的不言表达,或许是对人生目标的素履以往,抑或爱慕而越雷池半步的相敬如宾。著书也好,创业也罢,无不是在"元逻辑"的驱使下,用心去发现榕树之花的芳香和鲜美,用智慧和血汗将元逻辑谱写成历久弥香的事业理论。

鸣　谢

感谢各位朋友在《榕树型企业——设计与复制组织基因》出版过程中的鼎力相助和热情支持！（排名不分先后）

蒋孟有　东经控股有限公司董事长、东经易网创始人

应丽君　民建中央文化委员会文创组副组长、北京旅游衍生品协会副会长，
　　　　北京和君咨询文旅产业顾问、中国会展经济研究会创会人

邵宏华　中国对外经贸统计学会副会长、贸易数字化专委会主任、
　　　　环球慧思董事长

李　莉　上海对外经贸大学副教授、广东工业大学可拓学与创新方法研究所
　　　　兼职研究员，广州可拓学信息科技有限公司顾问

张建设　北京工商大学客座教授　京东原政策研究室主任

周孝华　广东东阳光大健康销售有限公司负责人

华　芝　中国技术经济学会中小企业分会秘书长、
　　　　温州源大企业运营管理集团有限公司 CEO

梁海英　"人企和合"理念体系创立人，"人企和"咨询工作室创始人

肖永健　东方服务模式创始人

万小青　深圳市宏创微电子科技有限责任公司 CEO

陈珉瑛　九悦 Malltel 首席创始人、生态商业学者

邓　斌　华为原中国区规划咨询总监，"学习华为三部曲"作者

关国平　包装地带创始人

彭芳泉　转型家创始人

范　娟　重启未来创办人

张利勇　苏商智库执行长

黄学胜　苏州悦果互动信息技术有限公司总经理

代泽美　贵州万象宝洞酒业有限公司董事长

肖　剑　深圳市晨龙包装自动化有限公司首席咨询顾问

侯象洋　山东国威智能设备股份有限公司总裁

孙　波　甲骨文国际服装有限公司 董事长

厚　朴　《E 学习 互联网时代培训新攻略》《疯讲》等书著作者

张　军　珠海乐图软件有限公司创始人兼 CEO

王玉斐　江苏省信息安全测评中心网安中心副主任

王　刚　文鼎集团 CIO

虞　勇　均胜中国原信息部资深经理

王　伟　无锡敏正信息科技有限公司副总经理

张庭亮　苏州艾博生物科技有限公司 IT 总监

尤建刚　2175 云创始人兼 CEO

许　宏　苏州科舵工程技术有限公司数智工业部总监兼首席信息官

郑应春　珠海麦拓供应链服务有限公司总经理

张德强　广西我的科技有限公司总经理

熊军民　上海新道仓信息科技有限公司总经理

严　明　杭州昱石网络科技有限公司 CEO 浙江省数字科技学会联合体专家委员

邱嘉文　面向资源应用开发方法创始人

反侵权盗版声明

电子工业出版社依法对本作品享有专有出版权。任何未经权利人书面许可，复制、销售或通过信息网络传播本作品的行为；歪曲、篡改、剽窃本作品的行为，均违反《中华人民共和国著作权法》，其行为人应承担相应的民事责任和行政责任，构成犯罪的，将被依法追究刑事责任。

为了维护市场秩序，保护权利人的合法权益，我社将依法查处和打击侵权盗版的单位和个人。欢迎社会各界人士积极举报侵权盗版行为，本社将奖励举报有功人员，并保证举报人的信息不被泄露。

举报电话：（010）88254396；（010）88258888

传　　真：（010）88254397

E-mail：　dbqq@phei.com.cn

通信地址：北京市万寿路 173 信箱

　　　　　电子工业出版社总编办公室

邮　　编：100036